박물관 테크놀로지

박물관 테크놀로지

1판 1쇄 인쇄 2018. 2. 21.
1판 1쇄 발행 2018. 2. 28.

지은이 이보아

발행인 고세규
편집 박민수 | 디자인 조명이
발행처 김영사
등록 1979년 5월 17일(제406−2003−036호)
주소 경기도 파주시 문발로 197(문발동) 우편번호 10881
전화 마케팅부 031)955−3100, 편집부 031)955−3200 | 팩스 031)955−3111

값은 뒤표지에 있습니다.   ISBN 978-89-349-8075-9 93320

홈페이지 www.gimmyoung.com   블로그 blog.naver.com/gybook
페이스북 facebook.com/gybooks   이메일 bestbook@gimmyoung.com

좋은 독자가 좋은 책을 만듭니다.
김영사는 독자 여러분의 의견에 항상 귀 기울이고 있습니다.

박물관
테크놀로지

인문과 기술의 융합으로 예술을 경험하다

이보아 지음

MUSEUM TECHNOLOGY

김영사

2017년 12월 초, 필자는 '2017년 전국 박물관 미술관 관장 컨퍼런스'에서 '4차 산업혁명과 박물관 3.0 시대Industry 4.0 & Museum 3.0'라는 주제로 특강을 진행했다. 특강을 진행하는 동안, 참여 관장들이 보인 다양한 반응은 매우 흥미로웠다. 일부 참여자는 박물관과 테크놀로지의 관계성이 오랜 시간 동안 형성된 사실에 대해 인지하지 못했으며, 일부는 테크놀로지의 필요성에 대해 인식하면서도 한편으로는 테크놀로지의 사용에 대한 거부감과 두려움을 동시에 가지고 있었다. 비록 테크놀로지에 대한 시각적 편차는 존재했지만, 참여자 모두 4차 산업혁명이 박물관에 가져올 변화가 테크놀로지의 혁신이라는 점에 대해서는 충분히 공감하고 있었다.

박물관이 테크놀로지에 관심을 갖고 이를 전시 환경에 유입시킨 것은 박물관의 교육적 사명의 맥락에서 소장품이나 전시물에 대한 정보를 제공함으로써 관람 경험이 증진될 수 있다는 확신 때문이었다. 이후 테크놀로지와 전시기술학의 발전에 따라, 테크놀로지의 역할은 해석 도구로서의 차원을 넘어섰다. 전시물과의 상호작용이나 참여 등, 새로운 경험 창출을 위한 전시 미디어의 개발이나 복원으로 그 역할이 확장되었다. 최근에는 가상현실VR, 증강현실 AR, 혼합현실MR 등의 기술뿐만 아니라 4차 산업혁명의 주요 기술에 해당하는 인공지능이나 로봇 기술 등에 대한 실험적인 행보가 박물관 환경에서 이어지고 있다. 예컨대, 룩셈부르크 현대미술관의 경우에는 인간형 이족보행 로봇 '나오Nao'가 관람객을 맞이하고 대화를 나누고, 로봇 '기도Guido'는 도슨트로서 관람객들에게 예술작품에 대한 설명을 제공한다. 또한 마이크로소프트, 네덜란드의 델프트 공과대학, 램브란트 미술관은 데이터 기반의 딥 러닝 알고리즘과 3D 스캐닝 및 프린팅 기술을 사용해서 '넥스트 램브란트the Next Rembrandt'를 공동으로 개발했다.

4차 산업혁명이 박물관에 어떤 영향력을 가져올지 전망하는 것은 시기상조이다. 하지만 필자가 한 가지 분명하게 말할 수 있는 것은 박물관의 테크놀로지에 대한 의존도가 이전에 비해 현저히 높아짐에 따라 '박물관이 제공하는 것'과 '관람객이 경험하는 것'이 방법론적 측면에서 크게 달라지게 된다는 것이다. 어쩌면 인공지능 기술, 빅 데이터, 한층 더 발전된 아카이빙 기술 덕분에 우리는 한 박물관에서 전 세계에 산재된 반 고흐의 작품을 만나고 가상 현실 기술로 탄생한 반 고흐와 작품에 대해 대화하는 것이 가능해질 것이다. 테크놀로지, 예술과 디자인, 인문학적 상상력의 융합을 통해 만들어지는 이러한 변화는 관람 경험의 가치와 의미 생성 등에 대한 성찰과 담론을 필수적으로 수반하게 될 것이다.

이 책은 최근 몇 년 간의 연구 결과를 중심으로 박물관과 테크놀로지의 관계, 즉 오디오 가이드, 멀티미디어 가이드, 모바일 가이드, 스마트 폰 애플리케이션, 디지털 전시, VR 애플리케이션 등을 다루고 있으며, 관람객의 사용 경험과 테크놀로지 수용에 대해 조명하고 있다. 특히 후반부에 위치한 디지털 전시와 VR 애플리케이션 등의 신생 융합 콘텐츠의 경우에는 테크놀로지를 통한 예술작품의 재매개 과정에서 테크놀로지의 역할과 문제점, 큐레이팅 방법론을 제시했다. 2001년 간행된 박물관학 개론을 시작으로, 그간 다수의 학술서적을 출판하면서 소중한 인연을 함께 이어온 김영사 고세규 대표님과 편집자 분들, 이 책의 집필에 큰 힘을 주신 서강대 지식융합학부 교수님들께 심심한 감사의 말씀을 드린다. 마지막으로 늘 곁에서 기도로 응원해주는 클라라와 스텔라에게 무한한 사랑과 고마움을 전한다.

부

1

MUSEUM TECHNOLOGY

관람 경험과
의미 생성

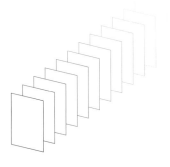

01

박물관의
해석적 기능과
관람 경험

국제박물관협의회에 의하면, "박물관은 사회와 사회의 발전을 위해 대중에게 개방되며, 교육, 연구, 향유를 위한 목적으로 인류의 유·무형의 문화유산을 수집, 보존, 연구, 상호교류, 전시하는 항구적인 비영리기관이다."[1] 이 정의에서 '상호교류'란 전시를 통한 박물관과 관람객간의 소통을 의미하지만, 전시에 대한 이해 증진과 관련된 교육 프로그램도 포함된다. 의미론적 측면에서 '전시展示'는 사물을 펼쳐 드러내어展 사람들에게 보이고 알리는示 행위이자 동시에 관람객과 전시물 사이에 새로운 소통 체계를 구축하여 의미의 공유를 유발시키는 중재적인 행위이다.

박물관학적 측면에서, 전시는 인간의 역사와 주변 환경의 물질적인 증거와 연관된 정보, 사고, 감정을 주로 2차원적이거나 3차원적인 방법으로 대규모 집단의 대중에게 전달하는 정보 전달 방법이다.[2] 또한 전시는 예술작품, 유물, 표본물 등의 전시물, 조직, 공간, 관람객의 유기적인 작용으로 만들어지는 복합적인 활동의 결과물로서 일반적으로 개념 단계, 개발 단계, 기능 단계, 평가 단계를 거쳐 완성된다.

전시는 '관람'과 '이동'이라는 기본적인 요소로 구조화된다. 시각적 경험의 주체자로서 관람객은 '전시물에 대한 지각'과 '공간에 대한 지각'을 동시에 경험한다. '전시물에 대한 지각'은 전시물과의 인터랙션을 통한 의미 생성meaning making과 해석이며, '공간 지각'은 보다 효율적인 관람 환경을 만들기 위한 개념뿐만 아니라 전시 동선의 유도라는 개념도 포함된다. 부연하면, 관람객은 전시물을 관람하고, 레이블을 읽고 동반 관람객과 대화를 나누는 과정에서 사전 경험과 지식을 활용하거나 기존의 지식 구조에 새로운 아이디어나 정보를 합성한다. 이는 궁극적으로 전시물에 내재된 의미에 대한 학습과 몰입으로 유도된다. 따라서 전시를 기획할 때에는 관람객의 인지심리학적 특성이나 행태적 특성을 기반으로 다감각적 방식의 전시물과의 인터랙션(상호작용)뿐만 아니라 박물관에서의 의미 생성이 관람객의 지식과 경험의 구조로 맥락화될 수 있는 전시기술학적 방법에 대한 이해가 요구된다.

일반적으로 관람객들에게 유의미한 전시는 유인력, 보유력, 주의 집중도가 높고, 평균관람 소요 시간이 길며, 관람 만족도도 높다. 이는 관람객의 욕구, 동기, 기대 등의 심리적 요인이 전시를 통해 충족되었다는 것을 의미한다. 관람 경험의 핵심은 전시물과의 인터랙션이지만, 전시 디자인의 구성 요소 가운데 하나인 해석 매체를 통한 정보 전달은 관람객의 관심과 참여를 유도하고, 전시에 대한 유인력, 보유력, 주의 집중도, 관람 만족도의 증진에 영향을 미친다.[3]

정보 전달은 박물관의 해석적 기능에 해당하며, 이 기능은 궁극적으로 관람객이 전시물에 대해 '알고 있는 것'과 '알아야 할 것'을 연계해서 전시물에 대한 이해를 증진시키는 것이다. 여기서 관람객들이 '알고 있는 것'은 박물관을 방문할 때에는 그들이 보유한 지식, 관심, 요구, 동기, 기대, 즐거움과 재미 등이 결합된 경험 기반의 스토리라인인 '엔터런스 내러티브enterance narrative'인 반면,[4] '알아야 할 것'은 의미 생성을 위해 관람객에게 제공되는 전시물에 내재된 1차 정보와 큐레이터, 그리고 전시 기획자가 재구성한 2차 정보가 포함된다.

박물관의 해석적 기능에 대해 피터 새미스는 '정보 전달의 적시성 및 정보의 근접성'을 피력한 반면,[5] 폴 마티는 '정보의 적합성'을 강조했다.[6] 비록 관람 전후에도 정보에 대한 욕구는 존재하지만, 이러한 욕구가 가장 높은 시공간적 교차점은 바로 관람객이 '전시물 앞에 서 있을 때'이다. 또한 전시물에 담긴 정보와 관람객에게 제공되는 정보가 일치할 때, 그리고 정보의 양이 적절할 때에 정보 이용률이 높아진다.

관람은 전시물에 매료되고, 개인적인 관심과 지식을 충족시키는 즉, 감각과 인지가 결합된 개인화된 경험이다.[7] 따라서 감각적 욕구나 인지적 욕구가 충족되면, 전시실 체류 시간이 연장되며 관람에 대한 만족도는 상대적으로 상승된다. 뿐만 아니라 관람객은 전시물 중심의 동기object-focused motivation, 인지적 동기cognitive motivation, 성찰적 동기introspective motivation, 사회적 동기social motivation 등 네 가지의 동기를 갖고 있으며, 이들 동기는 관람 만족도에 영향을 미친다.[8]

관람객의 인지적 활동 또는 감각적 활동과 만족과의 관계성은 만족에 대한 예측 변수로서 관람 변수의 유효성을 검증한 스터

븐 앨로위츠의 연구를 통해 확인할 수 있다. 이 연구에서 앨로위츠는 관람 변수로 감각적 기회Sensory Opportunities와 정보적 기회Informational Opportunities를 사용했고, 관람객 변수로 정보 습득에 대한 이유Informational Reasons for Visiting 및 감각적 체험을 위한 이유Sensory Reasons for Visiting와 함께 인지 욕구Need for Cognition 및 감각적 경험 욕구Need for Sensory Experience를 사용했다.[9] 정보 습득에 대한 이유와 감각적 체험을 위한 이유는 동기와 관련된 반면, 인지 욕구와 감각적 경험 욕구는 각각의 인지적 경험에 참여하려는 경향과 감각적 경험에 참여하려는 개인적 특성과 관련된 것이다.

상기 연구 결과를 요약하면, 감각적 기회, 정보적 기회, 정보 습득에 대한 이유, 감각적 체험을 위한 이유 등 네 가지 변수가 관람 경험의 만족에 대한 예측변수로서 유의미하게 나타났다. 또한 박물관 유형별로 예측 변수의 영향력을 분석한 결과, 덴버자연과학박물관Denver Museum of Nature and Science은 정보에 대한 경험이 만족에 영향을 미친 반면, 덴버미술관Denver Art Museum과 콜로라도 해양여행관Colorado's Ocean Journey은 감각적 경험이 만족에 영향을 미쳤다.

또한 관람 동기 측면에서 정보 습득은 덴버자연과학박물관, 덴버미술관, 콜로라도 해양여행관 순으로, 감각적 경험은 덴버미술관, 콜로라도 해양여행관, 덴버자연과학박물관 순으로 나타나 관람 이유, 즉 동기(관람객 변수)는 전시물의 특성과 관련된 관람 경험에 대한 기대(관람 변수)와 일치하는 것으로 나타났다.[10] 상기 연구에서는 관람 만족과 감각적 요인, 그리고 관람 만족과 정보적 요인의 상관관계가 모두 유의미했다. 뿐만 아니라 만족도 계수가 높은 관람객일수록 반복 관람 시기가 빠르게 나타났으며, 구전 효과 및 준거집단에 대한 전시 권유 의사도 높게 제시됨으로써 관람 경험, 해석적 기능, 관람 동기, 전시 만족도간 상관관계가 검증되었다.

일반적으로 전시 관람은 오리엔테이션, 집중 관람, 만유 관람, 관람 종료의 4단계 행동 양식 요소로 진행된다. 이 가운데 전시물에 대한 보유력이 20~30분 동안 유지되는 집중 관람에서 다양한 해석 매체가 관람 경험과 전시물에 대한 의미 생성을 지원해준다. 다수의 관람객 연구를 종합해보면, 관람객의 평균 체류 시간average staying time은 30분~1시간 정도이며, 60~80%의 시간은 전시물, 해석 매체, 동반 관람객과의 대화에 사용된다.[11] 실제로 관람 행태를 관찰해보면, 관람객들은 전시 공간을 이동하면서 관심 있는 전시물 앞에 걸음을 멈추고, 집중하는 유사한 행태를 보이는데, 각각의 전시물 앞에서 30초 미만의 평균 관람 시간average viewing time을 소요한다.[12]

이 과정에서 관람객들은 레이블, 텍스트, 패널, 전시가이드 리플릿, 전시 키오스크, PDAPersonal Digital Assistant나 스마트 폰 애플리케이션 형태의 전시 가이드 등 다양한 유형의 해석 매체를 사용한다. 박물관 전문인력과 연구자들은 관람객의 높은 학습적 동기로 인해 해석 매체에 대한 의존도가 높을 것이라고 추정하지만, 실제로 관람객들은 극히 제한적으로 해석 매체를 이용한다는 사실을 주지해야 한다.[13]

전시물의 보유력holding power은 일반적으로 관람 시작 후 30~45분 동안 유지되며, 집중 관람이 진행될 때까지는 해석 매체에 대한 의존도가 높지만, 만유 관람 단계로 진입하게 되면 박물관 피로의 생성과 동시에 떨어지면서 관람 태도, 동선의 방향성, 관람 속도, 정보 습득 방식, 해석 매체의 사용에 변화가 발생한다.[14] 전시물의 단순노출 효과mere-exposure effect는 초기에 전시물에 대한 관심과 호감을 증가시키지만, 과다노출 시점에 이르게 되면 전시물에 대한 관심이

점차 감소하게 된다.[15]

부연하면, 관람 시작 후 30분이 경과한 시점인 집중 관람 후반부터는 관람객과 전시물 또는 전시 환경간 인터랙션, 전시물의 단순노출 효과, 전시물의 외형적 유사성, 전시물에 대한 정보량, 인지포화 상태 등으로 인해 전시물에 대한 관심이 저하될 뿐만 아니라 보행으로 인한 육체적 피로, 정신적 피로 및 권태감으로 거의 모든 관람객들이 피로감과 직면한다.[16]

'박물관 피로museum fatigue'는 관람하면서 겪게 되는 하나의 현상으로 오랫동안 인식되어 왔다. 박물관의 크기와 전시물의 수와 관계 없이, 관람객의 관람 빈도와 관계 없이 모든 관람객이 경험하는 하나의 보편적인 증상이라 할 수 있다. 박물관학적 관점에서, 이 용어는 '관람 과정에서 전시물에 대한 관람객의 관심이 감소하는 현상'을 의미한다.[17] 대다수 관람객들이 다리와 발의 통증을 호소하기 때문에 '박물관 다리 신드롬museum leg syndrome'[18] 또는 '박물관 발museum feet'이라고 불리기도 한다.[19] '박물관 피로'에 대한 문제점을 처음으로 제기한 연구자는 20세기 초반 벤자민 길만B. Gilman이었으며, 이후 에드워드 로빈슨E. Robinson과 아서 멜톤A. Melton을 비롯한 다수의 연구자에 의해 다루어져 왔다.

존 파크,[20] 베벌리 세럴,[21] 조지 하인,[22] 스티븐 빗굿,[23] 존 파크와 린 디어킹,[24] 존 파크와 마틴 스톡스디에크[25] 등 다수의 연구자들은 박물관 피로의 전시물과의 인터랙션, 관람 태도, 관람 동선의 방향성, 관람 속도, 정보 습득 방식, 관람 소요 시간, 몰입 경험, 주의 집중도, 학습 등 전반적인 관람 경험에 대한 유의미한 상관관계를 입증했으며, 그 가운데 특히 관람 만족도에 대한 박물관 피로의 영향력이 가장 높다는 점을 강조했다. 또한 관람 경험에서 발생하는 인지적이며 감각적인 피로감에 대해 문제를 제기한 로레인 맥스웰과 게리 에반스[26]에 의하면, 박물관 피로 현상은 작동 방법이 다양한 핸즈-온hands-on 전시물로 구성되고, 전시 환경에서 소음이 큰 과학관이나 어린이박물관에서 더욱 심화된다.

'행동유도성affordance'을[27] 지각 과정의 매커니즘에서 접근한 도널드 노먼[28]은 인지적 피로를 완화할 수 있는 방법으로 사용자 중심의 방식으로 전시 디자인에 접근함으로써 관람객의 '즉각적 이해immediate apprehendability'가 가능한 전시 기획 방식을 강조했다.[29] 한편 '사용자가 하고자 하는 행위를 지원하기 위해 무언가를 제공하는 것'이라고 행동유도성을 정의한 렉스 하트슨은 행동유도성을 인지적 행동유도성cognitive affordance, 물리적 행동유도성physical affordance, 감각적 행동유도성seneory affordance, 기능적 행동유도성functional affordance으로 분류했으며, 사물과의 관계성 관점에서 사용자의 반응과 과정에 집중했다.[30]

도널드 노먼과 렉스 하트슨의 행동유도성에 대한 개념을 전시에 적용해보면, '행동유도성'은 전시물 작동 및 이용 방법 등 전시 관람 방식을 직관적으로 인지할 수 있는 특성을 의미하며, 이러한 특성은 비단 전시 디자인뿐만 아니라 레이블 등의 해석 매체와도 유의미한 관계를 갖는다. 예컨대, 컴퓨터 기반의 레이블, 전시 키오스크나 멀티미디어 가이드와 같은 디지털 해석 매체는 전시물을 보고 이해하는 데 필요한 핵심 정보뿐만 아니라 위치 확인 및 길안내 등의 상황 정보를 동시에 제공함으로써 관람객 스스로가 관람 어젠다 및 인지적 스키마cognitive schema를 형성하는 데 유용하다.

02

관람객의
전시 이용 방식과
관람 행태

'유인력attracting power'과 '보유력holding power' 등 전시 환경에서의 관람 행태와 관련된 주요 개념을 도출한 에드워드 로빈슨과 아서 멜톤은 관람 소요 시간이 관람객의 관심과 학습의 정도를 측정하는 도구라는 사실을 다수의 연구를 통해 입증했다.[31] 또 에드워드 로빈슨[32]과 아서 멜톤[33]은 관람객의 평균 체류 시간은 15~25분, 각각의 전시물 앞에서의 평균 관람 시간은 9~15초라고 제시했다.[34]

상술한 바와 같이, 파크와 디어킹은 관람객의 평균 체류 시간은 30분~1시간 정도이며, 평균 관람 시간은 약 20~30초 정도라고 한 반면,[35] 1990~1997년까지 180개의 전시를 대상으로 연구를 진행했던 베벌리 세럴의 경우, 전시물의 크기나 주제에 관계없이 평균 체류 시간은 20분 미만이었으며, 평균 관람 시간은 9.3초라고 했다.[36]

루브르박물관의 연구평가전망팀Direction des research이 실행한 모나리자 관람객 만족도에 대한 연구와 유동성 연구[37]에 의하면, 관람객의 모나리자 전시실 평균 체류 시간은 6분 55초이며, 모나리자를 감상하는 데 관람 소요 시간은 160초였다. 또한 모나리자 전시실의 평균 보유력(평균 관람 시간)은 8.3초, 평균 유인력(작품을 관람하는 관람객 비율)은 5.9%였다. 이처럼 연구자나 전시 환경에 따라서 평균 체류 시간이나 평균 관람 시간에 약간의 편차가 있는데, 전시 공간 규모, 전시물 수, 전시물에 내재한 속성 등 전시의 특성이나 동반 관람객의 유무 등 연구자가 사용하는 변인에 따라 관람 소요 시간이 달라질 수 있다는 점에 주지해야 한다.[38]

존 파크와 린 디어킹[39]의 '인터랙티브 경험 모델the Interactive Experience Model'에 의하면, 관람 경험은 개인적 맥락, 사회적 맥락, 물리적 맥락간의 상호작용을 통해 형성된다. 이 모델에서 개인적 맥락은 관람객의 지식, 관심, 관람 동기, 사전 경험, 기대, 관람에 대한 고려사항 등의 요인이 포함되는데, 전시 공간에서의 관람 행태는 관람객의 관람 빈도, 관람 동기, 관람 방식 등 개인적 맥락에 따라 상이하다.

특히 마릴린 후드,[40] 챈들러 스크리븐,[41] 미하이 칙센트미하이와 킴 허마손[42] 등의 연구자는 관람 빈도와 관람 동기간의 상관관계에 주의를 기울였다. 특히 챈들러 스크리븐[43]은 관람 빈도에 따른 관람 동기의 상이성은 본질적으로 각각의 집단이 '교육적 잠재력'을 효과적으로 활용할 수 있는 지식과 능력의 차이에 기인한다는 점을 강조했다.

관람 빈도가 높은 관람객들은 가치 추구나 새로운 경험에 대한 도전 등과 같은 내적 동기intrinsic motivation가 강한 반면, 관람 빈도가 낮은 관람객들은 상호작용 등과 같은 외적 동기extrinsic motivation로 인해 박물관을 방문한다. 전자는 전시물을 '학습하거나 즐김'으로써 자신의 관심과 욕구를 충족시키며, 후자는 타인과의 교류나 어떤 '보상rewarding'을 기대하는 관람객인데,[44] 이들 두 집단은 관람 동기뿐만 아니라 전시 동선에서도 상이성을 드러낸다.[45]

일반적으로 관람 행태의 상이성은 오리엔테이션 단계부터 가시화되는데,[46] 박물관에 대한 사전 경험 및 지식, 그리고 이 단계에서의 정보 습득은 관람 만족도에 중요한 영향력을 미친다.[47] 특히 처음으로 박물관을 방문한 집단first-time visitors은 관람 빈도가 높은 관람객이나 관람 빈도가 낮은 관람객에 비해 상대적으로 정보 습득에 대한 욕구가 매우 높다. 이 집단은 박물관에 들어선 순간 시각적으로, 때로는 청각적으로 압도된 느낌을 가지며, 박물관에서 무엇을 보아야 할지, 어느 방향으로 이동해야 하는지를 생각하다가, 관찰을 통해 관람에 익숙해 보이는 관람객의 행동을 학습한다. 이러한 사회적 상호작용에 의해 형성되는 학습 형식을 '모델링'이라고 부른다.[48] 좀 더 능동적인 관람객의 경우, 지도나 관람 가이드 등 관련 정보를 습득하기 위해 안내 데스크를 방문하거나 자원봉사자 등의 인적 자원에게 도움을 요청한다.

한편 관람 빈도가 높은 관람객들은 풍부한 관람 경험과 전시물 접근에 대한 지식을 갖고 있기 때문에 관람 동기, 관심, 목표가 명확하다. 또한 사전 경험과 지식을 기반으로 박물관을 자유롭게 순행하면서 전시물을 선택하며, 관람 시간을 효율적으로 사용한다. 반면, 관람 빈도가 낮은 관람객들은 구체적인 목표나 방향성 없이 전시 공간을 이동하다가 관심 있는 전시물 앞에서 걸음을 멈추는 성향을 보이는데, 관람 빈도가 높은 관람객과는 달리 해석 매체에 대한 의존도가 높고 전시물보다는 동반 관람객과의 상호작용에 높은 비중을 둔다.

그림1 관람 정보 습득을 위해 필드박물관의 멀티 터치 키오스크를 이용하는 관람객[49]

필드박물관Field Museum의 관람객을 대상으로 한 연구에서, 관람 방식, 관람 동기, 시간 사용 패턴에 따라 전시실을 걸으면서 통과하는 관람객the transients, 자신의 관심에 맞는 전시물을 선택해서 관람하는 관람객the samplers, 다수의 작품을 오랫동안 체계적으로 자세히 관람하는 관람객the methodological viewers으로 세분화한 베벌리 세럴에 의하면,[50] 관람객의 평균 체류 시간은 13분 미만이었으며, 관람객들은 전체 전시물 가운데 평균적으로 30% 정도만 이용했다. 이용한 전시물의 수에는 편차가 존재했지만, 모든 관람객은 공통적으로 자신의 관심에 맞는 전시물을 선택해서 관람하는 관람객the sampler의 특성을 지니고 있었다.[51]

베벌리 세럴과 유사하게 데이빗 딘[52]은 관람 행태와 방식에 따라 관람객을 세 가지 유형으로 분류했다. 전시물에 대한 관여도가 높지 않는 '평상적 관람객casual visitors'은 전시실에 머물면서 관람하기보다는 빠른 속도로 전시실을 통과하는 특성을 보이는 관람객이다. 일반적으로 이러한 유형의 관람객이 전체 관람객 가운데 차지하는 비율이 가장 높다. '피상적 관람객cursory visitors'은 관람 방식

측면에서는 평상적인 관람객과 유사한 특성을 지녔으나, 관람 경험과 특정 전시물에 대해 높은 관심을 갖고 있다. 마지막으로, 전체 관람객 가운데 가장 낮은 비율을 차지하는 학구적 관람객study visitors은 텍스트나 레이블 등의 해석 매체를 이용하면서 전시물에 대한 관여도가 매우 높으며 관람 소요 시간도 길다.[53]

관람 행태, 특히 전시 동선에 대한 이용 방식을 다루는 거의 모든 연구는 대부분 엘리세오 베롱과 마르틴 르바쇠르[54]의 인류학적 행동유형학을 이론적 근거로 활용하고 있다. 예컨대, 루브르박물관의 연구평가전망팀의 경우,[55] 엘리세오 베롱과 마르틴 르바쇠르의 인류학적 행동유형학을 근거로,[56] 관람 행태와 전시 동선 이용 방식을 개미 관람객 집단Ant, 나비 관람객 집단Butterfly, 메뚜기 관람객 집단Grasshopper, 물고기 관람객 집단Fish 등 네 가지의 유형으로 구분했다.[57]

엘리세오 베롱과 마르틴 르바쇠르[58]가 말한 각각의 유형별 관람객 집단의 전시 동선에 대한 이용 방식을 살펴보면, 개미 유형에 해당하는 관람객 집단은 전시 동선을 따라 이동하며, 거의 모든 전시물(최소 전체 전시물 가운데 50% 이상)에 세심한 관심을 보이기 때문에 관람 소요 시간이 길다. 물고기 유형에 해당하는 관람객 집단은 전시실의 중심부를 중심으로 이동하며, 전시물을 세심히 관람하지 않는 특성을 지닌다. 나비 유형에 속하는 관람객 집단은 특정 전시 동선을 따르기보다는 전시물의 물리적 위치를 따라 이동하며, 정보 습득을 위해 전시물 앞에서 걸음을 멈춘 빈도가 높다. 마지막으로 메뚜기 유형에 해당하는 관람객 집단은 다른 전시물에는 관심이 보이지 않으나, 선호하는 전시물 집중하면서 많은 관람 소요 시간을 소요한다.[60]

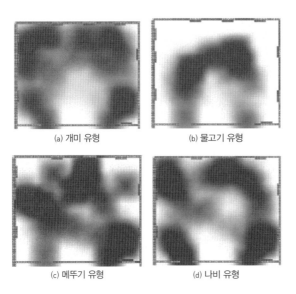

(a) 개미 유형   (b) 물고기 유형

(c) 메뚜기 유형   (d) 나비 유형

그림2 관람객 유형에 따른 관람 동선에 대한 시각화[59]

루카 키타로와 루초 이에로누티[61]의 경우, 투어 가이드 개발을 위해 엘리세오 베롱과 마르틴 르바쇠르[62]의 관람 유형을 근거로 전시실에서의 전시물 이용 데이터를 기록하는 '관람 동선에 대한 시각화Visualization of Users' Flow, 이하 VU-Flow'를 시도했다. 위의 **그림2**는 앞서 언급한 연구의 결과로, 시각화의 윤곽선은 관람 동선을 나타낸다. 전시물의 이용이 많을수록, 그리고 관람 시간이 길수록 검은색에 가깝게 표시되었다.

유형별 관람객 집단의 전시 이용 방식을 살펴보면, 개미 유형의 관람객 집단은 거의 모든 전시물을 유사한 방식으로 이용했다. 관람 동선과 관람 소요 시간 측면에서, 개미 유형의 관람객 집단과 상이한 물고기 유형의 관람객 집단은 전시실 중심부 또는 특정 전시물에 집중된 이용 방식을 보였다.[64] 메뚜기 유형에 해당하는 관람

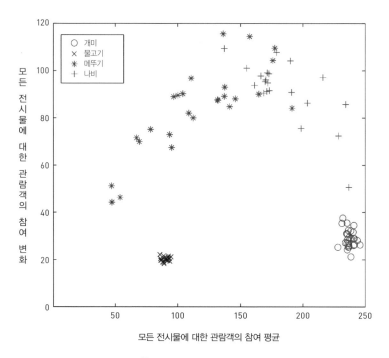

그림3 유형별 관람객 분산 그래프[63]

객 집단은 개미 유형의 관람객 집단과 유사한 이용 방식을 보였지만, 특정 전시물의 이용에 집중했으며 비규칙적인 방식으로 관람 동선을 이용했다. 나비 유형의 관람객 집단은 개미 관람객 집단과 유사하게 전시물의 물리적 위치를 따라 전시 동선을 형성했으며, 전시 동선 측면에서는 메뚜기 유형의 관람객 집단과 유사하게 비규칙적인 특성을 보였다.

　　그림3은 엘리세오 베롱과 마르틴 르바쇠르[65]의 관람 유형과 알고리즘을 활용해서, 킹칸 숙하나피반과 럭 싸원마스[66]가 실행한 관람객 유형에 따른 관람 동선에 대한 시각화이다. 이 연구는 100명의 관람객을 대상으로 이루어졌으며, 한 전시 공간 내에서 유형별

관람객들이 이용한 관람 동선을 분산 그래프scatter graph 방식으로 시각화했다.

이용한 전시물의 위치는 달랐지만 개미 유형의 관람객 집단과 물고기 유형의 관람객 집단의 관람 동선은 특정 전시물에 집중된 반면, 메뚜기 유형의 관람객 집단과 나비 유형의 관람객 집단의 관람 동선은 불규칙적이며 분산적으로 분포된 특성을 나타냈다.

2

MUSEUM TECHNOLOGY

디지털 기술과 해석 매체:
오디오 가이드

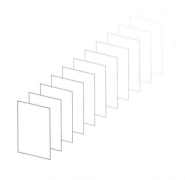

01
오디오
가이드의
발전 동향

파크와 디어킹의 '인터랙티브(상호작용적) 경험 모델'의 관점에서, 박물관의 해석적인 기능과 관련된 전시 동선, 전시물, 레이블 등은 물리적 맥락에 포함된다.[1] 일반적으로 전시는 레이블, 텍스트, 패널 등 텍스트 기반의 매체, 팸플릿, 리플릿 등의 출판물을 관람객에게 제공하며 도슨트와 같은 인적 자원을 통해 관람 활동을 지원한다. 상술한 텍스트 기반의 매체와 출판물과 같은 아날로그 방식의 해석 매체는 정보통신 기술의 발전 및 혁신적인 아이디어와의 결합하여 다양한 정보 전달 방법론과 경로를 개발하고 있다.

  인터넷 기술이 발전하기 이전까지 박물관이 관람객을 위해 적용한 유일한 기술은 오디오 가이드를 비롯한 핸드헬드 디바이스 handheld device와 관련된 기술이었다. 전 세계에서 최초로 핸드헬드 디바이스를 개발해서 오디오 가이드를 도입한 박물관은 암스테르담에 위치한 스테텔릭박물관Stedelijk Museum이었다(그림4). 이 박물관은

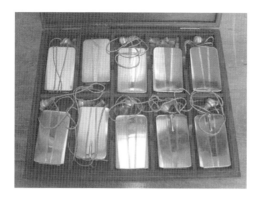

1952년에 단파장 이동 강의short-Wave Ambulatory Lectures용으로 개발한 디바이스를 핸드헬드 오디오 가이드로 사용했다. 또한 작품에 대한 설명을 아날로그식으로 녹음한 후 폐쇄회로

그림4 1952년에 개발된 스테텔릭박물관의 오디오 가이드[2]

단파 라디오 방송 시스템을 통해 관람객에게 전시 설명을 제공해주었는데,[3] 성능 측면에서는 기대에 미치지 못했다는 평가를 얻었다.[4] 하지만 스테텔릭박물관의 핸드헬드 디바이스는 아날로그 방식의 오디오 투어에 대한 박물관의 관심과 보급을 촉진시키는 데 상당한 영향력을 미쳤다.[5]

그림5 (좌) 미국자연사박물관의 오디오 가이드 (우) 워싱턴 DC 국립미술관의 오디오 가이드[6]

이후 1961년에 스미스소니언 인스티튜트Smithsonian Institute의 미국자연사박물관American Museum of National History이 '사운드 트랙'을 기반으로 한 오디오 가이드를 개발했다. 이 오디오 가이드는 폐쇄회로 기반의 이동식 라디오 수신기를 사용했으며, 관람객은 디바이스의 앞면에 부착된 다이얼을 사용해서 오디오 가이드 내용을 선택할 수 있었다. 이어 1965년에는 워싱턴 DC의 국립미술관National Gallery of Art 에서도 두 사람이 함께 이용할 수 있는 어쿠스틱가이드 오디오 가이드가 개발되었다(그림5). 한편 영국의 과학박물관Science Museum은 전시물에 대한 해석과 전시실에서의 이동을 지원하기 위해 철강과 철 갤러리Steel Iron Gallery를 대상으로 라디오 기반의 가이드 투어를 개발했다.[7]

주변 회로 단파 라디오 방송 시스템을 이용한 아날로그 방식의 오디오 투어는 1970년대 소니Sony의 워크맨Walkman과 같은 이동성

그림6 영국 과학박물관의 라디오 수신기 형태의 오디오 가이드Telesonic lorgnette[8]

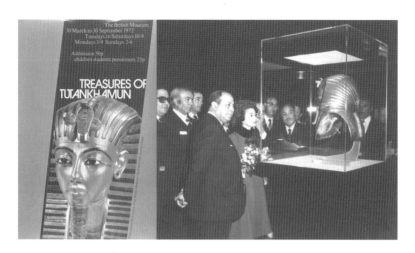

그림7 〈투탕카멘의 보물〉 전시 포스터와 관람객[9]

을 지닌 콤팩트 카세트(카세트 플레이어)의 출시와 함께 북미 지역으로 널리 보급되었다. 대영박물관의 경우, 1970년대 초반 그리스·로마 고미술 담당 큐레이터인 이안 젠킨스Ian Jenkins의 파르테논Parthenon 조각상에 대한 전시 설명을 녹음한 오디오 가이드를 처음으로 개발해서 관람객들에게 콤팩트 카세트를 대여했으며,[10] 170만 명의 관람객의 유입이 이루어진 블록버스터 전시인 〈투탕카멘의 보물 Treasures of Tutankhamun, (1972~1981)〉에서도 오디오 가이드가 사용되었다.[11] 당시 관람객들은 상당한 무게의 디바이스를 어깨에 걸치고, 카세트 테이프를 앞뒤로 돌리면서 전시 설명을 들었다.

　　1980년 후반과 1990년 초반 오디오 투어는 내용과 기술 측면에서 혁신적인 시도가 이루어졌으며, 기술 기반의 새로운 방법론을 도입했다.[12] 내용 측면에서의 혁신으로, 전시물의 가치나 의미에 대해 큐레이터의 내러티브를 제공하던 기존의 선형적인 방식으로부터 탈피해 다양한 전문가의 시각과 참여를 허용하게 되었다. 기술

그림8 국립제1차세계대전 전쟁기념관13

그림9 메트로폴리탄미술관의 핸드헬드 오디오 가이드14

그림10 독일자연사박물관의 핸드헬드 오디오 가이드15

측면에서는 디지털 기술의 보급과 함께 선형적인 방식에서 벗어나 관람객이 관람 동선, 전시물, 정보 등에 대한 자유선택권을 가질 수 있게 되었다.[16]

　　해석 매체의 관점에서 이 시기에 주목할 만한 변화는 밀워키 공공박물관the Milwakee Public Museum을 필두로 다수의 박물관이 자체적으로 핸드헬드 가이드의 개발을 착수했으며, 이에 대해 실험적인 시도가 이루어졌다는 것이다. 미국의 경우, 1986년에 샌프란시스코의 드 영 박물관the de Young Museum의 전시인 〈Bronislava Nijinska: A Dancer's Legacy, (1985~1986)〉를 위해 안테나 오디오Antenna Audio가 다양한 관점과 설명을 담은 오디오 가이드를 개발했다.

02

카네기미술관과 워커아트센터의
휴대전화 기반의
오디오 가이드

오디오 가이드는 텍스트를 읽어야 하는 부담감으로부터 관람객을
자유롭게 만들기 때문에 현재에도 대다수의 관람객들이 선호하고
있다. 샌프란시스코 현대미술관San Francisco Museum of Modern Art, SFMOMA
이 진행한 연구에 의하면, 온 디멘드on-demand 방식의 정보 접근성,
친숙도, 디바이스의 사용 편의성, 무료 이용 등의 장점으로 인해, 전
통적인 오디오 투어보다 팟캐스트potcast나 휴대전화cellular phone기반의
오디오 가이드 투어에 대한 선호도가 높게 제시되었다.[17]

　　휴대전화 기반의 오디오 가이드 경우, 실시간으로 전시물에
대한 오디오 정보를 제공해주기 위해 대화식 음성 응답 시스템
Interactive Voice Response System이 사용되었다. 대화식 음성 응답 시스템은
무선 인터넷 네트워크를 통해 정보가 전송되며, 오픈 스탠다드open-
standard, PC 기반의 애플리케이션의 특성을 띠며, 웹 서버, CMS,
DAMS 등의 데이터베이스와 같은·네트워크 시스템과 통합되어 '주

석connotation'과 '개인화personalization'의 인터랙티비티가 발생되었다.[18]

오디오 가이드의 휴대성은 인터랙션과 CD-ROM에 내장된 풍부한 미디어, 인터랙티브 멀티미디어 키오스크와 효과적으로 결합되었다. 예를 들어, 살포드 대학교the University of Salford가 개발한 'GEMISIS 2000'은 터치 스크린을 통해 전시 공간의 전시물과 함께 네비게이션이 제공되었는데, 각각의 터치 스크린의 구성 요소를 터치하면 선택된 주제에 관한 상세 정보를 볼 수 있었다.[19]

2000년 초반에 개발되어 카네기미술관the Carnegie Museum of Art에서 상용화된 'the Discovery Point'는 동반 관람객과의 인터랙션을 촉진시키기 위한 목적으로 개발되었다. 헤드셋 착용이 동반 관람객과의 인터랙션에 저해 요인으로 작용했던 전통적인 오디오 가이드와는 달리, 'the Discovery Point'의 경우에는 헤드셋 사용이 배제되었다.[20] 관람객이 원거리 통제가 가능한 특수 스피커가 내장된 소형 오디오 가이드 디바이스를 들고 전시물에 근접하면 간단한 설명이 제공되었다. 이러한 인터렉션의 구현을 위해 오디오 스팟라이트 테크놀로지the audio spotlight technology와 적외선 테크놀로지infrared technology가 사용되었다.

카네기미술관은 오디오 가이드의 사용자 경험user experience을 설계하기 위해 정성적인 방식으로 관람객의 행태에 대한 사전 연구를 실행했다.[21] 사용 용이성을 고려, 오디오 가이드는 메일홈MailHom, 재생play, 전forward, 후back 등 4개 버튼으로 구성된 디바이스를 사용했는데, 형태적으로는 리모컨remote control과 유사했다. 동반 관람객과의 대

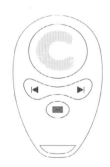

그림11 카네기미술관의 'the Discovery Point' 오디오 가이드 외관[22]

화를 활성화시키기 위한 목적으로 각각의 전시물에 대해서는 작가의 생애, 테크닉, 스타일 등 5개 주제로 구성된 30초 미만의 설명이 제공되었으며, 설명이 종료되면 전후 버튼을 사용해서 다른 설명으로 이동할 수 있었다. 또한 관람객들은 메일홈을 이용해서 작품에 대한 부가적인 정보의 요청이 가능했으며, 개인 웹 사이트에 전시물에 대한 정보를 전송할 수 있었다.

카네기미술관은 사용성에 대한 두 차례에 걸친 평가연구를 실행했다. 연구 결과에 의하면, 사용자들은 오디오 가이드가 매우 간단하게 설계되었음에도 불구하고, 음성 명령 기능을 사용하는 것에 어려움을 느꼈다. 헤드셋을 사용하지 않았기 때문에 동반 관람객과의 대화가 원활하게 이루어졌지만, 대화가 전환될 때에 오디오 가이드를 사용하기를 원했다. 또한 사용자들은 오디오 콘텐츠의 구성 방식에 대한 이해와 함께 오디오 가이드를 제어하기 위한 중지, 재생 반복, 건너뜀 버튼에 대한 필요성을 제기했다.[23]

미네아폴리스Minneapolis에 위치한 워커아트센터Walker Art Center는 샌드박스 스튜디오Sandbox Studio Inc와 함께 개발한 오디오 가이드인 'Art On Call'을 2006년부터 상용화했다. 워커아트센터는 기존의 오디오 투어 시스템을 대체하기 위해 '자신의 하드웨어 가져 오기bring your own hardware'를 미국에서 선도적으로 주도한 박물관에 해당한다.

사용자 관점에서 'Art On Call'의 가장 큰 특징은 정보 전달의 신속성과 정보의 최신성에 있다. 특히 관람하는 동안 전시물의 부가 정보를 요청하는 경우, 즉각적인 피드백 서비스를 받을 수 있다는 점이 전통적인 오디오 가이드와의 차별성이라 할 수 있다.[24] 온-디맨드 방식으로, 관람객들은 관람 전pre-visit, 관람하는 동안during visit, 관람 후post-visit 그리고 관내·외에서 전시, 전시물, 박물관 활동에 대한 일정 등에 대한 정보를 박물관의 웹 사이트와 자신의 전화번호를 사용해서 제공받을 수 있기 때문에, 'Art On Call'은 연결 완전성이 내재된 관람 모형seamless visit model을 지향한다. 특히 관람객들은 상술한 정보 이외에도 척 클로스Chuck Close, 클래스 올덴버그Claes Oldenburg, 요코 오노Yoko Ono, 카라 워커Kara Walker 등의 작가뿐만 아니라 큐레이터, 유명인과의 인터뷰 내용도 이용할 수 있다.

한편 관리자 관점에서 보면, 'Art On Call' 시스템은 사용자 친화적 특성을 강화시키기 위해, 박물관의 웹 서버와 고객 콘텐츠 관리 시스템Custom Content Management System을 연결시켰다. , 또한 이 시스템은 표준 MP3 형식의 오디오 파일을 웹 브라우저를 통해 실시간 생성 및 추가 또는 첨삭 등의 기능이 가능하도록 설계됨으로써 정보의 최신성을 유지할 수 있다. MP3 파일은 워커아트센터의 웹 사이트(newmedia.walkerart.org/aoc/)에서, 팟캐스트 버전은 아이팟이나 MP3 플레이어로 이용할 수 있다.[25]

'Art On Call' 시스템의 핵심은 대화식 음성 응답 시스템Interactive Voice Response, 이하 IVR과 음성 확장 가능 마크업 언어인 VoiceXML 이하 VXML에 있다. 대화식 음성 응답 시스템은 워커아트센터의 내부 네트워크 및 외부 전화선과 연결되었으며, 관람객이 워커아트센터가 제공한 콜링 카드calling card에 적힌 번호(612-374-8200)로 전화를 걸면 시스템은 발신자 확인 장치Caller ID 정보를 확인한 후 개인화 기반의 인터랙션을 활성화시킨다.

'Art On Call'의 가장 흥미로운 기능은 '응답 주고 받기TalkBack'와 '로그 정보 표시Breadcrumbing'라 할 수 있다. 관람객들이 '응답 주고 받기'의 통화 방식을 통해 각각의 작품에 대한 오디오 코멘트를 주

그림12 Art on Call의 콜링 카드와[26] 전시실에서 이를 이용하는 관람객[27]

석 형태로 남길 수 있으며, 그 내용을 타인과 공유할 수 있을 뿐만 아니라, 관람 후 전화번호로 웹 사이트를 방문해서 자신이 남긴 코멘트를 검색해서 이용할 수 있다.[28]

'Art on Call' 시스템은 관람객이 이용했던 전시물에 대한 정보를 자동적으로 저장하기 때문에, 로그 정보 표시 기능을 통해 관람 후 자신이 이용한 전시물에 대한 정보 이용이 가능하며, 매번 관람할 때마다 정보가 업데이트된다. 이 기능을 이용하기 위해서는 동일한 전화번호의 사용이 요구되며, 웹 사이트의 검색 박스에서 전화번호를 입력하면 정보 검색이 가능하다.[29] 이 외에도 Art on Call은 개인화 기반의 인터랙션 과정에서, 북마킹을 비롯한 오디오 가이드의 기능뿐만 아니라 게임, 설문조사, 사용자의 로그 데이터 추출이 가능하다.

03

샌프란시스코 현대미술관의
MP3 기반의
팟캐스팅

팟캐스팅podcasting은 '방송broadcasting'과 애플Apple 제품인 '아이 팟iPod'
의 합성어로서, 인터넷을 통해 사용자들이 MP3와 같은 오디오 파
일을 RSS를 통해 구독할 수 있는 기반을 제공하여 인터넷 라디오
방송을 운영하는 것을 의미한다.[30] 2004년 말부터 인기를 끌기 시
작한 팟캐스팅은 MP3 플레이어나 디지털 오디오 플레이어뿐만 아
니라 컴퓨터에서 오디오를 재생하는 소프트웨어를 활용하면 이용
이 가능하다.

2005년 샌프란시스코 현대미술관의 경우, 관람객과 지역 및
온라인 커뮤니티의 참여를 유도하기 위해 팟캐스트 파일럿 프로그
램인 'SFMOMA Artcasts'를 통해 소장품 및 전시에 대한 정보, 작가
인터뷰, 음악, 사운드 등을 제공하기 시작했다.

2005년부터 안테나 오디오와의 협력을 통해 제작된 약 50여
개의 'SFMOMA Artcasts'는 미술관 웹사이트(www.sfmoma.org/artcasts)에

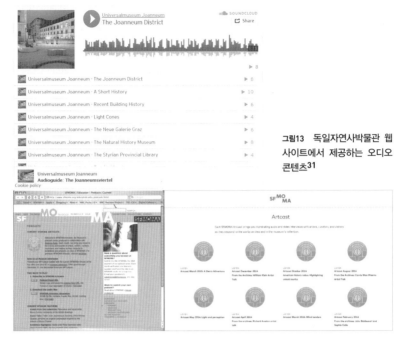

그림13 독일자연사박물관 웹
사이트에서 제공하는 오디오
콘텐츠[31]

그림14 샌프란시스코 현대미술관의 오디오 콘텐츠[32] [33]

서 무료로 이용할 수 있다. 근현대 미술에 대한 월간 웹진의 성격을
지닌 'SFMOMA Artcasts'는 현재 및 향후 전시에 대한 소개Exhibition
Highlights, 작가에 대한 소개Voice from the Collection, 소장품에 대한 샌프란
시스코에서 활동하는 작가, 음악가, 공연예술가의 의견Guest Take, 전
시 및 특정 주제에 대한 관람객과의 인터뷰Vox Pop, 질의응답Ask
SFMOMA, 관람객이나 청취자가 오디오 클립으로 제작한 소장품이나
전시에 대한 반응이나 의견SFMOMA Artcast Invitational, 전시 투어 프로그
램Exhibition Walkabout 등으로 구성되어 있다.[34]

　디지털 기술의 발전과 함께 소장품의 디지털화가 활성화되었
으며, 디지털 데이터의 활용 및 확산이 웹 사이트를 통해 이루어지

그림15 (좌) 메트로폴리탄미술관의 팟캐스트 the Memory Palace의 스크린 샷[35]
(우) 스미스소니언 인스티튜트 산하 박물관들의 팟캐스트 스크린 샷[36]

면서, 음성 및 동영상 콘텐츠 등의 제작도 활기를 띠게 되었다. 이러한 변화 속에서 팟캐스트는 박물관의 물리적 한계를 넘어 큐레이터나 작가의 소장품에 대한 스토리텔링과 상세 설명에 대한 접근 이용성을 증진시키는 도구의 중심에 놓이게 되었다. 또한 다수의 연구를 통해 팟캐스트가 관람 경험 증진과 박물관 재방문에 유의미한 영향력을 미친다는 결과가 제시되었다.[37] 예컨대, 폴 게티 미술관J. Paul Getty Trust, 메트로폴리탄미술관the Metropolitan Museum of Art, 빅토리안 앤 알버트박물관Victorian & Albert Museum, 대영박물관the British Museum, 미국홀로코스트기념관United States Holocaust Memorial Museum, 미국자연사박물관American Museum of Natural History 등 대다수의 박물관이 팟캐스트의 개발에 주력해오고 있다.[38]

스미스소니언 인스티튜트의 경우, 팟캐스트를 '사이드도어Sidedoor'라는 용어로 지칭하며, 웹 사이트에서 과학, 예술, 역사, 인문학 등 다양한 분야에 대한 아이디어와 이야기를 전달하고 있다. '사이드도어'를 비롯, 미국홀로코스트기념관과 메트로폴리탄미술관의 팟캐스트는 2016년 트립사비Tripsavvy가 선정한 베스트 팟캐스트로 선정되었다.[39] 이 가운데 미국홀로코스트기념관의 팟캐스트인 'First

Person'은 2015년에 공공 프로그램으로 운영되었던 홀로코스트 생존자 48명의 인터뷰 내용을 팟캐스트로 재구성해서 동영상과 함께 제공하고 있다.

이후 MP3 디바이스와 함께 휴대전화가 전 세계적으로 확산되었다. 특히 하이브리드적 특성, 이동성, 상황 및 위치 인식 특성을 지닌 휴대전화가 가장 경쟁력 있는 차세대 해석 매체로 인정받게 됨에 따라 박물관 또한 스마트 폰이 지닌 잠재력에 깊은 관심을 갖고 다양한 시도했다. 예컨대, 'History Calls(Southern Utah University)', 'Science Now, Science Everywhere(Liberty Science Center)', 'Art on Call(Walker Art Center)' 등이 초기에 개발된 휴대전화 기반의 오디어 투어 가이드에 해당한다.[42]

04

루브르박물관의 게임기 기반의 오디오 가이드

2012년 일본 게임회사인 닌텐도와 협력 관계를 갖고 있는 루브르 박물관의 경우, 오디오와 시각적 도구를 활용하여 소장품에 대한 새로운 시각과 루브르박물관에서만 가능한 심도 있고 기억에 남을 수 있는 인터랙티브한 경험을 관람객에게 제공하기 위해 5000 Nintendo 3DS 콘솔consoles을 활용해서 핸드헬드 기반의 오디오 가이 드인 닌텐도 오디오 가이드Nintendo audio guide를 개발했다. 두 기관은 닌텐도 3DS 시스템에 대한 관람객들의 친밀도, 예술작품과 인터랙 티브한 게임적 요소, 가상현실 기술을 결합시킴으로써 엔터테인먼 트적 효과를 기대할 수 있는 최적의 시스템인 점을 강조했다.

닌텐도 오디오 가이드는 두 가지 명확한 목적을 위해 개발되 었다. 첫 번째 목적은 정기적으로 루브르박물관을 방문하는 관람객 에게 도슨트 가이드를 대체할 수 있는 해석 도구를 제공하는 것이 었고, 두 번째 목적은 루브르박물관의 접근이 용이하지 않거나 방

그림17 닌텐도 오디오 가이드[43]　　　그림18 닌텐도 오디오 가이드를 시연하고 있는 글
　　　　　　　　　　　　　　　　　　로벌 닌텐도의 사토루 이와타Satoru Iwata[44]

문하지 못한 사람들에게 버추얼 가이드virtual guide를 통해 주요 예술 작품에 대한 설명과 위치를 제공하기 위해서이다.[45] 전자의 경우, 박물관에서 오디오 가이드를 대여할 수 있으며, 후자의 경우에는 루브르박물관 뮤지엄 샵이나 닌텐도 소프트웨어 프로그램 판매처에서 구매가 가능하다.

　닌텐도 3DS 시스템을 기반으로 개발된 오디오 가이드는 700여 개의 작품에 대한 7가지 언어의 오디오 정보와 1,200개 작품에 대한 3D 이미지 및 애니메이션을 제공해주기 때문에,[46] 실질적으로는 핸드헬드 형태의 인터랙티브 멀티미디어 가이드라고 할 수 있다. 예컨대, 고화질 이미지를 사용했기 때문에 회화작품의 경우에는 붓 터치나 균열된 부분을 상세하게 보거나 줌 기능을 사용해서 작품의 특정 부분을 확대 및 축소해서 감상할 수 있다. 또한 인터랙티브 지도의 '위치 인식

그림19 닌텐도 오디오 가이드 게임 디바이스와
소프트웨어[47]

기능Location Function'은 관람객에게 현재의 위치를 확인시켜주고, 관람객은 수동 또는 자동으로 관람 방식을 선택할 수 있으며, 주제별로 구성된 투어의 이용뿐만 아니라 현재 진행 중이거나 향후 개최 예정인 전시에 대한 정보도 습득할 수 있다.

오디오 가이드의 주요 기능을 살펴보면, '예술작품 감상하기Look at the artwork'와 '루브르박물관 방문하기Visit the Louvre'로 구성된다. 전자는 관심 있는 특정 작품을 검색할 수 있는 기능이며, 2D 또는 3D 이미지, 오디오 정보, 동영상이 제공된다. 특히 조각의 경우, 랜더링을 통해 구현된 3D 형태의 이미지를 줌 기능을 사용해서 확대 및 축소하거나 여러 각도로 돌리면서 감상하는 것이 가능하다. 후자의 경우는 '자유 탐험Free exploration', '전시 동선 생성하기Build a Trail', '명작 투어Masterpiece Tour', '가족 관람객 투어Family Tour: the ancient Egyptian'로 구

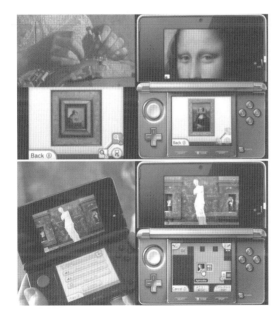

그림20 닌텐도 오디오 가이드의 고화질 이미지와 줌 기능 (좌)[48] (우)[49]

그림21
(좌) 루브르 닌테도의 밀로의 비너스(the Venus de Milo)[50]
(우) '밀로의 비너스' 인터페이스[51]

그림22 닌텐도 오디오의 3D 이미지와 스크린 샷[52]

그림23 루브르 닌텐도 오디오 가이드의 네비게이션[53]

성된다.

터치 스크린 기반의 네비게이션을 통해 전시실을 이동하면서 선택한 전시물을 상세히 감상할 수 있는 '자유 탐험'의 경우, 전시물의 선택, 감상, 오디오 정보의 생성 등 일련의 흐름과 인터랙션이 사용자 경험의 관점에서 고안되었다. 잠재 관람객이나 예술 애호가에게 매우 유용한 기능인 '전시 동선 생성하기'는 유형별로 분류된 작품 가운데 관람객이 최대 12개의 작품을 선택할 수 있으며, 선택한 각각의 작품에 대한 상세 정보를 이용할 수 있다. 또한 관람객이 선택한 전시물을 중심으로 가장 효과적인 전시 동선이 자동으로 생성되며, 수동 또는 자동 방식으로 관람 속도를 조절할 수 있다.

'전시 동선 생성하기'와 마찬가지로 세 가지의 투어는 수동 또는 자동 방식으로 관람할 수 있다. 이들 투어는 사전에 설계되었기 때문에 선택할 수 있는 전시물의 수가 제한적이지만, 구조적 완성도와 사용 용이성이 높다. 또한 다양한 방식의 설명뿐만 아니라 다양한 각도에서 촬영한 이미지가 제공되며, 수동과 자동 방식 가운데 한 가지를 선택해서 이용할 수 있다.

　　지도의 경우, 터치 스크린에 3D 형태의 전시 공간이 제시되고, 화살표 방향에 따라 관람객은 관람 방향을 선택할 수 있으며, 관람 속도를 통제할 수도 있다.[54] '명작 투어Masterpiece Tour'의 경우, 모나리자나 밀로의 비너스와 같은 루브르박물관을 대표하는 예술작품으로 구성되었으며, 투어에 소요되는 시간은 50분이다.[55] 동반 관람객과의 경험 증진group-friendly experience을 위해 개발된 '가족 관람객 투어'는 음악 및 사운드 효과와 함께 이집트에 대한 멀티미디어 게임과 퀴즈도 포함되어 있어서 즐거움과 재미를 강화해주며, 고대 이집트에 대한 상세 설명이 90분간 제공된다.[56]

3

MUSEUM TECHNOLOGY

디지털 기술과 해석 매체: 멀티미디어 가이드

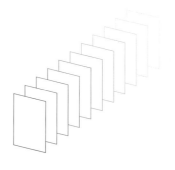

01

멀티미디어
가이드의
발전 동향

오디오 투어와 병용되었던 해석 매체로는 단말기를 통해 특정 데이터베이스의 정보를 제공하는 무인 정보 안내 시스템인 전시 키오스크를 들 수 있다. 초기에는 텍스트와 이미지 중심의 서비스를 제공했으나, 이후 터치 스크린, 음성 및 그래픽 카드 등 멀티미디어 기술이 적용되면서 음성 서비스 및 동영상 구현이 가능해졌다. 대부분의 전시 키오스크는 전시실 외부의 특정 장소에 설치되기 때문에 실제 관람 경험과는 분리되는 제약적 특성을 지녔으며, 정보의 근접성 및 정보 전달의 적시성을 충족시키기에는 한계가 있다. 뿐만 아니라 다수가 동시에 전시 키오스크를 이용하는 것이 불가능했고, 그 외에도 검색 정보량과 정보의 난이도, 빈번한 고장, 정보 업데이트 등 검색 서비스와 시스템 관리 및 유지, 사용성 등의 부분에서 문제점이 제기되었다.

1990년대부터 본격적으로 아날로그에서 디지털로 기술 혁신이 가속화됨에 따라, 오디오에서 멀티미디어로 콘텐츠 범주의 확장성이 확보되었고,[1] 디지털 해석에 대한 담론과 실험이 병행되었다. 특히 디지털 기술의 발전은 기존의 텍스트나 출판물 등 아날로그 형태의 해석 매체나 도슨트가 제공하지 못했던 정보 전달의 용이성 및 효과성을 증진시켰다. 관람 행태 및 학습 방식에 따라 다양한 정보 유형이나 경로가 필요하다는 인식이 높아지면서, 박물관은 해석 매체의 기능이나 정보, 적용 기술에 대해 다양한 방식으로 접근했다. 전시 키오스크의 경우, 상술한 문제점을 해결하기 위한 노력이 지속적으로 이루어졌다. 특히 오디오 가이드는 1998년에 시애틀에서 진행되었던 'the Experience Music Project'를 기점으로 멀티미디어 가이드로 진화했다.[2]

로익 탈론에 의하면,[3] 박물관이 기술의 변화에 대해 관심을 갖고 적용하는 것은 궁극적으로 '관람 경험의 증진'과 '관람객 개발'이란 두 가지 목표를 성취하기 위함이라는 점을 강조했다. 예컨대, 관람 경험의 증진, 즉 관람 경험에 대한 만족도가 높아지면 반복 관람, 긍정적인 구전 효과 발생, 친구와 가족 등 주변사람들을 대상으로 한 관람 권유나 추천 등과 같은 마케팅 효과도 더불어 발생된다.

박물관 기술에 대한 수용은 단지 기술이 관람객들의 기대에 부응하는 데 사용되는 유일한 수단이라서가 아니라, 기술에 내재된 인터랙션의 발생과 경험을 전달하는 능력 때문이다. 정보통신 기술 Information Communication Technologies, 이하 ICT의 발전은 효과적인 해석 도구를 제공하여 관람 경험을 증진시켰을 뿐 아니라, 관람객 개발, 특히 테크놀로지를 선호하는 젊은 계층의 참여를 유도하는 데 유의미한 영향력을 미쳤다.[4]

기본적으로 컴퓨터는 방대한 양의 정보 저장이 가능하고 정보의 접근 이용성이 높다. 컴퓨터와의 인터랙션은 전시물 작동, 문제 해결, 질문과 답변, 아이디어 도출, 예측 등과 같은 일련의 인지적, 감각적 경험을 포함한 학습을 활성화시켜 관람 경험에 긍정적인 영향력을 미친다. 특히 해석적 관점에서 보면, 지난 50년간 컴퓨터 기반의 전시 키오스크와 같은 해석 매체가 관람 경험을 지원할수 있었던 것은 전시물이나 전시물과 관련된 상황에 대한 맥락적 이해, 스토리텔링적 특성을 지닌 정보를 제공함으로써 몰입, 참여, 학습의 증진을 이끌어낼 수 있는 잠재적 특성 때문이었다.[5]

다수의 연구 결과를 통해, 대부분 관람객이 컴퓨터 기반의 해석 매체에 대해 매우 긍정적인 태도를 지니고 있다는 사실을 확인할 수 있다. 예컨대, 빅토리아 앤 알버트 미술관the Victoria and Albert Museum의 브리티시 갤러리British Galleries에서 실시한 관람객 연구에 대한 결과를 살펴보면, 87%의 응답자가 인터랙티브 컴퓨터 전시 및 키오스크를 포함한 컴퓨터 기반의 디지털 해석 매체의 적합성과 유용성에 대해 긍정적인 반응을 나타냈다. 또한 심화연구에서도 90% 이상의 관람객들이 적어도 한 가지 이상의 인터랙티브 해석 매체를 사용했다고 응답했으며, 그 가운데 전시 키오스크가 가장 높은 선

그림24 카뎃 블루가 개발한 필라델피아 미술관 Philadelphia Museum of Art**의 십장생에 대한 인터랙티브 전시 키오스크[6]**

그림25 로스엔젤레스 홀로코스트 박물관Los Angeles Museum of the Holocaust의 인터랙티브 전시 키오스크[7]

그림26 로스엔젤레스 카운티 자연사박물관the Natural History Museum of Los Angeles County의 전시 키오스크[8]

호도를 보였다.[9]

전 세계적으로 1990년대 중반부터 2000년 초반까지 박물관의 관심이 집중되었던 해석 매체는 텍스트, 이미지, 비디오, 오디오 등의 멀티미디어 콘텐츠가 탑재된 핸드헬드 디바이스였다. 예컨대, 일본의 경우, 1994년에 일본사 국립박물관The National Museum of Japanese History이 처음으로 상설 전시를 위한 오디오 가이드를 개발한 이후,[10] 1999년에 오사카에 위치한 국립민족학박물관国立民族学博物館은 관람객이 전시물에 대한 동영상과 오디오 설명을 선택할 수 있는 기능을 갖춘 멀티미디어 가이드인 'Minpaku Digital Guide'를 개발했다.[11]

안테나 오디오[12]의 창시자 크리스 텔리스에 의하면, PDA 기반의 멀티미디어 가이드는 지난 20년간 박물관 교육 분야에서 가장 괄목할 만한 발전이었다.[13] 실제로 PDA와 같은 모바일 기술 기반의 디바이스는 관람객의 '의미 생성'에 다음과 같은 긍정적인 영향력을 미친다.

첫째, 관람객들이 개인적 요구와 관심에 따라 그들의 경험을 형성한다. 둘째, 관람의 시공간적 경계를 넘어서 경험을 확장할 수 있다. 셋째, 경험과 다감각적인 요소를 결합시킴으로써 물리적 맥락에서의 경험을 풍부하게 만들 수 있다.[14] 여기서 한 가지 주지할 사항은 관람객으로부터 학습이나 관람 경험에 대한 즐거움과 의미 생성, 보유력 증진, 적극적 참여를 유도하는 것은 하드웨어의 능력이 아니라 소프트웨어, 콘텐츠, 관람객과 전시물간 발생하는 인터랙션에 기인한다는 것이다.[15]

PDA 기반의 멀티미디어 가이드는 이동성mobile, 디지털digital, 개인적personal 특성으로 인해 정보의 근접성과 적시성을 충족시키며, 정보의 적합성 측면에서는 관람객의 정보 욕구와 관람 상황에 부응하는 적응형 시스템 기반의 도슨트 기능을 수행한다. 예컨대, Hyperaudio, HIPS, ARCHEOGUIDE, GUIDE, PEACH 등의 멀티미디어 가이드는 정보 콘텐츠와 정보 프리젠테이션이 관람객의 개인적 맥락, 물리적 환경과 지리적 위치, 동반 관람객, 인터랙션, 관심, 만족 등 사용 상황을 인지할 수 있도록 사용자 모델 기반의 적응형 시스템adaptive system을 사용했다.[16]

상술한 상황 인지 기능은 주로 박물관과 과학관에서 사용되고 있는데, 이는 사용자에게 높은 정보 유용성을 얻게 하기 위해서는 정보 콘텐츠와 정보 프리젠테이션이 사용자의 상황을 반영해야 한다는 원칙 때문이다.[17] 사용 상황the context of use은 물리적 환경, 지리적 위치, 동반자, 과제 요구사항, 사용자 특성, 정보의 선택과 프리젠테이션, 사용자 인터랙션의 효과성, 효율성, 만족 등의 변수에 의해 정의될 수 있다.[18] 익스플로라토리움Exploratorium, 시카고 과학산업박물관the Museum of Science and Industry, 비엔나 기술박물관the Vienna Museum of Technology, 덴마크 자연사박물관the Museum of Natural History 등이 RFID 또는 근거리자기장통신NFC 등의 스마트 태깅 기술을 적용해서 상황 인지 기능을 활성화시켰다.

그림27 기술혁신박물관의 'the TechTag'를 사용하는 아동 관람객19

기술혁신박물관the Tech Museum of Innovation의 경우, 관람 경험을 확장하고 개인화 및 사용자 정의에 의해 생성되는 경험을 제공하기 위한 목적으로 RFID를 사용했다. 관람객은 'the TechTag'이라고 불리는 RFID 칩이 내장된 팔찌를 착용했다. 관람객이 전시물 앞에 놓인 RFID 인식기reader에 팔찌를 갖다 대면, 전시물이 활성화되고 그러한 인터랙션의 결과로 관람객의 개인 경험이 담긴 웹 기록이 생성되었다.20

근거리자기장통신(이하 NFC) 기능이 탑재된 휴대전화를 활용한 모바일 박물관 가이드의 대표적인 사례로는 뮌헨에 위치한 인간과 자연박물관the Museum Mensch und Natur을 들 수 있다. 이 가이드의 핵심은 다이나믹 NFC 디스플레이dynamic NFC-display를 활용한 물리적 인터랙션의 발생이며, 서버 애플리케이션과 디스플레이와 연동된 모바일 단말기의 보조 클라이언트 애플리케이션로 구성되었다. 서버는 박물관 가이드 애플리케이션의 알고리즘을 관리하고, 박물관 투어의 소요 시간, 주제, 목표 관람객, 평면도, 순위 등과 같은 정보를 저장하는 역할을 한다.

애플리케이션의 그래픽 사용자 인터페이스Graphic User Interface, 이하 GUI는 터치 기반의 인터랙션의 발생을 위해 물리적인 인터페이스를 제공하면서 NFC 태그에 투사된다. 관람객들이 NFC 기능이 탑재된 스마트 폰(Nokia 6131 NFC)의 NFC 태그를 손으로 터치하는 순간

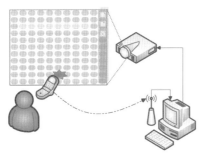

그림28 NFC 디스플레이 시스템과 NFC 디스플레이에서의 박물관 가이드와의 인터랙션[21]

인터페이스와 직접적이고 직관적인 인터랙션이 발생하며, 모바일 애플리케이션이 태그에 뜬 정보를 읽어 블루투스Bluetooth를 통해 서버로 전송한다. 서버는 인터랙션에 따라 업데이트된 내용과 디스플레이드된 인터페이스 위젯을 조직화해서 맵핑mapping한다. 이와 같은 방식으로, 관람객들은 투사된 박물관 가이드의 GUI를 조작하기 위해 NFC 디스플레이의 물리적인 인터페이스와 인터랙션한다. 이 과정 속에서 관람객들은 박물관이 제공한 투어를 다운로드하여 정보를 습득할 수 있고, 자신의 관심에 따라 사전에 정의된 구성 요소를 기반으로, 기존의 투어 내용을 조합 및 재구성해서 새로운 투어를 생성할 수 있다.

　　프로토 타입에 대한 평가는 NFC를 활용해 제작한 모바일 가이드의 인터랙션 기술이 갖고 있는 적용성과 유용성을 평가하기 위한 목적으로 10명으로 구성된 모집단을 대상으로 설문조사를 했다. NFC 디스플레이와 모바일 단말기에 나타난 인터페이스와의 인터랙션을 진단하기 위한 목적으로 연구 참여자들에게 주어진 과제는 박물관이 개발한 투어를 이용해서 특정 정보를 검색하고 새로운 투어를 생성하는 것이었다.

연구 결과를 요약하면, 설문 참여자들은 NFC 디스플레이를 통해 제시된 정보 배열 방식은 모바일 가이드의 사용 편의성을 증진시켰으며, 이러한 사용 편의성으로 인해 특정 정보를 검색하고 새로운 투어를 생성하는 과제를 신속하게 수행할 수 있었다고 응답했다. 전반적으로 참여자들의 프로토 타입에 대한 반응은 긍정적이었고, 특히 길찾기 기능과 정보 제공 기능에 대한 만족도는 높았다. 하지만 다른 항목에 비해 가이드의 학습적 유용성에 대해서는 매우 긍정적인 답변이 제시되지 않았다. 기존의 오디오 가이드나 가이드 투어의 대체물로 사용하기보다는 부가적인 정보의 목적으로 사용하기에 적합하다는 반응이 높았다. 이외에 이미지 정보 양의 부족, 인터페이스의 디자인 개선, 인터페이스의 불안정성 등이 개선 사항으로 지적되었다.

오디오 가이드와 전시 키오스크의 특성이 결합된, 그리고 '자유 관람free visit'과 '가이드 관람guided visit'의 특성이 결합된 결과물이라 할 수 있는 PDA 기반의 멀티미디어 가이드는 관람객에게 전시물과 관련된 다양한 정보에 대한 접근 용이성 및 정보 습득에 대한 효율성, 풍부한 멀티미디어와 관람객 중심의 전시 디자인에 의해 강화되는 학습 효과, 개인화 기반의 관람 경험에 대한 기억 환기 등의 유용성을 제공했다.[22] 또한 멀티미디어 가이드는 오리엔테이션과 관람객의 전시물에 대한 인지적, 감각적 체험, 즉 '몰입 경험flow experience'을 지원해주는 해석 매체로서의 역할뿐만 아니라, 관람객 개발이나 관람객 조사 등을 포함한 마케팅 활동에 유의미한 영향을 미쳤다.

기존의 도슨트에 의한 전시실 투어 가이드와는 달리, PDA 기

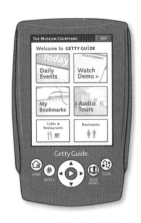

그림29 2005년에 자크 루이스 다비드Jacques-Louis David 전시에 맞춰 개발된 폴게티미술관J. Paul Getty Museum의 게티가이드 핸드헬드GettyGuide Handheld[23]

반의 멀티미디어 가이드는 전시 공간에서 물리적인 방향성을 제시하는 네비게이션 기능과 함께 알고리즘을 기반으로 관람객의 선택에 따라 관람 동선이 생성되도록 설계되었다. 따라서 큐레이터나 전시 기획자의 선형적인 관람 동선이 아니라, 관람객의 욕구와 취향에 따라 자유로운 전시물 선택 및 해석의 기회 등 개인화 기반의 관람 경험을 가능하게 한다.

또한 도슨트 가이드의 경우, 전시 설명이 빠른 속도로 진행되거나 관람객의 혼잡이나 전시실에서 발생되는 소음으로 인해 전시 설명을 놓치는 경우가 발생한다. 반면, PDA 기반의 멀티미디어 가이드는 관람객의 관람 속도나 학습 속도에 따라 전시 설명을 이용 및 반복 이용할 수 있으며, 전시실에서 이용할 수 없는 역사적으로 소실된 유물, 발굴 현장이나 유적지 등 전시물과 관련된 정보를 멀티미디어 형태로 제공함으로써 학습에 대한 동기 및 즐거움 등 총체적인 관람 경험을 증진시켰다.[24]

멀티미디어 가이드의 유용성은 풍부한 콘텐츠 제공 및 접근 용이성뿐만 아니라 터치 및 듣기touch and listen, 길찾기wayfinding와 네비게이션navigation, 피드백, 메시지 보내기texting, 박물관 활동에 대한 안내, 주석 달기connotation, 북마킹bookmarking 등 다양한 인터랙티브 기능에 있다. 특히 북마킹 기능은 학습 활동 지원을 통해 전시 및 전시물에 대한 관람객의 지식을 증진시키며, 박물관과 관람객과의 유대관계를 강화하는 데 영향력을 미치는 도구이다. 이 기능은 관람 후 관람객이 이용했던 전시물에 대한 접근을 용이하게 하며, 관람 경험의 상기 및 공유 과정에서 박물관과 관람에 대한 긍정적인 가치를 강화시킨다. 또한 학습에 대한 욕구를 이끌어내며, 향후 방문 계획을 세울 때 도움을 준다.

익스플로라토리움, 테이트 모던Tate Modern, 보스턴 과학박물관 the Museum of Science 등 현재 다수의 박물관에서 가장 많이 사용되는 북마킹 기능은 관심이 높은 전시물에 대한 기록을 남기는 기능으로서, 관람 후 학습 활동의 심화, 관람 경험의 상기·유지·공유를 위한 도구로 활용된다. 또한 관람객이 이용한 전시물에 대한 정보와 경험이 전자우편이나 개인 웹 페이지로 전송됨으로써, 관람 중 물리적 공간과 가상 공간이 연계되는 활동을 통해 몰입 경험과 학습 효과가 상승된다.

이외에도 관람객은 멀티미디어 투어를 활용해서 동반 관람객과 인터랙션을 공유하거나 관람 경험에 대한 기록을 남길 수 있다. 또한 관람하는 동안 박물관의 물리적인 공간을 벗어나 외부 또는 가상 공간에서 전시 내용과 연계된 활동을 전개함으로써 재미와 흥미를 느끼고 전시물이나 정보에 대한 몰입도 및 학습적 효과를 상승시킬 수 있다. 예컨대 멀티미디어에 탑재된 전시물과 관련된 게임은 예술작품이나 유물의 의미와 제작과정 이면에 놓여 있는 사실을 좀 더 쉽고 재미있게 이해하도록 유도한다.

핀란드의 피에리넨박물관Pielinen Museum의 경우, 전시물과 관련된 정보를 효과적으로 전달하기 위한 목적으로 퍼베이시브 러닝pervasive learning의 특성을 지닌 'LieksaMyst' 가이드 시스템을 개발했다. 텍스트, 이미지, 사운드, 비디오 등의 정보로 구성된 이 시스템의 핵심은 역할 놀이 게임이다. 버츄얼 도슨트를 활용한 이 게임은 관람객이 모바일 디바이스를 통해 박물관 환경과 다양한 방식의 인터랙션이 가능하도록 설계되었다.

스토리텔링 기반의 몰입형 게임이 적용된 LieksaMyst에는 아나Anna와 쥬시Jussi라고 불리는 아바타가 등장하는데, 이들 버추얼 도슨트의 역할은 관람객을 과거로 데려가서 당시의 생활상과 유물과 연계하며 설명을 제공하는 것이었다. 예컨대, 아나는 버터나 카펫의 제작 방식에 대해, 혹은 1895년에는 어떠한 음식을 먹었는지에 대한 설명을 제공한다. 이러한 인터랙션 과정에서 관람객은 아나와 질의응답을 나눌 수 있었는데, 관람객이 특정 유물과 관련된 과제를 수행해야만 게임이 종료되었다. LieksaMyst는 관람에 대한 흥미 및 적극적인 참여 유도, 박물관에 대한 태도, 관람객의 기대 충족 등에 긍정적인 영향력을 미쳤다는 평가를 얻었으며, 특히 사용자의 게임적인 몰입 요소에 대한 호응도가 매우 높게 나타났다.[26]

02

샌프란시스코
현대미술관의
멀티미디어 가이드

2000년 초반부터 다수의 박물관이 PDA 기반의 멀티미디어 가이드 프로토 타입의 개발에 적극적으로 참여했지만, Hyperaudio, HIPPIE, Museum Wearable, ARCHEOGUIDE, GUIDE, PEACH 등 대다수의 프로젝트가 상용화로 발전하지 못했다.[27] 파일럿 테스팅을 거친 프로토 타입이 상용화되기 위해서는 콘텐츠 개발뿐만 아니라 하드웨어의 배포 및 콘텐츠의 업데이트를 위한 유지 관리에도 적지 않은 예산, 인력, 시간이 요구되었다.[28] 또한 무선 네트워크의 연계성, 전시 환경에서의 핸드헬드 디바이스의 휴대성 및 사용성, 콘텐츠가 디바이스로 전송될 때의 속도나 시간, 동반 관람객 또는 전시물과의 인터랙션 등에서 문제가 발생했다.[29]

    PDA 기반의 멀티미디어 가이드가 미술관에서 실질적으로 사용되기 시작한 계기는 2001년 샌프란시스코 현대미술관이 〈Point of Departure: Connecting with Contemporary Art(March 23–October 28, 2001, 이

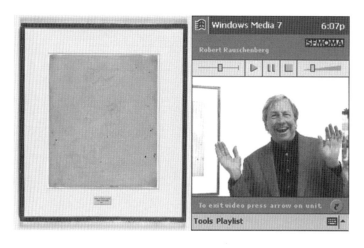

그림31 ⟨Point of Departure⟩에서 멀티미디어 가이드를 통해 제공한 로버트 라우센버그의 작품
(Automobile Tire Print, 1953)과 동영상[30]

하 Point of Departure)⟩에서 실험적으로 PDA를 통해 작가의 동영상을 제
공하면서부터였다. 이 전시에는 재스퍼 존스Jasper Jones, 로버트 라우센
버그Robert Rauschenberg, 앤디 워홀Andy Warhol 등의 유명 작가가 참여했다.
그리고 예술작품에 대한 통찰력과 관람객과 예술작품간의 의미 생
성을 지원하고, 예술작품을 새로운 방식으로 조명하기 위한 목적으
로 전통적으로 사용되었던 레이블부터 도슨트 투어, 비디오 클립 형
태의 동영상 등 멀티미디어가 탑재된 핸드헬드 디바이스, 컴퓨터 기
반의 인터랙티브 키오스크, 스마트 테이블 등 다양한 인터랙티브 해
석 매체가 사용되었다.

　　이러한 관점에서 보면, ⟨Point of Departure⟩는 예술작품에 대
한 전시에 머물지 않고, 관람객에게 작가와 예술작품에 대한 풍부
한 정보를 전달하는 방법론을 실험적으로 적용한 일종의 '미술관
랩museum laboratory'으로서의 역할을 수행했다고 할 수 있다.[31] 이러한

실험적 시도는 MIT Media Lab과의 협업을 통해 이루어졌으며,[32] 컴팩 컴퓨터Compaq Computer는 미술관에 핸드헬드 디바이스(iPAQ Pocket PCs)를 협찬해주었다. 관람객들은 PDA를 통해 샌프란시스코 현대 미술관SFMOMA의 소장품에 대한 썸네일 형태의 고해상도 디지털 이미지뿐만 아니라 루이즈 부르주아Louise Bourgeois, 주디 시카고Judy Chicago, 글렌 라이곤Glenn Ligon, 브라이스 마든Brice Marden, 로버트 라우센버그Robert Rauschenberg 등에 대한 작가 인터뷰와 작품 설명이 담긴 비디오 클립을 이용할 수 있었다.

현대미술에 대한 관람객의 이해와 관람 경험을 지원하기 위해, 스틸케이스 코퍼레이션Steelcase Corporation이 디자인한 인터랙티브 스크린이 부착된 컴퓨터 기반의 스마트 테이블이 각각의 전시실에 비치되었다. 스마트 테이블은 이미지, 동영상, 텍스트 등의 멀티미디어와 함께 재닛 비숍Janet Bishop, 존 웨버John S. Weber, 조지 로버츠George Roberts 등 SFMOMA의 큐레이터와 작가의 설명을 제공했다.

〈Point of Departure〉의 출구 가까이에 있는 전시실에는 흥미로운 방식으로 관람객이 예술작품의 주제와 아이디어를 탐색하도록 지원하는 'Make Your Own Gallery'라고 불리는 게임이 탑재된 인터랙티브 키오스크가 놓여 있었으며, 관람객은 기존에 전시된 예술작품 가운데 선호도가 높은 작품을 사용해서 자신만의 고유한 가상 전시실virtual gallery를 만들 수 있었다.[33] 또 다른 전시실에는 20세기 예술을 소개하는 혁신적인 멀티미디어인 'Making Sense of Modern Art'이 제공되었는데, 관람객은 〈Point of Departure〉의 작품뿐만 아니라 미술관의 신소장품에 대한 정보 습득도 가능했다.

03

테이트 모던의
멀티미디어
가이드

샌프란시스코 현대미술관에 이어 2002년 관람지원시스템으로서
PDA 기반의 멀티미디어 가이드의 상용화에서 성공을 거둔 미술관
은 테이트 모던이다. 설립 취지상 해석적 기능이 가장 핵심적인 비
중을 차지했던 테이트 모던의 경우, 예술작품 그 자체가 의미를 전
달하는 데 한계가 있다는 사실을 이미 인식하고 있었다. 이에 기존
과는 차별화되고 효과적인 방법으로 관람객들에게 예술작품에 대한
정보 및 관련 콘텐츠 제공에 대한 필요성이 제기되었다. 관람객들에
게 친숙하지 않은 전시물을 체험하게 함으로써 전시물과 관람객과
의 새로운 관계 형성, 즉 전시 커뮤니케이션을 활성화시키기 위한
목적으로 인터랙티브 오디오-비주얼 투어 멀티미디어 가이드인 '멀
티미디어 투어Multimedia Tour, 이하 MMT'를 개발했다.[34]

　　2000년 5월, 개관과 함께 해석 및 학습 도구로서 '오디오 투
어'를 제공했던 테이트 모던은 2002년 7월부터 안테나 오디오와의

협력을 통해 '멀티미디어 투어'에 대한 예비 연구를 착수했다.[35] 이 연구는 블룸버그Bloomberg의 재정적 지원을 통해 3개월 동안 진행되었으며, 휴렛팩커드 Hewlett Packard가 PDA 단말기 (iPaq 3850s)를 후원해주었다.

그림32 테이트 모던 멀티미디어 가이드를 이용하고 있는 가족 관람객[36]

기존의 오디오 투어와는 달리 멀티미디어 투어는 이동성이 내재한 스크린 기반의 디바이스와 다양한 형태의 미디어를 사용해서 전시물과 관련된 정보를 제공했다.

관람객들은 전시물에 대한 동영상이나 이미지 형태의 부가적인 정보를 스크린에서 확인하거나, 동시에 전문가의 설명도 들을 수 있었다. 또한 멀티미디어 투어가 제공하는 질문에 답변을 하거나 사운드 클립을 모아서 자신이 선택한 작품에 대한 사운드 트랙도 만들 수 있었다. 위치 기반 무선 네트워크를 사용한 멀티미디어 투어는 네트워크가 전시실 내에서의 관람객 위치를 정확히 인지하여 적시에 관람객에게 필요한 정보를 전달해주었기 때문에 관람객들이 정보 검색을 할 필요가 없었다. 또한 관람객은 자신의 현재 위치에 대한 확인과 함께 전시실 주변에서 펼쳐지는 다채로운 이벤트나 프로그램에 대한 정보를 PDA 단말기를 통해 문자 메시지로 전달되었다.

하지만 '멀티미디어 투어'가 전달하는 정보는 PDA 단말기에 저장된 것이 아니라 중앙서버의 정보 관리 시스템으로부터 PDA 단말기를 통해 전달되었기 때문에, 정보 업데이트의 용이성은 높았지만 관람객이 실질적으로 이용할 수 있는 정보량은 제한적이었다. 테이트 모던은 이러한 문제점을 해결하기 위해 관람객이 PDA 단말기를 통해 중앙서버의 정보관리시스템에 전시물에 대한 정보를 요청하는 경우, 전자우편(이메일)을 통해 전시물에 대한 정보를 정보요청자에게 전달해주었다.

테이트 모던은 콘텐츠 디자인에 대한 다양한 접근 방법을 도출하기 위한 목적으로 사용자 852명을 대상으로 파일럿 테스팅을 통해 '멀티미디어 투어'의 사용성과 만족도를 측정하고, 멀티미디어 투어를 기반으로 한 전시 관람 방법을 조사했다.[37] 이 연구는 리서치 전문 업체인 수지 피셔 그룹Susie Fisher Group의 주도하에 설문조사와 함께 심층 면접Focus Group Interview도 병행되었다.

조사 결과를 살펴보면, '멀티미디어 투어'의 관람에 대한 유용성과 사용성에 대해 각각 전체 응답자 가운데 70%, 55%가 긍정적으로 평가했다. 모집단의 평균 체류 시간은 55분이었으며,[38] 특히 70% 이상의 참여자들은 '멀티미디어 투어'를 사용하지 않을 때보다 '멀티미디어 투어'를 사용함으로써 평균 체류 시간이 증가했다고 응답했다.[39] 또한 오디오 정보와 비주얼 정보의 연계성, 예술작품에 대한 사용자의 반응과 의견을 제시하는 인터랙티브 메시지, 예술작품 제작 과정을 담은 동영상, 신속하고 정확하고 쉽게 정보를 검색할 수 있는 직관적인 인터페이스 등에 대한 평가도 긍정적으로 제시되었다.

한편 일부 응답자들은 '멀티미디어 투어'의 인터랙티브 메시지는 전통적인 오디오 투어가 제공하는 메시지보다 분량이 적어야 하고 PDA 단말기의 스크린을 보기 위해 고개를 숙이는 것이 관람을 방해했으며, 전시물과 정보간의 불일치 현상이 빈번하게 발생했

그림33 테이트 모던의 멀티미디어 투어 파일럿 테스팅[40] 그림34 테이트 모던 멀티미디어
투어 스크린 샷[41]

다는 점을 지적했다.[42] 한 가지 흥미로운 사실은 대부분 사용자들은 전시물을 관람하는 행위와 PDA 단말기의 스크린에 전달된 정보를 이용하는 행위, 즉 멀티태스킹multi-tasking에 대한 문제를 제기하지 않았다는 것이다. 또한 대부분의 응답자들은 멀티미디어 투어의 전시물 수와 정보량 확충을 주요 개선사항으로 제시해주었으며, 투어 프로그램을 설계할 때 멀티미디어 투어에 포함되지 않는 전시물에도 관심을 가질 수 있는 가능성을 고려해야 한다는 점을 강조했다.[43]

유용성과 사용성에 대한 상기 연구 결과를 기반으로, 테이트 모던은 '멀티미디어 투어'의 디자인 및 기능, 메시지 전송 방식 등의 개선을 통해 전시물에 대한 정보 제공과 관람 편의성 향상, 그리고 관람 체류 시간의 증가라는 목표를 달성할 수 있다는 확신을 얻었으며, 2003년에 본격적으로 2차 '멀티미디어 투어' 프로젝트를 실행했다.[44] 2차 프로젝트에서는 테이트 모던과 관람객간 커뮤니케이션(소통)의 용이성, 관람객간의 커뮤니케이션(소통)의 용이성, 전시실에서의 온라인 데이터베이스에 대한 접근 용이성, 전자우편을 통

그림35 2차 프로젝트에서 개발된 테이트 모던 멀티미디어 가이드[45]

해 멀티미디어 투어에서 이용한 전시물과 작가에 대한 추가적인 정
보 습득에 대한 용이성, 정보 전송 속도의 개선, 사용자 인터페이스,
운영 시스템과 위치 기반 콘텐츠 전송 시스템의 안정성 등의 향상
에 집중했다.[46]

　　또한 2차 프로젝트에서는 관람객 집단에 따라 '멀티미디어 하
이라이츠 투어Multimedia Highlights Tour', '브리티쉬 사인 랭귀지British Sign
Language', '컬렉션 투어Collection Tour' 등 세 가지 유형의 투어 가이드가
개발되었다. '컬렉션 투어'는 현재 전시 중인 전시물에 대한 다양한
수준의 디지털 정보를 원하는 모든 관람객을 목표로, '멀티미디어
하이라이츠 투어'와 '브리티쉬 사인 랭귀지'는 각각 16~25세 연령
의 젊은 계층의 관람객 집단과 청각장애인 관람객 집단의 사용을
목표로 했다.

　　명칭에서도 알 수 있듯이, '멀티미디어 하이라이츠 투어'는 테
이트 모던을 대표하는 19개의 예술작품에 대한 정보가 동영상, 이
미지, 음성, 텍스트 등 다양한 형태의 정보로 제공되었다. 메뉴 구성

은 지도map, 전시물 선택select work, 주크박스jukebox, 테이트 텍스트Tate
Text, 전시실 정보gallery info, 도움말help 등으로 구성되었다. 인터랙티브
의 특성을 지닌 지도는 네비게이션 방식을 기반으로 전시 동선을
유도했으며, 관람객들은 헤드폰을 이용해서 예술작품과 관련된 음
악을 주크박스를 통해 청취할 수 있으며, 테이트 텍스트는 PDA 단
말기를 통해 관람객간 메시지를 전송할 수 있는 기능이다.

테이트 모던의 중앙서버의 정보관리 시스템과 연결된 '컬렉
션 투어'는 전시물 300여점에 대한 방대하고 풍부한 텍스트 정보를
제공해주었다. 한편 '브리티쉬 사인 랭귀지British Sign Language'는 청각
장애인을 대상으로 전시물에 대한 접근성과 친숙함을 향상시키기
위한 목적으로 개발되었으며, 수화 방식으로 전시물에 대한 설명을

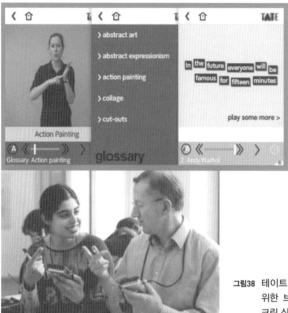

그림38 테이트 모던의 청각 장애인을 위한 브리티시 사인 랭귀지 스크린 샷 (위)[49] (아래)[50]

동영상으로 제공했을 뿐만 아니라 게임이나 의견 투표와 같은 인터랙티브 방식의 시각 콘텐츠도 제공해주었다.

1차 연구 프로젝트와 마찬가지로 2차 프로젝트도 4개월(2003년 10월 14일~2004년 2월 15일)간 1,569명의 모집단을 대상으로 투어 가이드에 대한 경험, 만족도, 개선사항을 도출하기 위해 설문조사 형태로 평가연구가 진행되었다. 또한 1차 평가에 참여했던 수지 피셔 그룹이 '멀티미디어 하이라이츠 투어'과 '브리티쉬 사인 랭귀지' 참여자를 대상으로 심층 면접FGI을 실시했다.

설문조사 결과를 살펴보면, '멀티미디어 하이라이츠 투어'의 경우 평균 체류 시간은 70분이었으며, 모집단의 87%는 '멀티미디어 하이라이츠 투어'의 관람 경험 증진의 유용성에 대해 긍정적으

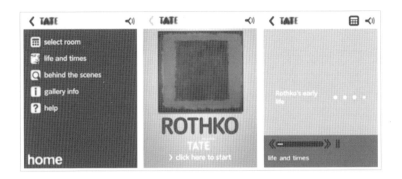

그림39 테이트 모던 멀티미디어 가이드의 Rothko 전[51]

로 평가했다. 57%는 투어 가이드의 사용이 전시실 체류 시간을 증가시켰다고 응답했다.[52] 두 차례의 조사연구를 통해, 멀티미디어 투어의 유용성 및 사용성, 평균 체류 시간의 증가 등이 유의미하게 입증되었다.

　테이트 모던은 설문조사를 통해 메뉴 선택 방식, 오디오 정보(음성 정보), 이미지, 동영상, 인터랙티브 게임, 인터랙티브 지도 등에 개선이 요구된다는 사실을 도출했다. 메뉴의 경우, 각각의 메뉴가 어떤 콘텐츠를 제공하는지를 사용자가 명확하게 인지할 수 있도록, 메뉴 명칭의 구체화와 함께 상세 메뉴를 부가적으로 삽입하기로 결정했다. 오디오 정보(음성 정보)의 경우, 영국식 영어를 구사하는 젊은 나레이터가 정보를 전달하는 방식을 취했기 때문에 젊은 계층의 호응도만 높게 제시되었다. 이에 나레이터를 작가로 교체하고 작품에 대한 아이디어와 기술적인 사항에 대한 상세 설명을 제공하며, 관람객들이 작품에 대한 의견을 입력할 수 있는 방식을 차용함으로써 전시물과 관람객간 커뮤니케이션에 인터랙티브한 특성을 강화하기로 했다.

TATE BRITAIN
TALK

British Sign Language
tour: 1960s & 70s

21 Mar 2014

BSL tour of Tate Britain, 21
March 2014

FREE

TATE MODERN
TALK

British Sign Language
tour: Richard Hamilton

7 Mar 2014

BSL tour of Richard Hamilton
at Tate Modern, 7 March
2014

FREE

TATE BRITAIN
TALK

British Sign Language
tour: Contemporary
collections

18 Jan 2013

British Sign Language tour,
Tate Britain, 18 January

FREE

TATE BRITAIN
TALK

British Sign Language
tour: Historic art

19 Apr 2013

British Sign Language tour:
Historic art, Tate Britain, 19
April 2013

FREE

그림40 현재 테이트 모던 웹 사이트의 브리티시 사인 랭귀지 스크린 샷[53]

　　이미지의 경우, '촉각 및 청각Touch and Listen' 장치와 동영상 클립을 삽입해서 인터페이스에 인터랙티브한 특성이 내재되도록 했다. 특히 '멀티미디어 하이라이츠 투어'의 인터랙티브 지도의 경우, 1차 조사 결과와 마찬가지로 PDA 단말기의 스크린상의 전시물과 사용자가 실제로 관람하고 있는 전시물간의 불일치 현상이 빈번하게 발생하는 문제가 제기되었다. 한편 전시실 벽면에 부착되어 있던 레이블의 크기나 배열 위치로 인해 식별이 용이하지 않다는 의견이 제기됨에 따라, '컬렉션 투어'의 위치 기반 무선 네트워크를 사용해서 전시물에 대한 정보를 제공하기로 했다.

　　세 가지 유형의 멀티미디어 투어를 상용화한 이후, 테이트 모던은 상설전시 및 프리다 칼로(Frida Kahlo, 2005) 등의 기획 전시에서도 관람객을 대상으로 한 평가연구가 지속적으로 이루어졌다. 평가연구에 대한 결과를 종합해보면, 70% 이상의 관람객들이 PDA 기반의 멀티미디어 투어를 사용함으로써 평균 체류 시간 및 평균

그림41 코넬리아 파커의 'Touch and listen' 스크린 샷[54]

그림42 테이트 모던의 프리다 칼로 전시회에서 원숭이와 함께 있는 자화상〈Self-Portrait with Monkeys, (1938)〉을 감상하는 관람객[55]

관람 소요 시간이 증가했으며, 유용성 및 사용성에 대해 매우 긍정적인 평가가 이루어졌다. 특히 작품에 대한 작가의 설명이 담긴 오디오 정보(음성 정보), 작품 제작 과정이 담긴 동영상, 디지털 작업을 통해 제작된 이미지 등이 작품 이해에 매우 유용한 것으로 제시되었다.[56]

　멀티미디어 투어가 사용화된 이후, 2002~2008년 동안 약 15만 명의 사용자가 멀티미디어 투어를 이용했으며, 테이트 모던의 PDA 기반의 멀티미디어 가이드에 대한 열정은 테이트 브리튼Tate Britain, 피츠윌리암 박물관the Fitzwilliam Museum, 런던 자연사박물관the Natural History Museum, London 등 다수의 박물관으로 확산되었다.[57]

　멀티미디어 가이드는 전시실 내에서 이용할 수 있는 풍부한 해석을 제공했고, 비간섭적 특성이 강했으며, 사용자의 선택과 상호작용에 따른 개인화 경험을 강화해주었다. 특히 학생 단체 관람객 등 새로운 유형의 관람객을 유도하며, 북마킹과 같은 기능은 관

1. Audi *museum mobile*, Ingolstadt, 2001
2. Tate Modern Multimedia Tour Pilot Phase 1, London 2002
3. M-ToGuide City Tours: London, Madrid, Siena 2002-2003
4. Orbus Medical Technologies, Hoevelaken (Paris & Washington D.C.) 2003...
5. Tate Modern Multimedia Tour Pilot Phase 2 (English and BSL), London 2003-4
6. Tate Modern Collections Guide *pilot phase 1*
7. A corporate museum, USA opened 2003
8. Royal Institution, London 2004
9. Great Blacks in Wax Museum, Baltimore, MD 2004...
10. International Spy Museum,Washington D.C. 2004-2005
11. Van Gogh Museum Multimedia Highlights Tour, Amsterdam 2004...
12. Tate Modern Permanent Collection Multimedia Tours (English and BSL), London 2005...
13. Tate Modern Collections Guide *pilot phase 2*
14. Frida Kahlo Exhibition, Tate Modern 2005
15. Rousseau Exhibition, Tate Modern 2005
16. Metropolitan Museum of Art Wayfinding Pilot 2005-6
17. High Museum Multimedia Tour Pilot 2006
18. Star Wars: Where Science Meets Imagination Exhibition Tour, Museum of Science 2005-6
19. Tate Modern Permanent Collection Tour, May 2006
20. Tate Britain Permanent Collection Tour, June 2006
21. Kandinsky Exhibition, Tate Modern, June 2006
22. Versailles French Sign Language Guide, July 2006
23. Buffalo Bill Museum, 2006
24. Fine Arts Museums of San Francisco, "Up Close at De Young", 2006
25. Mémorial de Caen RFID pilot, December 2006
26. Glenbow Museum, Calgary 2007
27. Gilbert & George Exhibition, Tate Modern, 2007
28. Dali & Film Exhibition, Tate Modern, June 2007

그림43 2001~2007년까지 실행된 PDA 기반의 멀티미디어 가이드

람 후 박물관 웹 페이지의 방문으로 연결시키는 데 유용한 도구로
사용되었다. 하지만 멀티미디어 투어는 콘텐츠 제작, 기술 및 유지
관리, 저작권 사용 등에 대해 적지 않은 예산이 요구되었으며, 신제
품이 개발될수록 PDA 디바이스 해상도나 운영 시스템 등이 달라졌
을 뿐만 아니라 기존의 MP3 오디오 가이드에 비해 직관성과 사용
편의성이 떨어졌다.[58]

04

뮤제오 시비코의 멀티미디어 가이드

다수의 관람객 연구에 의하면, 한 전시물 앞에서 관람객이 소요하는 평균 관람 소요 시간은 약 30초 미만이다.[59] 다양한 유형의 관람객들은 해석 수준이 다르고, 개인에 따라 원하는 정보, 정보량, 정보 전달 방식이 있기 때문에 그들이 원하는 정보 또한 개인화의 과정을 통해 전달되는 것이 효과적이다. 이는 정보의 유용성을 높이기 위해서는 관람객에게 전달되는 정보 콘텐츠와 정보 프리젠테이션이 개인의 관심, 욕구, 지식, 목표 등의 개인적 특성과 사용 상황이 반영된 '개인화'의 특성을 지녀야 한다는 것을 의미한다.

인터랙티브 멀티미디어 가이드는 전통적인 해석 매체에 내재된 문제점을 보완하고, 사용자 친화적이며 관람객이 필요로 하는 전시물에 대해 흥미로운 방식으로 역사적이며 문화적인 정보를 개인화된 방식으로 제공해주기 때문에 유적지나 박물관에서의 관람 경험의 증진을 위한 유용한 매체로 인정받아왔다.[60]

예를 들어, Hyperaudio, HIPS, ARCHEOGUIDE, GUIDE, Hippie, PEACH 등의 PDA 기반의 멀티미디어 가이드 프로젝트는 사용자 모델을 활용해서 전시를 관람하는 관람객의 맥락이나 상황에 따라 정보를 선별해서 개인화적 특성을 지닌 정보를 전달해주는 적응형 시스템을 기반으로 구축되었다. 특히 HIPS Hyperinteraction within Physical spaces 프로젝트의 경우, 인공 신경 네트워크 Artificial Neural Network와 알고리즘을 기반으로 관람객의 관람 방식과 전시물과의 인터랙션 방식에 대해 학습시킨 후, 관람객에게 필요한 정보를 선별해서 제공하도록 했다.[61]

Hippie는 시에나 대학교 University of Siena, 에딘버러 대학교 University of Edinburgh, 더블린 대학교 University College Dublin, SINTEF Stiftelsen for industriell og teknisk forskning, GMD German National Research Center for Information Technology Institute for Applied Information Technology, CB&J, Alcatel 등 다수의 대학, 연구 기관, 기업과의 협력을 통해 진행되었던 HIPS 프로젝트에서 개발된 프로토 타입이다.[62]

HIPS는 새로운 테크놀로지와 인터랙션 모달리티 Interaction modalities를 적용해서 물리적 공간과 정보 공간간의 이동에 대한 연구를 목적으로 유럽위원회 the European Commission에 의해 지원되었다.[63] 하이퍼 인터랙션 hyper interaction에 집중한 HIPS 프로젝트의 경우, 사용 상황과 사용자 개인에 대한 정보가 물리적인 공간에서 중첩되면서 공간과 정보 네비게이션이 동시에 이루어지도록 설계되었다.[64] 이 프로젝트의 최종 결과물은 이탈리아의 뮤제오 시비코 the Museo Civico에서 시스템이 운용되었고, 관람객들은 전시 공간에서 핸드헬드 디바이스를 통해 정보 검색 및 전시 안내를 받았다.

PDA 기반의 상황 인지 이동형 전시 가이드 a context sensitive nomadic

exhibition guide인 Hippie에는 150여점의 작품에 대한 음성과 문자, 텍스트, 그래픽, 애니메이션, 비디오 형태로 제공되었으므로, 멀티모달적multimodal이며 멀티코달적multicodal인 특성을 동시에 지녔다. Hippie는 사용자 위치에 따라 전시에 대한 정보를 제공하기 위해 적외선 비콘beacon으로 구성된 위치 인식 시스템을 사용했으며, 모바일 디바이스는 전시물 가까이 놓여 있는 적외선 비콘을 감지했다.[65]

'연결 완전성'이 내재한 관람 모형을 지향한 Hippie는 관람객에게 관람 전, 관람하는 동안, 관람 후의 시점에서 상황 인지 기반의 적응형 정보를 지원해주었다.[66] 부연하면 관람할 계획을 갖고 있는 관람객은 집에서 컴퓨터를 통해 관람에 필요한 정보를 습득하고, 실제로 박물관을 방문했을 때는 모바일 디바이스를 사용하고, 관람 후에는 집에서 컴퓨터를 통해 관람 내용을 상기 및 공유할 수 있다.[67]

Hippie는 영역 모델domain model, 사용자 모델user model, 공간 모델space model로 구성되었다. 영역 모델은 관람객에게 제공될 전시실 전시물과 전시물 정보에 대한 설명 및 분류, 사용자 모델은 관람객의 지식, 관심, 취향, 이동에 대한 설명이다. 마지막으로 공간 모델은 전시물 위치와 이동정보 시스템이 설치된 물리적인 공간에 대한 설명을 제공했다.[68] 웹 기반의 클라이언트 서버 접근 방식은 관람객의 지식, 관심, 취향, 이동에 대한 Hippie의 사용 이력을 평가하는 사용자 모델을 기반으로 정보의 적응적 선별과 프리젠테이션을 가능케 했다.

상술한 바와 같이 적응형 하이퍼 미디어 시스템에 해당하는 Hippie는 적외선 비콘으로 구성된 실내 위치 인식 시스템을 통해 현재의 위치뿐만 아니라 관람객의 물리적인 이동 경로 등을 추적한다. 위치 인식 시스템에서 사용자 모델은 물리적 공간과 정보 공간에서의 네비게이션을 평가하고, 관람객의 위치와 소요 시간 등의 전시물과 콘텐츠에 대한 사용 데이터를 근거로 특정 전시물에 대한 관람객의 관심에 대한 추론을 통해 사용자 프로파일 user profile 을 생성한 후 관람객이 관심을 가질 만한 전시물과 정보 콘텐츠의 유형을 선별해서 제공한다.[69] 따라서 관람객들은 사용자 모델과의 인터렉션을 통해 자신의 관심과 취향을 명확하게 전달함으로써 정보의 적응성을 강화할 수 있다.

물리적인 전시 환경에서 발생한 관람객의 이동과 전시물과 관련된 정보에 대한 요구를 기반으로, Hippie 가이드는 사용자의 관심을 예측해서 도출한 개인화적 특성을 지닌 적응형 전시 투어를 제안한다.[70] 관람객이 자유로운 동선을 생성하면서 자신의 관심을 끄는 특정 전시물 앞에서 걸음을 멈추면, 공간 모델 space model 을 기반으로 물리적으로 가장 근접한 위치의 전시물에 대한 정보를 중앙 서버로부터 전송해준다. 무선 랜 통신망과 연동된 핸드헬드 모바일 디바이스를 사용함으로써, 관람객이 이동할 때마다 그 경로는 지속적으로 위치가 추적되어 전자 지도가 생성되었고,[71] 전자 나침반과 함께 전시물의 위치를 안내해주는 네비게이션이 지원되었다.[72]

Hippie의 인터페이스는 기본적으로 관람객들이 물리적 공간에서 이동하면서 자신의 요구와 현재의 상황에 맞는 정보를 이용할 수 있도록 설계되었다. 기능 측면에서 살펴보면, 실내 위치 인식 시스템이 관람객의 가장 근접한 위치에 놓여 있는 전시물을 포착하게 되면, 음성 신호 earcon 와 함께 스크린에 'News'라는 아이콘이 생성된다. 관람객들은 관람하는 동안 북마킹을 사용할 수 있으며, 'Notes' 기능을 사용해서 전시물에 대한 설명을 입력하고 저장할 수 있다.

또한 'Glossary' 기능을 사용하면, 명칭이나 용어에 대한 설명을 이용할 수 있으며, 짧은 분량의 텍스트는 하이퍼링크로 연결되었다.

'Contact' 기능은 관람객간의 소통을 가능하게 했으며, 원거리에 위치한 사용자에게도 이메일을 보내거나 메시지를 전송할 수 있다.[73] 또한 영어 버전에는 '문장을 소리 내어 읽어주는text-to-speech' 기능이 사용되었다.

Hippie의 프로토 타입은 독일의 벌링호븐 성에서 개최된 전시를 대상으로 실행되었다. 2000~2002년에 걸쳐 다양한 사용자의 요구에 따른 Hippie 가이드 시스템의 적응성을 검증하기 위한 목적으로 두 차례의 평가연구가 실행되었다. 2000년의 경우, 노트북Toshiba Librettos 기반의 Hippie 프로토 타입이 전통적인 해석 매체인 팜플릿과 오디오 가이드와 비교 연구되었다. 반면, 2002년에는 PDA 기반의 Hippie 프로토 타입이 1차 평가연구와 마찬가지로 팜플릿과 오디오 가이드와 비교되었는데, 특히 PDA 디바이스를 위해 매우 간편한 사용자 인터페이스가 설계되었다. 1차 평가연구에는 관람객이 참여했다. 반면, 2차 평가연구에는 미술에는 관심이 있지만 PDA 사용 경험이 없는 학생 집단이 모집단에 참여했으며, Hippie에 대한 사용성은 6점 척도 방식으로 평가되었다.

1차 평가연구 결과에서는 노트북Toshiba Librettos 기반의 Hippie 프로토 타입에 대한 사용성은 4.0, 팜플릿은 1.7, 오디오 가이드는 2.5로 평가되었다. 2차 평가연구 결과에서는 PDA 기반의 Hippie 프로토 타입에 대한 사용성은 2.4, 팜플릿은 2.6, 오디오 가이드는 2.8로 평가되었다.[74] 두 차례의 평가연구에 대한 결과에 의하면, 두 가지의 Hippie 프로토 타입이 관람객의 전시에 대한 지식 및 정보 습득을 효과적으로 지원했다.

전통적인 해석 매체인 팜플릿과 오디오 가이드와 비교해보면, 노트북 기반의 Hippie 프로토 타입은 효율성이 떨어졌지만, 관람 시간은 길어졌으며, 전시물과 전시 환경에 대한 관심(35.0%)이 Hippie 프로토 타입에 대한 관심(65.0%)보다 낮게 나타났다. 1차 평가연구 결과와는 달리, 2차 평가연구의 경우에는 전시물과 전시 환경에 대한 관심(64.0%)이 시스템에 대한 관심(36.0%)보다 높게 나타났다.[75] 이러한 결과는 전통적인 해석 매체에 비해 Hippie 가이드가 관람객의 관심과 참여를 촉진시켰다는 사실이 도출되었다.

컴퓨터 공학, 큐레이터, 교육 담당자 등 전문가들의 참여로 Hippie 가이드에 대한 워크샵에서 총괄평가가 진행되었다. 전문가들은 Hippie 가이드의 사용자 프로파일을 근거로 전시물과 정보 콘텐츠의 유형을 선별해서 제공하는 적응성 특성(M=3.1)과 비간섭적 특성(M=3.3), 물리적 환경에서 사용자의 이동과 전시물과 관련된 정보에 대한 요구를 기반으로 관람객의 관심을 예측해서 도출한 개인화적 특성을 지닌 전시 투어 기능(M=2.7)에 대한 유용성을 높게 평가했다.[76] 이러한 평가를 통해 적응형 시스템인 Hippie 가이드의 '연결 완전성이 내재한 관람 모형'의 구현에 대한 적합성과 풍부한 정보 제공 및 전시물에 대한 이해 증진 등 정보 지원 시스템으로의 유의미한 가치가 검증되었다.

05

부온콘실리오성의
멀티미디어
가이드

이탈리아 트렌토Trento 자치구의 예산Provincia Autonomai di Trento under the
Fondo Unico program으로 부온콘실리오성the Castle of Buonconsiglio의 토레 아퀼
라Torre Aquila 타워에 위치한 'The Cycle of the Months'를 대상으로
2002~2005년에 PEACH 가이드the Personal Experience with Active Cultural
Heritage, 이하 PEACH 가이드가 실행되었다.[77]

    PEACH 가이드는 다수의 사용자, 다양한 멀티미디어, 멀티모
달 시스템으로 구성된 '능동적 특성이 내재된 박물관active museum'에
대한 개념을 구현한 대표적인 전시 안내 시스템이다. '비간섭적 사
용자 모델non-intrusive user modeling'을 기반으로 개발된 PEACH 가이드
는 관람객이 직접 개인 정보를 입력하지 않고 관찰을 통해 수집된
관람객의 행동에 대한 데이터를 활용했다.[78] 이러한 비간섭적 특성
으로 인해, PEACH 가이드를 통해 관람객에게 전송되는 정보 프리
젠테이션과 관련된 지식과 개념은 사용자의 관심과 정보 욕구를 판

단할 수 있는 유일한 정보원이다.

명칭에서 짐작할 수 있듯이, PEACH 가이드의 가장 대표적인 특성은 '개인화'이며, 관람객에게 필요한 모든 정보를 개인화된 형태로 지원해준다는 관점에서 적응형 시스템에 해당한다. 개인화적 특성의 측면에서, 영어나 이탈리어로 기술된 관람 요약 보고서 personal visit report는 관람 후 관람 경험에 대한 상기뿐만 아니라 전시물과의 인터랙션의 연장으로 이해할 수 있다.[79] 이 보고서는 사용자 모델에 포함된 정보와 같은 관람과 관련된 사실, 관심 있는 전시 주제, 즐거움, 지루함과 같은 전시와 관련된 인지 및 감성적 특성, 동반 관람객이나 주변 사람과의 대화와 관련된 관람 도중에 발생한 실제 활동 등을 근거로 자동 생성되었다.[80]

PEACH 가이드는 관람객에게 제공되는 개인적인 프리젠테이션이 생성되는 다이나믹 프리젠테이션 컴포저a Dynamic Presentation Composer와 관람객 개인의 관람 보고서가 생성되는 리포트 제너레이터a Report Generator로 구성되었다. 두 가지 구성 요소 모두 도메인 지식 베이스Domain Knowledge Base를 사용했으며, 다이나믹 사용자 모델러 a Dynamic User Modeler로부터 지원받았다.[81] 사용자 모델에는 관람객 위치의 연속성, 각 위치에서의 소요 시간, 관람객에게 제공되는 프리젠테이션, 관람객의 피드백 등의 정보가 저장되었다. 관람객의 관심은 위치 추적을 통해 수집된 개인 정보와 상황 정보를 기반으로 만들어지는 관람객 개인에게 전달되는 다이나믹 프리젠테이션과 연계된 도메인 개념에 의해 정의되었다.

연구자들은 적응형 시스템으로 PEACH 가이드를 구현하기 위해 위치 인식, 후속 조치follow-up, 관심interest, 전시물과의 인터랙션 이력history 등 기능과 관련된 4가지의 주요 키워드를 선정했다. 각각의 기능을 살펴보면, 전시물 가까이에 부착된 각각의 센서가 관람객의 위치를 인식할 때 시스템이 작동되도록 설계되었으며, 인터페이스를 통해 관람객으로부터 전송된 피드백에 대한 후속적인 반응으로 멀티미디어 형태의 정보 프리젠테이션이 이루어졌다.

또한 시스템이 관람객의 관심을 분석한 후 사용자에게 적합한 정보와 콘텐츠를 자동 생성해서 제공했으며, 정보와 콘텐츠의 프리젠테이션에 원활한 연결과 흐름을 유지seamless ubiquitous presentations 하기 위해[82] 시네마토그래피cinematography의 원리가 적용되었다.[83] 부연하면 비간섭적 특성의 강화라는 맥락에서, PEACH 가이드는 전시물에 대한 관람객의 관심과 관람 행위에 방해 요인으로 작용하지 않으면서, 물리적 환경에서의 전시물에 대한 경험과 정보 프리젠테이션이 일치되도록 고안되었다. 마지막으로, 시스템이 관람객의 인터랙션 이력 가운데 현재 관람객이 관람하고 있는 전시물과 관련성이 있는 시각적 정보를 선별해서 제공했다.[84]

PEACH 가이드 연구팀은 전시물에 대한 정보 제공과 관람 경험 증진의 관점에서 개인화적 특성을 강화했다.[85] 또한 연구팀은 관람객들의 감성적인 반응과 관람 형태를 지속적으로 관찰하고 적용하는 것이 멀티미디어 가이드의 주요 역할이며, 관람객들이 그들의 감성적인 태도나 반응을 직관적으로 전달하기 위해서는 감성적 특성이 내재한 인터페이스가 필요하다고 판단했다.[86]

연구팀은 PEACH 가이드에 적용된 테크놀로지와 인터페이스가 관람객과 PEACH 가이드간의 인터랙션에 대해 어떠한 영향을 미치는지 검증하고자 세 가지 프로토 타입 개발과 이에 대한 평가 연구를 병행했다. 이러한 과정을 통해 연구팀은 유용성 및 만족도 등 관람객의 PEACH 가이드에 대한 사용자 경험을 관람객이 직접

PEACH 가이드에 표현 및 입력할 수 있는 감성적 인터페이스를 구현했다.[87]

첫 번째로 개발된 프로토 타입의 사용자 인터페이스user interface의 경우, PDA 스크린 우측 상단에 'WOW'를, 좌측 하단에는 'BASTA(enough!)'를 버튼 형태로 배치했다. 평가연구의 결과에 의하면, 사용자들은 사용자 인터페이스에 위치해 있는 두 개의 버튼에 대한 기능을 정확하게 인지하지 못했기 때문에, PEACH 가이드 시스템이 사용자의 태도나 반응을 적절하게 반영하지 못했다. 사용자의 버튼에 대한 인지 상황을 좀 더 심도 있게 파악하기 위해, 연구팀은 프레스코 벽화The Cycle of the Months의 복사본이 패널 형태로 설치된 공간에서 사용자들의 행태를 동영상으로 촬영해서 관찰했으며, 사용자들과의 인터뷰도 실행했다.

1차 연구 평가 결과, 사용자들은 'WOW' 버튼을 인터페이스의 구성 요소로만 인지했다. 특히 다수의 사용자들이 그들의 감성적인 태도나 반응을 표현하기 위한 수단으로 두 가지의 버튼을 사용하기보다는 인터랙션 도구로 사용했다. 예컨대 사용자들은 'BASTA(enough!)' 버튼을 '멈춤stop' 기능으로 오용했다.[88]

2차 프로젝트에서도 위치 인식, 후속 조치, 관심, 전시물과의 인터랙션 이력 등 기능에 집중하면서, 1차 평가연구 결과를 반영, 사용자 인터페이스의 "WOW" 버튼을 위젯 형태의 'the like-o-meter'로 대체하고, 평가연구에서는 사용자들로 하여금 5점 척도 방식으로 프리젠테이션에 대한 감성적 느낌, 관심, 반응 등의 선호도를 평가하도록 했다. 또한 사용자들이 프리젠테이션에 대한 선호도를 표현하면, 시스템이 사용자 모델에 저장된 정보를 업데이트했으며, 선호도에 따라 정보가 제공되었다. 예컨대, 사용자들이 프리젠

그림44 PEACH 가이드에서 개발된 1차 프로토 타입의 사용자 인터페이스와 'the like-o-meter'로 재
구성된 2차 프로토 타입의 사용자 인터페이스[89]

테이션에 대한 반응이 긍정적으로 표현한 경우, 프리젠테이션이 활
성화되고 심화 정보가 제공되었던 반면, 선호도가 부정적인 경우에
는 심화 정보가 제공되지 않았고, 선호도가 매우 부정적으로 표현
되었을 때는 프리젠테이션이 즉시 중단되었다.

　　2차 평가연구의 목표는 사용자들이 위젯 형태의 'the like-o-
meter'에 대한 의미를 정확히 파악하고 사용하고 있는지를 확인하
는 것이었다. 1차 평가연구와 마찬가지로, 프레스코 벽화의 복사본
이 패널 형태로 설치된 공간에서 멀티미디어 가이드를 사용하는 사
용자의 행태를 동영상으로 촬영해서 관찰했으며, 사용자들과의 인
터뷰를 실행했다. 또한 2차 평가연구에서는 사용자들의 이해를 도
모하기 위해 PEACH 가이드의 기능에 대한 시연이 연구팀에 의해
제공되었다.

　　2차 평가연구 결과를 요약해보면, 새롭게 디자인된 인터페이
스의 사용 편의성 및 유용성, 만족도는 긍정적으로 평가되었다. 또
한 사용자 인터페이스가 실질적으로 관람객의 관심 수준을 예측할

수 있는 도구와 사용자 모델의 모니터링 도구로 사용되었다는 사실이 입증되었다. 사용자들은 위젯 형태의 'the like-o-meter'를 정확하게 사용할 때에 그들은 관심을 시스템에 전달할 수 있다는 사실과 함께 표준 정보와 심화 정보간의 관계성 등 멀티미디어 가이드 시스템의 개념 모델에 대해서는 인지했지만, 그들의 사용자 인터페이스의 선호도에 대한 표현이 정보 프리젠테이션에 어떤 영향력을 미치는지에 대해서는 정확하게 알지 못했다.

상기 평가연구에서 도출된 주요 문제점은 연구팀에 의해 사전 설정된 위젯 바늘의 위치가 선호도의 중립적 태도뿐만 아니라 사용자의 관심에 대한 정보 부재를 의미한다는 것을 사용자들이 인지하지 못했다는 것이었다. 사용자들은 출력 기능을 통해 전시물에 대해 좀 더 많은 정보를 얻을 수 있다는 것을 알지 못했는데, 이는 사용자가 PEACH 가이드가 적응형 시스템이라는 사실을 주지하지 못했다는 것을 의미한다.[90]

2차 평가연구의 결과를 기반으로, 사용자 인터페이스에 대한 수정 및 보완이 진행되었다. 상술한 바와 같이, 사용자 인터페이스에서 사전 설정된 위젯 바늘의 중립적 위치에 대한 조정이 필요했기 때문에, 그래픽적 관점에서의 가장 중요한 변화로 얼굴을 클릭하면 긍정(웃는 표정)과 부정(슬픈 표정)에서 각각 두 단계의 이동이 가능하도록 조정했다. 하지만 사전 설정된 위젯 바늘의 위치는 사용자에 의해 재설정될 수 없었으며, 중립적 위치에 놓인 바늘의 위치는 사용자에 대한 정보 부재를 의미했다.

사용자 인터페이스에 대한 수정 및 보완 작업에 대한 평가연구에는 10명이 참여했으며, 연구팀이 PEACH 가이드에 대한 설명을 직접 제공했던 2차 평가연구와는 달리, 이번 평가에서는 PEACH 가이드에 대한 설명서만 참여자에게 제공되었다. 참여자들은 20분 정도 PEACH 가이드를 사용했으며, 기존 평가와 마찬가지로 연구팀은 사용자와 전시물과의 인터랙션을 동영상으로 촬영해서 관찰한 후 PEACH 가이드의 사용자 인터페이스와 시스템에 대한 이해를 파악하기 위해 인터뷰 세션을 가졌다.

특히 클릭과 위젯 바늘의 위치 변경 등 모든 사용자의 PEACH 가이드와의 인터랙션은 시스템에 데이터로 저장되었다. 사용자들이 'the like-o-meter'를 정보 프리젠테이션 선호도에 대한 피드백 도구이며, PEACH 가이드가 적응형 시스템이라는 것을 인지하는지를 확인하고자 했다. 사용자들의 행태에 대한 관찰 결과에 의하면 사용자들은 벽화를 먼저 보고, 그 다음으로 새로운 정보 프리젠테이션이 시작될 때만 벽화의 상세 부분을 확인하기 위한 목적으로 PDA 스크린을 확인하는 경향이 있었는데, 이러한 사용자 행태는 인터뷰에서도 재확인되었다.

평가연구 결과를 종합해보면, PEACH 가이드 프로젝트는 'the like-o-meter'를 통해 비간섭적 특성이 내재한 감성 인터페이스를 구현했다는 데 큰 의미를 지닌다. 모든 참여자들은 관람 만족도뿐만 아니라 감성적 인터페이스의 유용성과 사용 편의성에 대해 긍정적으로 평가했다. 모집단은 평균 23.8번의 정보 프리젠테이션을 이용한 반면 평균 14.1번만 사용된 'the like-o-meter'에 대해 30%의 참여자만이 유용한 피드백 도구라고 생각했다.[91]

거의 모든 참여자들은 'the like-o-meter'의 입력 기능에만 집중했으며, 일부 참여자는 PEACH 가이드의 적응형 시스템에 대한 운영 방식과 사용자의 관심을 근거로 시스템이 정보를 전송한다는 것에 대해 이해했지만, 과반수 정도의 참여자만이 PEACH 가이드

그림45 (좌) PEACH 가이드 사용자 인터페이스[92]
(중앙) PEACH 가이드 동영상 클립[93]
(우) PEACH 가이드 동영상 클립[94]

시스템이 정보 프리젠테이션이 진행되는 동안 후속 정보follow-up를 제공한다는 것을 인지했다. 또한 일부 참여자의 경우, PEACH 가이드의 적응형 시스템이라고 알고 있었지만, 시스템의 심화 정보 제공과 'the like-o-meter'의 사전 설정에 대해서는 인지하지 못했다. 비록 다수의 사용자가 적응형 시스템이라는 것을 정확하게 인지 못했지만, 시스템에 저장된 로그 데이터log data는 사용자들이 효과적으로 시스템을 사용할 수 있다는 사실을 입증해주었다.

상기 평가연구 결과를 근거로, 연구팀은 워킹 프로토 타입working prototype의 개발을 진행했으며, 'the like-o-meter'의 사전 설정에 대한 문제점을 해결하기 위해 사용자 인터페이스의 디자인을 수정했다. 기존에 개발된 프로토 타입의 사용자 인터페이스에서는 5점 척도 방식으로 프리젠테이션의 선호도에 대한 평가가 이루어졌지만, 두 차례의 평가연구를 통해 사전에 중립적 위치로 설정된 'the like-o-meter'의 바늘 위치를 조정해야 한다는 필요성이 제기되었다. 이에 워킹 프로토 타입의 인터페이스에서는 중간값이 제거되

그림46 PEACH 가이드의 최종 사용자 인터페이스[95]

고, 프리젠테이션에 대한 선호도 평가는 5점 척도 방식에서 4점 척도 방식으로 전환되었다. 이러한 변화로 인해 새롭게 수정된 워킹 프로토 타입에서는 위젯 바늘이 사용되지 않았으며, 사용자들은 사용자 인터페이스에 위치한 네 가지 표정을 직접 클릭해서 선호도를 표현할 수 있게 되었다.[96]

4

MUSEUM TECHNOLOGY

박물관과
모바일 기술

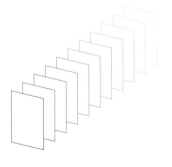

01

2010
핸드헬드
가이드 서베이

2009년, 러닝 타임즈Learning Times와 로익 탈론L. Tallon은 박물관의 해석
매체 운영 현황, 해석 매체를 사용할 때에 직면하는 문제점, 해석
매체 전망 등을 담은 설문조사를 실시했다. 총 238명의 박물관 및
미술관 전문인력이 참여한 '2010 핸드헬드 가이드 서베이2010
Handheld Guide Survey'에 의하면, 2009년 기준으로 모집단 가운데 핸드헬
드 가이드를 관람객에게 제공하는 박물관은 57%(n=136)였다. 핸드
헬드 가이드를 사용하고 있다고 응답한 박물관을 소장품의 유형별
로 살펴보면, 미술관(53.0%)과 역사박물관(22.0%)이 높은 비율을 차
지했다. 핸드헬드 가이드를 사용하지 않는 박물관(n=74)의 31.0%는
5년 이내에 핸드헬드 가이드의 사용을 계획하고 있었다.[1]

2009년 기준, 오디오 가이드(66.0%)가 가장 많이 사용되었으
며, 그 다음으로는 멀티미디어 가이드(17.0%), 인터랙티브 가이드
(9.0%), 기타(7.0%) 순으로 제시되었다. 모집단의 과반수(48.0%) 정도

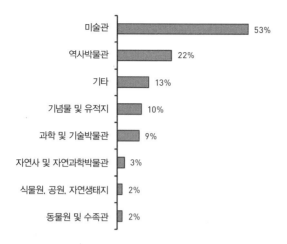

미술관 ▐ 53%

역사박물관 ▐ 22%

기타 ▐ 13%

기념물 및 유적지 ▐ 10%

과학 및 기술박물관 ▐ 9%

자연사 및 자연과학박물관 ▐ 3%

식물원. 공원. 자연생태지 ▐ 2%

동물원 및 수족관 ▐ 2%

표1 모집단의 박물관 유형

	5,000명 미만	5,000~ 50,000명	50,000~ 250,000명	250,000~ 500,000명	500,000~ 750,000명	750,000~ 1,000,000명	1,000,000명 이상
현재 핸드헬드 가이드를 사용하는 박물관	1%	14%	30%	21%	5%	7%	22%
5년 이내 핸드헬드 가이드 사용에 의지를 갖고 있는 박물관	7%	29%	32%	9%	4%	9%	9%

표2 2010년 핸드헬드 가이드 이용률 및 사용 의지[2]

는 핸드헬드 가이드를 통해 상설 전시와 기획 전시에 대한 정보를 모두 제공했으며, 나머지 박물관은 상설 전시(34.0%) 또는 기획 전시(11.0%)에 대한 정보를 제공했는데, 기획 전시보다는 상설 전시에 대한 비중이 높게 제시되었다. 핸드헬드 디바이스를 대여하는 경우, 무료로 대여하는 박물관(36.0%)과 유료로 운영하는 박물관(37.0%)의 비율은 거의 동일했으며, 모집단의 14.0%만이 관람객이 보유한 디바이스를 사용했다.[3] 모집단 내에서 관람객들이 자신이 소유한 디

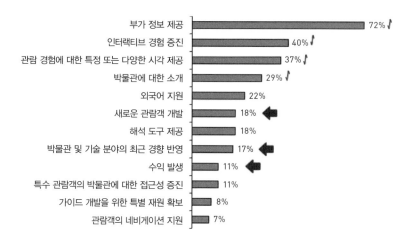

표3 핸드헬드 가이드의 목표[4]

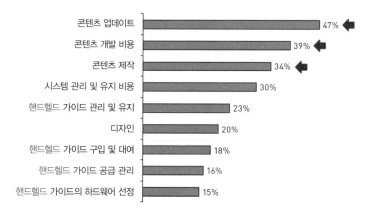

표4 핸드헬드 가이드 운영의 문제점[5]

바이스의 사용을 선호할 것이라는 의견이 지배적이었지만, 실질적으로 디바이스의 대여를 중지할 것이라고 응답한 박물관은 10%(n=12) 미만에 불과했다.

　설문조사 결과를 요약해보면, 모집단 가운데 72.0%는 전시물에 대한 부가 정보 지원(72.0%), 인터랙티브 경험(40.0%), 관람 경험에

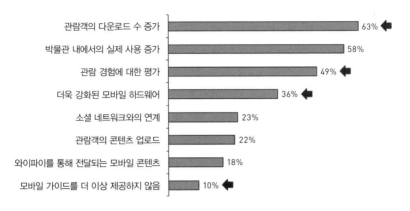

관람객의 다운로드 수 증가 ... 63%
박물관 내에서의 실제 사용 증가 ... 58%
관람 경험에 대한 평가 ... 49%
더욱 강화된 모바일 하드웨어 ... 36%
소셜 네트워크와의 연계 ... 23%
관람객의 콘텐츠 업로드 ... 22%
와이파이를 통해 전달되는 모바일 콘텐츠 ... 18%
모바일 가이드를 더 이상 제공하지 않음 ... 10%

표5 향후 5년 이내 핸드헬드 가이드 사용에 대한 전망[6]

대한 다양한 시각 제공(37.0%)을 목표로 핸드헬드 가이드를 제공한 반면, 오디오 가이드의 주요 목표였던 길찾기 및 관람 동선 지원(7.0%)에 대한 중요도는 가장 낮게 평가되었다. 인터랙티브 경험에 대한 비중은 현재 핸드헬드 가이드를 제공하고 있는 박물관(40.0%)보다 향후 이러한 서비스를 제공하고자 하는 박물관(67.0%)에서 높게 나타났다. 뿐만 아니라 전자에 비해 후자의 새로운 관람객 개발(32.0%)과 특정 욕구를 갖고 있는 관람객에 대해 더 나은 접근성의 제공(29.0%)이 높게 나타났다.

또한 현재 핸드헬드 가이드를 운영하는 박물관은 콘텐츠 업데이트(47.0%), 콘텐츠 개발 비용(39.0%), 콘텐츠 제작(34.0%), 시스템 관리 및 유지 비용(30.0%) 등을 핸드헬드 가이드 운영상의 문제점으로 지적했다.[7] 반면에 향후 5년 이내에 이러한 서비스를 제공하고자 하는 박물관의 경우, 핸드헬드 가이드 시스템의 콘텐츠 개발 소요 비용(69.0%), 시스템 관리 및 유지 비용(56.0%) 등 예산에 대한 문제를 주요 쟁점으로 인식했다.

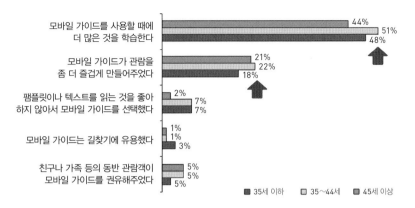

표6 모바일 가이드 사용 동기[8]

현재 핸드헬드 가이드를 제공하는 박물관의 경우, 콘텐츠 자체 개발(58.0%)에 대해, 그리고 향후 5년 이내에 이러한 서비스를 제공하고자 하는 박물관의 경우에는 핸드헬드 가이드의 연결 완전성이 내재한 관람 모형의 구현 기능(51.0%)에 대한 중요성을 인지했으며, 두 집단 공통적으로 관람객의 다운로드 수 증가(63.0%)와 박물관 내에서의 실제 사용 증가(58.0%)를 향후 5년 간의 주요 변화로 전망했다. 핸드헬드 가이드와 소셜 네트워크 시스템Social Network System, 이하 SNS 과의 연동에 대한 두 집단의 태도를 비교해보면, 현재 핸드헬드 가이드를 제공하고 있는 박물관(23.0%)보다 향후 5년 이내에 이러한 서비스를 제공하려는 박물관(36.0%)의 관심이 높았다.

상기 설문조사에서는 연령을 기준(35세 이하, 35~44세, 45세 이상)으로 모집단을 구분한 후, 핸드헬드 가이드의 이용 동기를 측정했는데, 공통적으로 투어를 통한 학습 및 관람 경험 증진이 주요 동기로 제시되었다. 핸드헬드 가이드의 기능의 경우, 북마킹(75.0%), 디지털 지도(59.0%), 오디오 정보와 이미지(58.0%)에 대한 욕구가 높게 제시되었으며, 정보 유형의 경우, 멀티미디어(77.0%)에 대한 욕구가 오디오(15.0%)와 가이드북(3.0%)보다 상대적으로 높았다.

한편 정보 유형에 대한 선호도의 경우, 연령별 계층에 따라 편차가 존재했다. 예컨대, 35세 이하의 경우, 오디오 가이드(33.0%)보다 오디오 정보와 동영상이 포함된 멀티미디어 가이드(42.0%)에 대한 선호도가 높았으나, 35~44세와 45세 이상의 경우에는 멀티미디어 가이드(28.0%, 25.0%)보다 오디오 가이드(37.0%, 47.0%)에 대한 선호도가 높았다. 핸드헬드 가이드의 관람 경험 증진의 영향력에 대한 기대를 측정한 결과, 연령이 높아질수록(35세 이하, 84.0%: 35~44세, 90.0%: 45세 이상, 97.0%) 핸드헬드 가이드의 영향력에 대해 긍정적으로 평가했다.

02

2011
모바일
기술 서베이

미국박물관협회American Association of Museums, 이하 AAM는 미국 내 박물관의 모바일 플랫폼 사용 현황 및 전망, 모바일 가이드의 사용 목적 및 문제점 등을 도출하기 위해, 리서치 기관인 'Fusion Research+Analytics'와 함께 '2011 모바일 기술 서베이2011 Mobile Technology Survey'를 실행했다. 온라인 설문조사 방식으로 진행된 상기 연구에는 미국박물관협회에 가입한 2,285명의 기관 및 개인 회원이 모집단에 참여했으며, 미술관(32.0%)과 역사박물관(21.0%)의 전문 인력이 과반수 이상을 차지했다.

설문조사 결과에 의하면, 현재 모바일 플랫폼 및 서비스를 활용하고 있는 박물관은 모집단의 42.0%를 차지했고, 이들 가운데 박물관이 디바이스를 제공하는 오디오 투어와 휴대전화 기반의 오디오 투어가 각각 20.0%와 16.0%로 가장 높은 비율을 차지한 반면, 스마트 폰 애플리케이션이나 PDA와 같은 디바이스 기반의 멀티미

10,000명 미만	10,000~ 25,000명	25,000~ 50,000명	50,000~ 100,000명	100,000~ 250,000명	250,000~ 500,000명	500,000명 이상	기타
13.0%	13.0%	14.0%	15.0%	14.0%	9.0%	13.0%	9.0%

표7 2011년 핸드헬드 가이드 이용률 및 사용 의지[9]

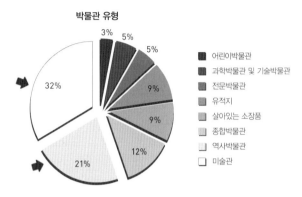

박물관 유형

- 어린이박물관
- 과학박물관 및 기술박물관
- 전문박물관
- 유적지
- 살아있는 소장품
- 종합박물관
- 역사박물관
- 미술관

3% 5% 5% 9% 9% 12% 21% 32%

표8 모집단이 속한 박물관 유형[10]

디어 투어는 각각 5.0%와 4.0%로 낮은 비중을 차지했다.[11]

42.0%의 응답자는 모바일 플랫폼 및 서비스가 관람객의 참여와 경험 증진에 필수적인 구성요소라는 점에 대해 동의했으며, 모집단의 과반수는 교육(26.0%)과 마케팅(20.0%) 관점에서, 나머지 박물관은 전시실에서의 관람 경험during visit을 위해 모바일 플랫폼 및 서비스를 제공했다. 모바일 서비스를 제공하는 목표 가운데 가장 높은 비중을 차지한 항목은 관람 경험에서의 참여 증진(83.0%)이다. 이와 함께 박물관에 대한 구전 효과 및 마케팅 활동(51.0%)이나, 박물관의 소장품이나 박물관이 제공하는 프로그램에 대한 관람객의 접근 이용성 증진(45.0%) 등 마케팅적 고려 사항도 주요 목표에 해당했다. 한편 예산(59.0%), 자원(58.0%), 인력(54.0%) 부족이 모바일 서

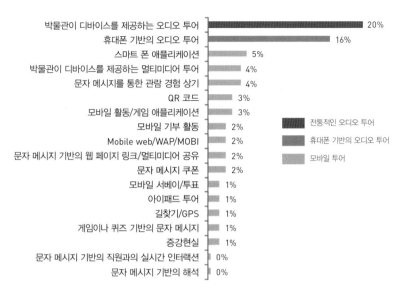

표9 현재 제공하고 있는 모바일 서비스의 유형[12]

비스를 제공하지 못하는 주요 장애 요인으로 작용했으며, 이러한 요인은 모바일 서비스의 운영에 대한 문제점과 일치했다.

응답자들의 모바일 기술에 대한 지식을 측정한 결과, 오디오 투어(56.0%)와 같은 전통적인 모바일 플랫폼이나 SNS(43.0%)에 대한 지식이 가장 높게 나타났다. 반면 증강현실(AR, 7.0%)처럼 기술과 관련된 지식이나 문자 서비스를 활용한 질의응답(11.0%)과 관련된 지식은 낮았다. 또한 거의 모든 응답자들은 현재는 전통적인 오디오 투어(20.0%)에 대한 비중이 현저히 높지만, 근미래에는 휴대폰 기반의 오디오 가이드(17.0%), 아이패드 투어(11.0%), 박물관이 디바이스를 대여하는 멀티미디어 투어(10.0%), 전통적인 오디오 가이드(7.0%)보다 스마트 폰 애플리케이션(21.0%)이 급성장할 것으로 전망했다.[13]
상기 연구는 미국 내 약 30% 정도의 박물관이 기존의 플랫폼 확장

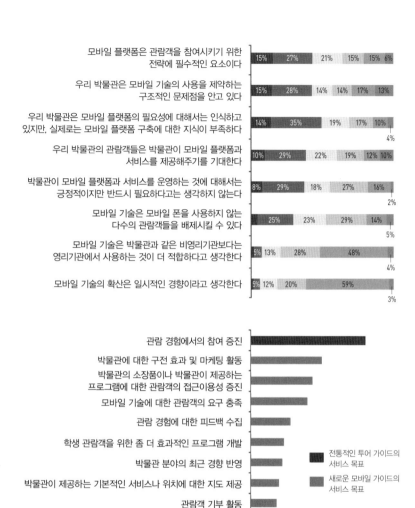

표10 모바일 플랫폼 및 서비스에 대한 시각 및 모바일 서비스의 목표[14]

또는 기존 오디오 투어에 탑재된 콘텐츠의 업그레이드의 수준을 넘어 새로운 모바일 플랫폼 도입에 대한 강한 의지와 박물관의 모바일 서비스에 대한 태도 및 전망을 확인해주었다.

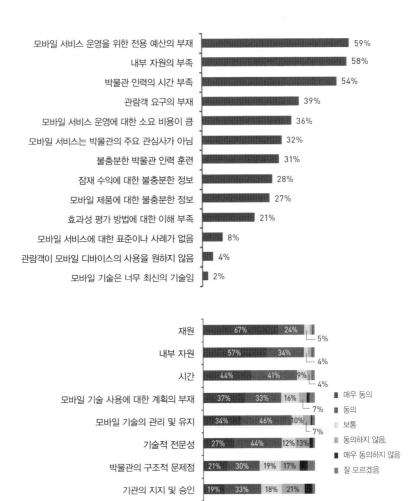

표11 모바일 서비스 제공에 장애요인 및 모바일 서비스 운영의 문제점[15]

03

2012
박물관 연구에서의
모바일 기술

2012년에도 모바일 기술 활용 계획에 대한 미시적, 거시적 전략 개발에 대한 시사점을 도출하기 위한 목적으로, Fusion Research+ Analytics, 미국박물관협회AAM, 영국박물관협회Museum Association가 공동으로 'Mobile in Museum Study(2012): A Survey of American Alliance of Museums(US) and Museums Association(UK) Members'를 실시했다. 전년도와 동일하게 온라인 설문조사 방식으로 진행된 설문조사에서는 미국박물관협회에 가입한 1,037명, 영국박물관협회에 가입한 471명이 모집단에 참여했으며, 미국과 영국 박물관의 모바일 기술 활용의 현황이 비교 분석되었다.

모집단의 소속 기관을 살펴보면, 미술관과 역사박물관이 각각 35.0%, 22.0%로 과반수 이상(57.0%)을 차지했으며, 박물관 규모 측면에서는 10만 명 미만의 관람객 유입이 이루어지는 박물관이 모집단의 63%를 차지했다. 박물관 유형별로 제공하는 모바일 서비스를

박물관 역할		박물관 유형		관람객 수	
• 학예	22%	• 미술관	35%	• 5만명 이하	47%
• 관장	22%	• 역사박물관	22%	• 50,000~99,999	16%
• 교육	20%	• 종합박물관	12%	• 100,000~249,999	17%
• 홍보/마케팅	10%	• 유적지	9%	• 250,000~499,999	8%
• IT/홈 페이지 관리	5%	• 전문박물관	7%	• 50만명 이상	12%
• 해석	5%	• 과학 및 기술박물관	5%		
• 개발	4%	• 자연사박물관	5%		
• 이사회 위원	4%	• 어린이박물관	3%		
• 관람객 서비스	2%	• 기타	3%		
• COO(업무 책임자)	2%				
• 회원제도	1%				
• CFO(재무 책임자)	1%				
• 연구	1%				

그림47 모집단의 전문 분야, 소속 박물관의 유형 및 관람객 규모[16]

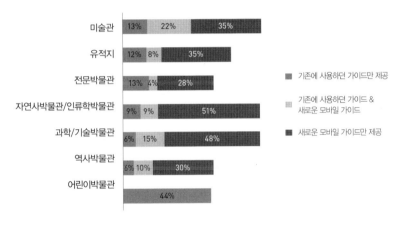

표12 박물관의 유형별 모바일 서비스 제공 현황[17]

비교해보면, 미술관(70.0%), 자연사박물관 및 인류학박물관(69.0%), 과학기술박물관(69.0%)이 모바일 서비스에 가장 적극적인 태도를 지녔지만, 새로운 모바일 서비스 제공에 대해서는 미술관보다 자연사박물관 및 인류학박물관(51.0%), 과학 및 기술박물관(48.0%), 어린이박물관(44.0%)의 비율이 높게 제시되었다.

상기 조사에서는 모집단의 57.0%가 모바일 서비스를 제공했

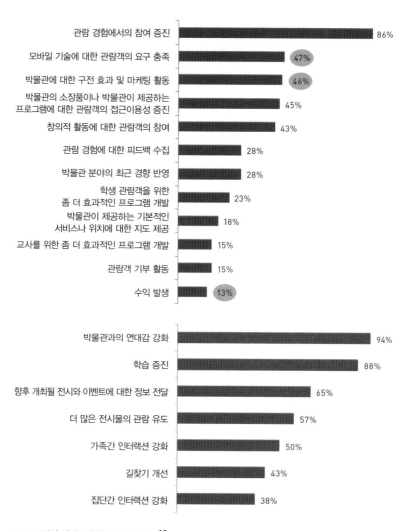

관람 경험에서의 참여 증진　86%

모바일 기술에 대한 관람객의 요구 충족　47%

박물관에 대한 구전 효과 및 마케팅 활동　46%

박물관의 소장품이나 박물관이 제공하는
프로그램에 대한 관람객의 접근이용성 증진　45%

창의적 활동에 대한 관람객의 참여　43%

관람 경험에 대한 피드백 수집　28%

박물관 분야의 최근 경향 반영　28%

학생 관람객을 위한
좀 더 효과적인 프로그램 개발　23%

박물관이 제공하는 기본적인
서비스나 위치에 대한 지도 제공　18%

교사를 위한 좀 더 효과적인 프로그램 개발　15%

관람객 기부 활동　15%

수익 발생　13%

박물관과의 연대감 강화　94%

학습 증진　88%

향후 개최될 전시와 이벤트에 대한 정보 전달　65%

더 많은 전시물의 관람 유도　57%

가족간 인터랙션 강화　50%

길찾기 개선　43%

집단간 인터랙션 강화　38%

표13 모바일 서비스의 목표와 기대효과[18]

으며, 전년도와 동일하게 관람 경험에서의 참여 증진(86.0%)이 주요
모바일 서비스의 제공 목표로 제시되었다. 이와 함께 모바일 기술
에 대한 관람객의 요구 충족(47.0%), 구전 등의 마케팅 효과(46.0%),
좀 더 많은 관람객에게 소장품에 대한 정보 확산(45.0%), 창의적 활

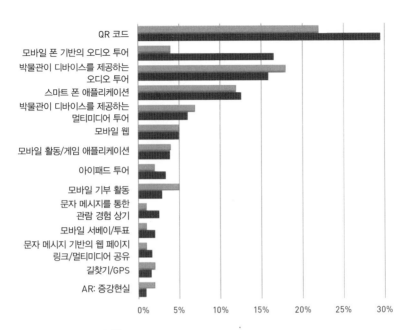

QR 코드

모바일 폰 기반의 오디오 투어

박물관이 디바이스를 제공하는
오디오 투어

스마트 폰 애플리케이션

박물관이 디바이스를 제공하는
멀티미디어 투어

모바일 웹

모바일 활동/게임 애플리케이션

아이패드 투어

모바일 기부 활동

문자 메시지를 통한
관람 경험 상기

모바일 서베이/투표

문자 메시지 기반의 웹 페이지
링크/멀티미디어 공유

길찾기/GPS

AR: 증강현실

0% 5% 10% 15% 20% 25% 30%

표14 모바일 서비스 유형[19]

동에 대한 관람객의 참여(43.0%) 등의 중요성이 높게 제시되었다.

특히 모바일 기술에 대한 관람객의 요구 충족에 대한 비중 (47.0%)은 전년 대비(41.0%) 다소 증가 추세를 보였다. 모바일 서비스에 대한 효과의 경우, 박물관에서의 참여감 강화(94.0%), 학습 증진 (88.0%), 향후 개최될 전시와 이벤트에 대한 정보 전달(65.0%), 더 많은 전시물의 관람(57.0%) 등 전반적으로 관람 경험의 증진에 집중되었다.

모바일 서비스의 현황을 살펴보면, 미국의 경우에는 전년 대비 30.0% 정도의 양적 성장이 이루어졌다(2011년 42.0%). 특히 QR 코드(30.0%), 아이패드 투어(3.0%), 스마트 폰 애플리케이션(13.0%), 모바일 웹(5.0%) 등의 부문에서 괄목할 만한 성장이 이루어졌지만, 오디

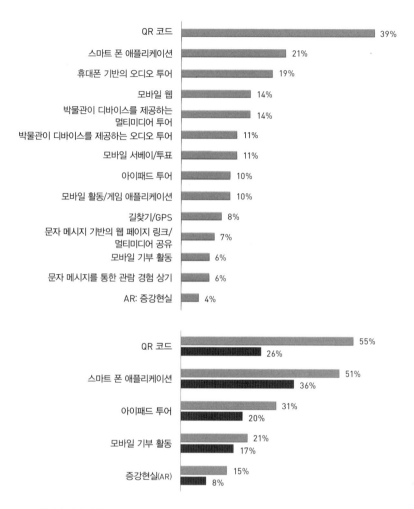

QR 코드	39%
스마트 폰 애플리케이션	21%
휴대폰 기반의 오디오 투어	19%
모바일 웹	14%
박물관이 디바이스를 제공하는 멀티미디어 투어	14%
박물관이 디바이스를 제공하는 오디오 투어	11%
모바일 서베이/투표	11%
아이패드 투어	10%
모바일 활동/게임 애플리케이션	10%
길찾기/GPS	8%
문자 메시지 기반의 웹 페이지 링크/ 멀티미디어 공유	7%
모바일 기부 활동	6%
문자 메시지를 통한 관람 경험 상기	6%
AR: 증강현실	4%

QR 코드	55% / 26%
스마트 폰 애플리케이션	51% / 36%
아이패드 투어	31% / 20%
모바일 기부 활동	21% / 17%
증강현실(AR)	15% / 8%

표15 현재 모바일 서비스를 제공하는 박물관의 모바일 서비스 유형 및 현재 모바일 서비스를 제공하는 박물관과 제공하지 않는 박물관의 모바일 기술에 대한 지식 비교[20]

오 투어(16.0%)는 전년도에 비해 21.0% 하락했다.[21] 반면 영국의 경우에는 QR 코드(22.0%)와 스마트 폰 애플리케이션(12.0%)의 비중이 높아졌다.

QR 코드를 제외하면, 미국과 영국 모두 박물관이 디바이스를 제공하는 오디오 투어(영국 18.0% : 미국 16.0%)에 대한 비중이 지속적으로 유지되었으며, 영국(4.0%)에 비해 미국(16.0%)의 스마트 폰 기반의 오디오 투어(17.0%)가 상대적으로 높은 비율을 차지했다. 비록 편차가 크지는 않았지만, 스마트 폰 애플리케이션(미국 13.0% : 영국 12.0%)과 아이패드(미국 3.0% : 영국 2.0%) 투어 등 새로운 모바일 서비스의 도입에 대해서는 영국(23.0%)에 비해 미국(36.0%)이 적극적인 태도를 갖고 있었다.

현재 모바일 서비스를 제공하는 박물관의 경우, QR코드(39.0%), 스마트 폰 애플리케이션(21.0%), 휴대전화 기반의 오디오 투어(19.0%), 모바일 웹(14.0%), 박물관이 디바이스를 제공하는 멀티미디어 투어(14.0%) 등이 높은 비중을 차지했다. 현재 모바일 서비스를 제공하고 있는 박물관과 제공하지 않는 박물관 간에는 모바일 기술에 대한 지식에서 차이가 존재했다. 전자의 경우가 모든 항목에서 앞서 있었으며, 특히 QR 코드와 스마트 폰 애플리케이션, 아이패드 투어 부문에서 집단간 큰 편차가 나타났다.

동일한 방식으로 현재 운영 중인 모바일 서비스를 조사한 결과, 현재 모바일 서비스를 제공하고 있는 박물관이 제공하지 않는 박물관보다 모바일 기술 수용력이 더 높다는 사실이 확인되었다. 예컨대, 현재 모바일 서비스를 제공하고 있는 박물관은 향후 제공할 모바일 서비스로서 스마트 폰 애플리케이션(24.0%), 아이패드 투어(15.0%), QR코드(13.0%)에 집중한 반면, 현재 모바일 서비스를 제공하지 않는 박물관은 QR코드(19.0%), 스마트 폰 기반의 오디오 투어(15.0%), 스마트 폰 애플리케이션(14.0%)에 관심을 두었다.

또한 현재 모바일 서비스를 제공하는 박물관의 77.0%와 모바일 서비스를 제공하지 않는 박물관의 61.0%는 1년 이내 관람객의

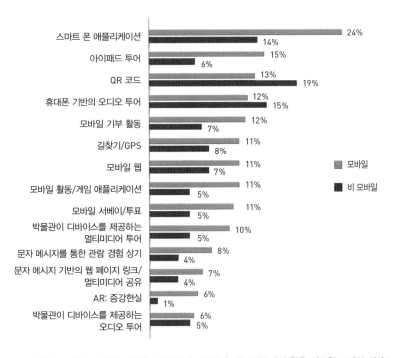

스마트 폰 애플리케이션	14%	24%
아이패드 투어	6%	15%
QR 코드	13% / 19%	
휴대폰 기반의 오디오 투어	12% / 15%	
모바일 기부 활동	12% / 7%	
길찾기/GPS	11% / 8%	
모바일 웹	11% / 7%	
모바일 활동/게임 애플리케이션	11% / 5%	
모바일 서베이/투표	11% / 5%	
박물관이 디바이스를 제공하는 멀티미디어 투어	10% / 5%	
문자 메시지를 통한 관람 경험 상기	8% / 4%	
문자 메시지 기반의 웹 페이지 링크/ 멀티미디어 공유	7% / 4%	
AR: 증강현실	6% / 1%	
박물관이 디바이스를 제공하는 오디오 투어	6% / 5%	

■ 모바일
■ 비 모바일

표16 현재 모바일 서비스를 제공하는 박물관과 제공하지 않는 박물관의 향후 제공할 모바일 서비스 유형 비교[22]

개인 디바이스의 사용의 증가뿐만 아니라 박물관이 제공하는 디바이스의 사용도 45.0%, 33.0% 정도 증가할 것이라고 전망했다. 결론적으로 보면, 두 집단 모두 박물관이 제공하는 디바이스보다 관람객 개인이 보유한 디바이스에 대한 사용률을 높게 전망했다.

전년도와 마찬가지로 예산(미국 53.0% : 영국 51.0%), 자원(미국 51.0% : 영국 49.0%), 인력(미국 50.0% : 영국 41.0%) 부족 등이 모바일 서비스 제공에 대한 장애요인으로 가장 높은 비율을 차지했으며, 현재 모바일 서비스를 제공하지 않는 박물관의 경우에는 상술한 모바일 운영의 장애 요인의 정도가 더욱 심화된 것으로 나타났다. 또한 모

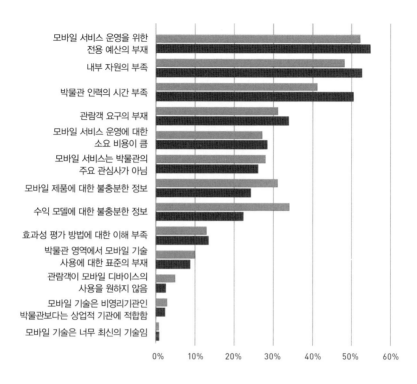

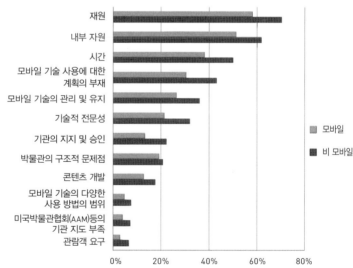

표17 미국박물관과 영국박물관의 모바일 서비스 운영의 문제점과 현재 모바일 서비스를 제공하는 박물관과 제공하지 않는 박물관의 모바일 서비스 운영의 장애요인 비교[23]

바일 서비스를 제공하는 박물관과 제공하지 않는 박물관간 모바일 서비스에 대한 명백한 시각 차이가 존재했다. 특히 모바일 플랫폼이 관람객의 참여를 유도할 수 있는 필수적인 전략(57.0% : 28.0%), 모바일 서비스에 대한 관람객의 기대 등의 항목(56.0% : 24.0%) 에서 편차가 크게 발생했다. 현재 모바일 서비스를 제공하지 않는 박물관은 모바일 서비스에 대해서는 긍정적인 태도를 지녔지만 필수적으로 요구되지 않는다고 생각하는 비율(45.0%)이 높게 제시되었다.

04

2013
모바일 서베이

2013년의 경우, 영국박물관협회Museum Association는 175명의 참여자를 모집단으로 구성해서 설문조사를 실행했다. 모집단 가운데, 과반수 (50.0%)가 모바일 서비스를 제공했으며, 31.0%의 응답자는 향후 3년 이내에 서비스를 제공할 계획을 갖고 있었다.

기관 유형	
유적지	5%
독립박물관	37%
공립박물관	27%
국립박물관	11%
대학박물관	7%
자원봉사자로 운영되는 박물관	3%
프리랜서/컨설턴트	2%
기타	7%

관람객 수	
만명 이하	18%
10,000~25,000	14%
25,001~50,000	13%
50,001~100,000	10%
100,001~250,000	10%
250,001~500,000	6%
500,001~750,000	3%
750,001~1,000,000	5%
More than 1,000,000	7%
Don't know	6%
No answer	9%

그림48 2013년 모집단의 소속 박물관의 유형, 위치, 관람객 규모

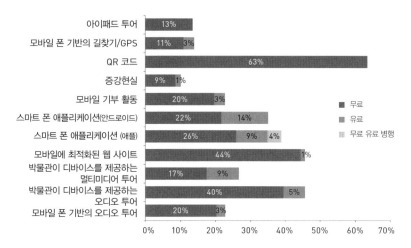

표18 현재 제공하고 있는 모바일 서비스

일부는 유료로 운영했지만, 대부분의 모집단은 모바일 서비스를 무료로 제공했다. 현재 제공하는 모바일 서비스 가운데 상위 비율을 차지한 것은 QR 코드(63.0%), 모바일에 최적화된 웹 사이트(44.0%), 오디오 투어(40.0%)인 반면, 아이패드 투어iPad tour(13.0%), 모바일 폰 기반의 길찾기 및 GPSmobile phone wayfinding/GPS(11.0%), 증강현실(AR, 9.0%)은 비교적 낮은 비중을 차지했다.

모바일 서비스에 대한 목표 관람객의 경우, 모든 관람객(75.0%)이란 응답이 가장 높게 제시되었으며, 그 다음으로는 35세 이하의 청장년층(33.0%)과 청소년(19.0%)이 높은 비중을 차지했다. 모바일 서비스는 제공하는 목표 가운데 가장 높은 비중을 차지한 것은 관람객에게 부가 콘텐츠 제공(68.0%)과 관람 경험의 참여 증진(67.0%), 새로운 관람객 개발(33.0%)이었다.

향후 1년 이내에 제공할 모바일 서비스의 경우, 모바일에 최적화된 웹 사이트(70.0%)와 QR 코드(66.0%)에 대한 응답률이 가장 높

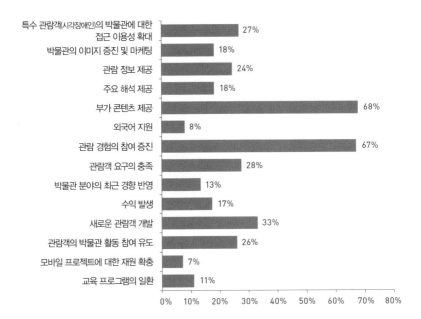

표19 모바일 서비스 목표

앞으며, 그 다음으로는 안드로이드android 플랫폼 기반의 스마트 폰 애플리케이션(57.0%), 아이오에스iOS 플랫폼 기반의 스마트 폰 애플리케이션(54.0%)이 높은 비율을 차지했다. 1년 이내에 모바일 서비스를 제공할 수 없는 이유로는 부족한 직원(60.0%)과 모바일 서비스에 대한 예산(50.0%), 모바일 가이드의 개발 및 유지 비용(41.0%) 등이 주요 문제점으로 지적되었다. 또한 모바일 기술의 사용을 제약하는 박물관의 구조적인 문제점(30.0%)의 경우, 박물관 전역에서 와이파이의 이용이 가능한 박물관은 19.0%, 특정 영역에서 와이파이의 사용이 가능한 박물관은 25.0%였다. 결과적으로 와이파이의 사용이 불가능한 박물관은 56.0%를 차지했는데, 이들 박물관 가운데 향후 1~5년 이내 와이파이의 제공이 가능 한 박물관은 41.0% 정도였다.

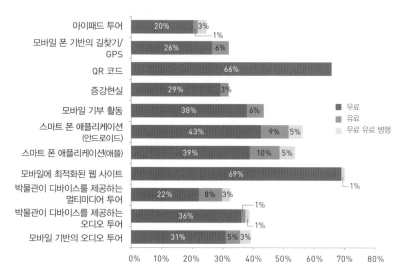

표20 향후 1년 이내 제공할 모바일 서비스에 대한 전망

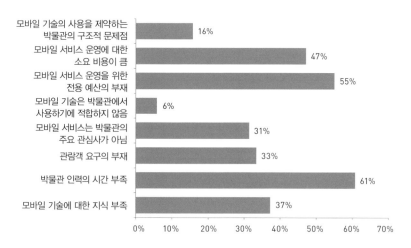

표21 향후 1년 이내 모바일 서비스를 제공할 수 없는 이유

　　아래의 **표22**는 상술한 2010~2013년까지의 모바일 서베이에 대한 결과를 종합해서 정리한 것이다. 각각의 서베이에서 모집단의 과반수 정도는 모바일 가이드를 포함한 핸드헬드 가이드를 제공했

으며, 이러한 서비스의 목표는 관람 경험 증진, 전시물에 대한 부가
정보 제공, 구전 효과나 관람객 개발 등의 마케팅적 효과에 집중되
었다. 일련의 서베이에서 콘텐츠 제작 및 관리 유지 등과 관련된 예
산, 인력, 자원의 부족을 운영상의 문제점이 공통적으로 제기되었
다. 서비스 유형의 경우, 전통적인 오디오 가이드에서 스마트 폰 애
플리케이션으로, 그리고 유료 서비스에서 무료 서비스로 이동하고
있으며, 향후 안드로이드 플랫폼보다 아이오에스 플랫폼 기반의 스
마트 폰 애플리케이션의 양적 성장이 더욱 빠르게 진행될 것으로
전망되었다.[24]

	2010	2011	2012	2013
실행기관	Learning Times & L. Tallon	AAM & Fusion Research+ Analytics	Fusion Research+ Analytics, AAM & MA	Museum Association
모집단 규모	238명	2,285명	1,508명	175명
핸드헬드 가이드 운영	57.0% – 오디오 가이드 (66.0%) – 멀티미디어 가이드 (17.0%)	42.0% – 박물관이 디바이스를 제공하는 오디오 투어(20.0%) – 핸드폰 기반의 오디오 투어 (16.0%)	57.0% 미국박물관: – QR코드(30.0%) – 스마트 폰 기반의 오디오 투어(17.0%) – 박물관이 디바이스를 제공하는 오디오 투어(16.0%) – 스마트 폰 애플리케이션(13.0%) 영국박물관: – QR코드(22.0%) – 박물관이 디바이스를 제공하는 오디오 투어(18.0%) – 스마트 폰 애플리케이션(12.0%) – 박물관이 디바이스를 제공하는 멀티미디어 투어(7.0%)	50.0% – QR 코드(63.0%) – 모바일에 최적화된 웹 사이트(44.0%) – 박물관이 제공하는 오디오 투어 (40.0%)
핸드헬드 가이드의 목표	– 전시물에 대한 부가 정보 지원 (72.0%) – 인터랙티브 경험 (40.0%) – 다양한 시각 제공 (37.0%)	– 관람 경험 증진 (83.0%) – 구전 효과(51.0%) – 소장품 및 프로그램에 대한 정보 확산(45.0%)	– 관람 경험 증진 (86.0%) – 모바일 기술에 대한 관람객의 수요 충족(47.0%) – 구전 효과(46.0%)	– 부가 콘텐츠 제공 (68.0%) – 관람 경험 증진 (67.0%) – 관람객 개발(33.0%)
핸드헬드 가이드 운영의 문제점	– 콘텐츠 업데이트 (47.0%) – 콘텐츠 개발(39.0%) – 콘텐츠 제작(34.0%) – 시스템 관리 유지 (30.0%)	– 예산 부족(59.0%) – 자원 부족(58.0%) – 인력 부족(54.0%)	– 예산 부족 (미국 53.0%: 영국 51.0%) – 자원 부족 (미국 51.0%: 영국: 49.0%) – 인력 부족 (미국 50.0%: 영국 41.0%)	– 인력 부족(60.0%) – 모바일 서비스에 대한 예산 부족 (50.0%) – 모바일 가이드의 개발 및 유지 비용 (41.0%)

	2010	2011	2012	2013
핸드헬드 가이드에 대한 전망	– 다운로드 수의 증가 (63.0%) – 박물관에서의 실제 사용 증가(58.0%)	– 스마트 폰 애플리케이션(21.0%) – 휴대전화 기반의 오디오 투어(17.0%)	현재 모바일 서비스를 제공하는 박물관: – 스마트 폰 애플리케이션(24.0%) – 아이패드 투어 (15.0%) – QR코드(13.0%) 현재 모바일 서비스를 제공하지 않는 박물관: – QR코드(19.0%) – 휴대전화 기반의 오디오 투어(15.0%) – 스마트 폰 애플리케이션(14.0%)	– 모바일에 최적화된 웹 사이트(70.0%) – QR 코드(66.0%) – Android 플랫폼 기반의 스마트 폰 애플리케이션(57.0%) – iOS 플랫폼 기반의 스마트 폰 애플리케이션(54.0%)

표22 2010~2013 모바일 서베이의 내용 요약

5

MUSEUM TECHNOLOGY

인터랙티브 전시 환경과 모바일 가이드

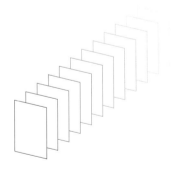

01

관람 경험 증진 및 확장을 위한 익스플로라토리움의 핸드헬드 디바이스의 개발 프로젝트

'체험을 통한 학습learning by doing' 구현을 목적으로, 1969년에 프랭크 오펜하이머Frank Oppenheimer에 의해 설립된 샌프란시스코에 위치한 익스플로라토리움Exploratorium은 예술, 인간의 지각, 과학 및 물리적 현상과 관련된 핸즈-온 인터랙티브 전시물로 구현된 세계 최대 규모의 참여형 과학관이다.[1]

풍부한 감각적·인지적 경험을 제공하는 익스플로라토리움은 전시실의 방대한 규모와 오픈 스페이스 방식으로 설계된 전시 구조에 몇 가지 문제점이 있었다. 예컨대, 인터랙티브 전시물 작동으로 인한 기계 소음이나 전시장 구조로 인해 발생하는 울림 현상, 관람객의 목소리와 전시장을 뛰어다닐 때 발생하는 소음 등이 결합되어 타 박물관에 비해 전시 환경에서의 소음이 상대적으로 매우 크다.

전시 설계 측면에서 보면, 익스플로라토리움은 자유로운 관람 동선을 지향하기 때문에, 전시물의 위치 확인이나 전시물간의 상호

그림49 익스플로라토리움의 전경2

연계성을 이해하는 데 어려움이 있었다. 익스플로라토리움이 일찍 부터 오디오 가이드를 관람객에게 제공한 이유도, 그리고 관람객과 전시물과의 매개자로서 전시물에 내재된 과학적 현상과 이론을 설명하고 전시물의 작동 방법에 대해 알려주는 역할을 담당하는 전시 해설사 프로그램explainer을 활성화시킨 것도, 상술한 전시장 구조나 전시 설계 등 전시 환경과 관련된 문제 해결이란 맥락에서 이해할 수 있다. 특히 오디오 가이드의 경우, 이어폰 사용으로 인해 동반 관람객간의 인터랙션이 저해되는 문제가 발생했다.

익스플로라토리움은 관람 경험의 증진을 위해 관찰과 인터뷰를 병행해서, 전시물과 레이블의 이용 방식 및 관람 행태에 대한 관람객 연구를 실행했다. 연구 결과에 의하면, 전시물 앞에서의 평균 관람 소요 시간은 약 1~2분이었으며, 관람객들은 전시물에 대한 정보가 필요할 때만 레이블을 이용했는데, 레이블을 이용하지 않을 때 오히려 관람 소요 시간이 증가했다. 이러한 현상은 전시물에 직관적

그림50 익스플로라토리움의 전시 환경 (좌)[3] (우)[4]

특성이 내재된 경우, 레이블이 그 기능을 상실한다는 것으로 해석할 수 있다. 또한 동반 관람객과 함께 방문한 경우에는 협력 학습 collaborative learning에 대한 가능성이 제시되었다. 예컨대, 각자의 역할을 나누어 한 명은 전시물을 작동하고, 다른 한 명은 레이블을 읽으며 토의하면서 동반 관람객간의 인터랙션이 적극적으로 이루어졌다.

관람 경험에서의 핵심은 전시물이며, 레이블 등의 해석 매체는 전시물에 대한 이해를 지원해준다. 상술한 바와 같이, 전시물 앞에서의 평균 관람 소요 시간은 2분 미만인데, 관람객들이 이러한 한정된 시간 내에 전시물에 내재된 개념, 현상, 역사, 사실을 이해하기 위해서는 전시물과 관람객간의 물리적 인터페이스와 정보 인터페이스에 인터랙티비티를 활성화시키는 해석적 지원이 필수이다.

모바일 기술을 활용한 해석은 학습 경험을 확장시키고 비판적 사고 능력과 이해의 폭을 넓혀준다. 또한 관람객이 박물관에서 습득한 경험과 지식을 자신의 삶이나 보유한 지식과 연관시키도록 돕는 등 학습에 대한 적극적인 태도도 갖게 해준다. 또한 이러한 방식의 해석적 지원은 다수의 경로를 통해 감각적 정보를 동시에 전달해줄 수 있으며, 다양한 학습 양식이나 방법론을 지원하면서 관람객의 인터랙션과 참여를 촉진시킨다.

모바일 기술 기반의 핸드헬드 디바이스의 필요성에 대해 인식한 익스플로라토리움은 1997~2007년까지 익스플로라토리움의 '연결 완전성이 내재한 관람 모형'의 구현에 관심을 가졌던 인텔 연구소와 휴렛팩커드 랩 등의 기업 연구소 및 대학과 함께 일렉트로닉 가이드북the Electronic Guidebook, 리멤버러rememberer, 아이 가이드I-Guide, 엑스팟Exspot 등의 공동 프로젝트를 진행했다.

이들 프로젝트의 목적은 기업 연구소나 대학이 보유한 무선 모바일 기술을 다양한 형태인자의 컴퓨터와 연계해서 익스플로라토리움의 관람 경험의 증진 및 확장을 위해 핸드헬드 디바이스의 프로토 타입을 개발하고, 이에 대한 사용자 경험의 평가를 통해 개념을 증명하며, 모바일 기술 적용의 최적화에 대한 방법을 모색하는 것이었다. 각각의 프로젝트는 앞서 언급한 동일한 목적을 지향하고 있으나, 모바일 디바이스의 형태인자, 가상 공간과 물리적 공간의 연계 방법, 핸드헬드 디바이스의 기능 등에는 다양한 시도가 이루어졌다.

02

일렉트로닉
가이드북
프로젝트

익스플로라토리움은 휴렛팩커드 랩, 콩코드 콘소시엄the Concord Consortium과 공동으로 쿨타운 프로젝트the Cooltown project의 일환으로서, 1998년부터 일련의 '일렉트로닉 가이드북' 프로젝트를 착수했다. 일렉트로닉 가이드북의 핵심적인 연구 주제는 핸즈-온 전시물 중심의 체험 전시 환경에서 모바일 핸드헬드 디바이스(이하 모바일 디바이스)와 웹 자원이 '연결 완전성이 내재한 관람 모형seamless visit model'을 구현할 수 있는지에 대한 가능성을 확인하는 것이었다. 한편 기술적 측면에서는 이동 컴퓨팅 기술의 장단점을 이해하기 위한 목적으로 실행되었으며, 이를 위해 휴렛팩커드 랩은 테스트 베드와 무선 하부 구조를 마련하고, 정보 전달 시스템, 모바일 디바이스의 형태인자, 콘텐츠 디자인, 핸드헬드 디바이스의 사용 등과 관련된 인간과 컴퓨터와의 인터랙션, 과학 학습 측면에서 무선 하부 구조와 모바일 웹 자원의 잠재 능력 등 세 가지 측면에서 심층적으로 진단했다.

'연결 완전성이 내재한 관람 모형'이란 관람 전-관람하는 동안-관람 후의 시점에서 관람 경험이 지속적으로 연결되는 관람 모형을 의미하는데,[5] 앨리사 배리는 이러한 관람 모형을 '호순환好循環, virtuous circle'이란 용어로 개념화했다.[6] '연결 완전성이 내재한 관람 모형'은 실제 관람 경험에만 가치를 두었던 기존의 관람 모형과는 달리, 정보에 대한 사용자 편의성이 높다. 또한 이러한 관람 모형은 관람에 대한 기대를 상승시키고, 관람 경험을 심화시키며, 그러한 경험이 관람 후에도 유지, 확장되도록 유도하면서 궁극적으로 세 가지 시공간적 위치에서 관람객의 활동을 연계해준다.

벤 가몬과 알렉산드라 버치는 과학관이나 기술박물관에서 사용하는 모바일 기술 기반의 핸드헬드 가이드는 전시물에 대한 상세 정보의 제공, 타인과의 커뮤니케이션에 대한 지원, 관람 경험을 기억할 수 있는 기록, 관람객들에게 전시물의 위치에 대한 안내, 전시물 작동 방법에 대한 제안 등과 같은 다섯 가지 기능을 수행해야 한다는 점을 강조했다.[7]

동일한 맥락으로 일렉트로닉 가이드북 프로젝트에서 수립된 하나의 가설은 모바일 디바이스가 각 전시물에 대한 참여를 확장 및 연장시키며, 관람객은 상세 설명을 통해 관람에 대해 좀 더 적극적인 태도를 형성할 수 있으며, 역사적 사실이나 과학적 현상을 전달하거나 전시물과의 인터랙션을 발생시킬 수 있도록 전시물의 작동 방법에 대해 제안해주고, 전시물에 내재된 과학적 현상을 현실과 연계하는 기능을 수행할 수 있다는 것이었다.[8] 연구팀은 인터랙티브 전시 환경에서의 관람 여정에 대해 전체론적 시각으로 접근하면서, 동시에 사용자들의 가상 공간과 물리적 공간의 연계 방법, 사용자 경험 측면에서 모바일 디바이스의 비간섭적 특성, 피지컬 하

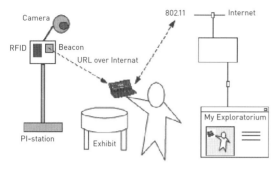

그림51 일렉트로닉 가이드북의 이동 무선 시스템[9] 및 실제 사용 모습

이퍼링크physical hyperlinks 기술의 학습 지원 방식과 효과, 학습 지원 도구로서의 모바일 디바이스의 유용성 탐색에 집중했다.

연구 초기 단계에서 다양한 모바일 디바이스의 형태인자를 비교·분석한 결과, 휴렛팩커드 조르나다 690HP Jornada 690과 히타치 이플레이트Hitachi ePlate의 적합성이 가장 높게 평가됨에 따라 전자는 적외선 비콘과, 후자는 바코드와 각각 연동되어 효과성이 비교되었다.[10] 웹 기반 서버로부터 콘텐츠를 관람객에게 전달해주기 위한 정보 전달 시스템과 함께 모바일 디바이스의 상황 인지 기능을 위해 전시물 옆에 디지털 카메라, RFID 송·수신기, 적외선 비콘,[11] 바코드 기반의 이동 무선 시스템pi-stations가 설치되었다.

또한 무선 네트워크로부터 모바일 디바이스로 텍스트, 이미지, 오디오, 비디오 정보의 전송에 대한 타당성을 검증하기 위해, URL에 반응하는 웹 페이지가 자동적으로 콘텐츠 서버로부터 다운로드되어 모바일 디바이스의 브라우저에 생성되도록 설계됨으로써, 식별 기술identification technology의 하나에 해당하는 피지컬 하이퍼링크가 구현되었다.[12]

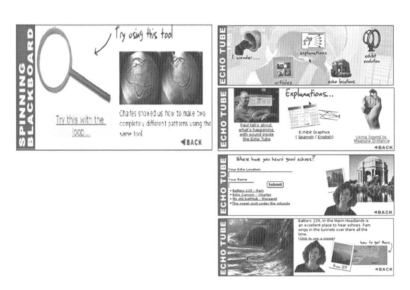

그림52 Spinning Blackboard[13]와 Echo Tube의 웹 콘텐츠[14]

일렉트로닉 가이드북의 주요 기능은 사용자 인터랙션의 유형에 대한 분류를 통해 최종적으로 전시물과 관련된 정보 제공informer, 전시물 작동 방법에 대한 제안suggester, 관람 경험에 대한 기억rememberer 등 세 가지가 선택되었다. 이들 기능에 대한 의사결정은 관람객뿐만 아니라 모바일 교사, 박물관 직원, 전시해설사explainers에게도 모바일 기반의 웹 자원이 유용할 것이라는 가정하에서 이루어졌다.

한편 모바일 웹 자원에는 관람객에게 오디오 프리젠테이션과 함께 전시물에 대해 간단한 설명을 제공하고, 관심과 주의 등 관람객의 개인적 특성에 따라 전시물을 선택할 수 있는 앨리슨 우드러프의 콘텐츠 디자인에 대한 원칙을 반영했다. 또 모바일 디바이스에 탑재할 수 있는 멀티미디어 자원이 확보되어 있던 5개의 전시물 Spinning Blackboard, String Squirter, Echo Tube, Humming Plates, Aeolean Landscape이 사용되

었다.[15]

모바일 웹 콘텐츠에는 정보 제공과 전시물 작동 방법에 대한 제안 기능을 중심으로 이미지와 함께 과학적 현상과 작동 방법에 대한 간단한 설명, '시도해보세요try this' 등의 제안 활동, 전시물에 대한 질문과 관찰, 전시물의 위치를 확인할 수 있는 지도, 관람객의 반응, 전시물 목록, 전시물과의 인터랙션 방법이 담긴 비디오, 텍스트, 오디오 등 전시물과 관련된 정보가 포함되었다.

각 전시물은 메인 페이지와 서브 페이지로 구성되는 독자적인 웹 페이지를 가졌는데, 메인 페이지의 인터넷 정보 위치Uniform Resource Locator, 이하 URL는 이동 무선 시스템에 저장된다. 브라우저를 통해 메인 페이지를 다운로드한 후, 관람객은 링크와 연결된 전시물 정보 가운데 원하는 것을 선택해서 클릭한다. 또한 관람 경험이 관람 후에도 지속 및 연장될 수 있도록, 관람할 때 관심을 가졌던 전시물에 대해 북마킹 기능을 사용할 수 있으며, 이러한 정보와 함께 이동 무선 시스템에서 촬영된 사진이 개인 웹 페이지MyExploratorium로 전송되었다.[16]

일렉트로닉 가이드북 프로토 타입에 대한 평가연구는 가상 공간과 물리적 공간을 연결하는 시스템의 문제점을 도출하고, 사용자 반응을 진단하기 위한 목적으로 실행되었으며, 정성적 연구 방법에 해당하는 관찰과 반구조화된 인터뷰semi-structured interview가 병행되었다. 이 평가연구에는 34명으로 구성된 모집단이 참여했는데, 그 가운데 한 명에게만 히타치 이플레이트가 제공되었고, 나머지 참여자는 조르나다 690를 사용했다. 모집단과 6개의 전시물과의 인터랙션이 원활하게 이루어질 수 있도록 유도하기 위해, 평가연구의 시작 단계에서 이동 무선 시스템의 구성, PDA의 작동 방법과 적외

항목	세부 내용	사용자 평가 결과
기능	– 전시물과 관련된 정보 제공 – 전시물 작동 방법에 대한 제안 – 관람 경험에 대한 기억: 북마킹, 설명 달기, 사진, MyExploratorium 생성	긍정적
효과	– 관람 소요 시간 증가 – 관람 후 심화 활동	긍정적
비간섭적 특성	– 전시물과 인터랙션 – 동반 관람객과의 인터랙션	부정적
유용성	– 크기 및 휴대성 – 전시물 작동 등의 사용 편의성	부정적
공간 연계성	– 적외선 비콘 및 바코드	긍정적
관람 후 활동	– MyExploratorium 생성 – 사진에 대해 의견 남기기	긍정적

표23 일렉트로닉 가이드북에 대한 평가연구 결과 요약

선 비콘과의 연계 방법 등에 대한 간략한 설명이 제공되었다.

연구 결과를 종합해보면, 전반적으로 모집단의 일렉트로닉 가이드북에 대한 반응은 긍정적이었다. 특히 관람 소요 시간의 증가를 동반한 북마킹에 대한 만족도와 선호도가 높았던 반면, 설명 달기에 대한 평가는 부정적이었다. 관람 후 과제 수행 등, 일렉트로닉 가이드북의 학습적 유용성에 대해 교사와 아동으로부터 긍정적인 평가를 얻었다.[17] 아동의 일렉트로닉 가이드북 사용 행태를 비교한 결과, 몇몇 아동들은 일렉트로닉 가이드북의 웹 콘텐츠를 이용하는 데 집중한 반면, 일부 아동들은 협력 학습보다는 독립적인 관람 행태를 보이면서 전시물과의 인터랙션에 대부분의 시간을 소요했다.[18]

비간섭적 특성의 관점에서, 모집단의 대부분은 일렉트로닉 가이드북이 전시물과의 물리적, 인지적 인터랙션을 저해했다는 의견을 제기했다. 물리적인 문제점으로는 모바일 디바이스의 크기와 전시물 작동 시의 휴대성에 대한 불편함 등이 지적되었다. 대다수 참여자는 전시물과의 인터랙션 과정에서 한 손만을 사용해서 전시물을 작동했다.

모집단은 일렉트로닉 가이드북이 제공하는 웹 콘텐츠의 전시물에 대한 이해 증진 효과 및 학습적 유용성에 대해서는 긍정적으로 평가했다. 하지만 모바일 디바이스의 스크린에 대해 '헤드다운 효과head-down effect'가 발생함에 따라, 전시물과의 인터랙션이나 동반 관람객간 대화가 현저히 감소한 것은 인지적인 문제점으로 지적했다. 이러한 현상은 헤드폰이나 이어폰 착용이 필요한 오디오 콘텐츠를 이용할 때 더욱 심화되었다.

일렉트로닉 가이드북의 하부 구조와 피지컬 하이퍼링에 대한 평가 결과를 살펴보면, 전시물의 식별과 네비게이션이 용이하지 않은 익스플로라토리움의 전시 환경에서, 효과적인 정보 전달 시스템으로써 적외선 비콘의 효과성이 입증되었다. 하지만 피지컬 하이퍼링크의 경우, 전시물과 웹 콘텐츠가 하이퍼링크로 연계될 때에는 전시물과 비콘이 빈번하게 자동연동되면서 브라우저의 페이지가 갑작스럽게 변했고, 하이퍼리얼리티hyperreality가 상실되는 현상과 함께 신호 인식에 대한 문제점이 발생했다.[19]

03

리멤버러
프로젝트

일렉트로닉 가이드북에 대한 평가연구에서 도출된 주요 시사점은 몇 가지로 요약될 수 있다. 첫 번째, 모바일 디바이스에 내재한 간섭적 특성은 전시물과 관람객간의 인터랙션, 동반 관람객간의 인터랙션에 저해 요인으로 작용했을 뿐만 아니라 헤드다운 효과의 발생에도 영향을 미쳤다. 두 번째, 모집단은 전시물과 관련된 정보 제공, 전시물 작동 방법에 대한 제안, 관람 경험에 대한 기억 등 세 가지 기능에 대해 매우 복잡하게 느꼈다. 유용성과 만족도가 매우 높게 평가되었던 북마킹을 제외한 관람 경험에 대한 기억을 남기는 기능은 시간 부족으로 인해 사용도가 낮았다. 마지막으로 교사의 경우에는 관람 후 심화 활동을 위해 풍부한 정보를 원했던 반면, 전시해설사는 관람할 때 이용할 수 있는 웹 콘텐츠 자원에 대한 정보 욕구가 컸다.

상기 결과를 근거로, 익스플로라토리움은 일렉트로닉 가이드

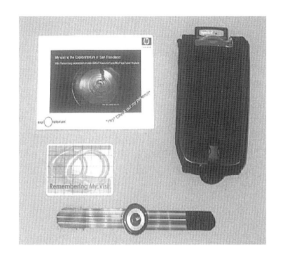

그림53 리멤버러 프로젝트에서 개발된 모바일 디바이스의 형태인자[20]

북에서 사용한 모바일 디바이스를 사용을 중지하고, 관람하는 동안 사용자가 전시물을 기억에 남기기 위해 등록하는 기술remember-this technology을 기반으로 '리멤버러' 시스템의 개발에 착수했다. 리멤버러 시스템은 전시물과 URL을 연동시키는 RFID 태그가 내장된 카드, 스마트 시계smart watch, PDA Jornada 567로 구성되었다.[21] 리멤버러 시스템의 핵심적인 가치는 관람하는 동안 발생한 관람 경험의 기록에 있었으며, 관람 후에는 그러한 경험에 대한 기억을 상기시키고, 타인과의 공유를 통해 풍부한 대화를 이끌어내며, 관람객간의 인터랙션을 활성화시키는 데 있었다.

리멤버러 시스템의 경우, 관람 경험의 확장, 관람객의 정보 욕구를 충족시킬 수 있는 개인화 서비스, 전시해설사를 위한 핸드헬드 애플리케이션의 개발로 연구 방향을 조정했으며, 선호도와 만족도가 매우 높게 평가되었던 사진, 북마킹, MyExploratorium 기능을

그림54 리멤버러에서 생성된 개인 웹 페이지[22]

관람 중과 관람 후를 연결하는 도구로 사용하기로 했다. 개인화 방법의 경우, 전시물에 대한 주의 집중도 향상과 관람 경험의 가치 증진을 위해 그 기능을 축소해서 '관람 경험에 대한 기억'에 집중하며, 웹 페이지MyExploratorium가 생성되는 관람 기록에 대한 비중을 증가, 동시에 사용 편의성의 향상을 위해 작동 방법을 간단하게 고안했다.

두 차례에 걸쳐 실행된 리멤버러에 대한 평가연구는 관찰, 인터뷰, 설문조사가 병행되었다. 또 전시물과의 인터랙션이나 동반 관람객간 인터랙션을 저해하지 않으면서 최대한 물리적 공간과 전시물에 집중할 수 있는 방법을 고찰하는 데 목적을 두었다. 세부 연구주제로는 리멤버러의 유용성 및 이용 빈도수, 카메라의 영향력, 사진에 대한 사용자의 반응 등이 채택되었다. 전시물에 RFID 카드 인식기와 카메라가 설치되었던 첫 번째 평가연구에는 14명의 익스플로라토리움 직원과 자원봉사자가 참여했는데, 6명은 독립적으로, 8명은 그룹 형태로 전시를 관람한 후에 관람 기록을 확인했다. 관람 기록에는 관람한 순서대로 전시물의 명칭이 목록으로 생성되었고, 각 전시물에서의 콘텐츠 사용 내역과 사용자 의견이 포함되었다.[23]

첫 번째 평가연구를 통해 모바일 디바이스의 사용에 대한 적정성과 RFID 카드의 비간섭적 특성이 검증되었고, 전반적으로 모바일 디바이스의 사용성에 대한 반응은 긍정적이었다. 일렉트로닉 가이드북과 마찬가지로, 사진에 대한 만족도와 선호도는 매우 높게 제시되었지만, 사진의 해상도와 선명도, 카메라의 위치와 촬영 시점에 대한 개선이 필요한 것으로 드러났다. 참여자 대부분은 RFID 태깅 방법을 정확하게 인지했으며, RFID가 탑재된 모바일 디바이스는 전시물이나 동반 관람객과의 인터랙션에 대한 비간섭적인 특성이 강했다. 반면 PDA의 경우, 간섭적 특성이 강해서 전시물과의 인터랙션을 저해했으며 다른 형태인자에 비해 휴대성이 낮은 것으로 드러났다.

연구팀은 리멤버러의 기능에 대한 유용성을 확인하게 위해 평가연구 과정에서 참여자 모두에게 웹 페이지MyExploratorium의 URL을 전달했다. 참여자 대부분은 웹 페이지를 방문 및 재방문했으며, 일부 참여자는 사진에 댓글을 남겼다. 평가연구를 통해, 동반 관람객간의 인터랙션 활성화 및 관람 경험과 관람 후 활동을 연결하는 도구로서 리멤버러의 유용성과 가치가 검증되었다.

리멤버러에 대한 2차 평가연구에서는 총 33명으로 구성된 모집단(17개의 집단)이 실험 집단(리멤버러 사용자)과 통제 집단(비사용자)으로 나뉘어 35개의 전시물에 대한 사용자 평가가 실행되었다.[24] 연구 팀은 집단별로 관람 소요 시간, 전시물과의 인터랙션 방법 등을 관찰한 후 개인 정보, 특정 전시물에 대한 기억, 시스템 사용상의 문제점과 반응 등에 대한 인터뷰와 설문조사를 병행했다. 이 평가연구에서는 RFID가 비콘으로, RFID 카드가 PDA로 교체되었으며, 10개의 전시물에는 비콘만, 5개의 전시물에는 비콘과 카메라가 함께 설치되었다. 모집단은 모바일 디바이스의 사용과 시스템, 관람 기록의 생성, 사진 촬영 등에 대한 간략한 설명을 제공받았고, 관람을 마친 후 리멤버러로 생성된 관람 기록을 키오스크에서 확인했다.

리멤버러는 전시물에 대한 유인력과 보유력을 증진시키는 효과를 발생시켰으며, 실험 집단(리멤버러 사용자)과 통제 집단(비사용자)의 평균 관람 전시물을 비교한 결과, 각각의 집단이 이용한 전시물은 21개와 19개였다. 평균 관람 소요 시간은 1~3분이었는데, 특히 실험 집단은 비콘과 카메라가 설치된 전시물, 비콘이 설치된 전시물, 비콘이 설치되지 않은 전시물 순으로 관람 소요 시간이 감소했다.

사용성 측면에서 비콘과 카메라가 함께 설치된 전시물과 비콘만 설치된 전시물의 사용성은 각각 91%와 73%로 제시되었다.[25] 1차 평가연구 결과와 마찬가지로, 2차 평가연구에서도 사진에 대한 모집단의 선호도와 만족도가 높았으며, 관람 경험을 기록으로 남기는 도구로서 사진이 적합하다는 것이 입증되었다. 전시물과 비콘의 연동이 총 170회 시도되었는데, 이 가운데 10%는 문제가 발생했으며, 카메라 위치를 조정해야 한다는 필요성이 제기되었다.

두 차례의 리멤버러 평가연구 결과를 종합해보면, 모집단의 시스템에 대한 반응은 긍정적이었으며, 리멤버러의 인터랙션에 대

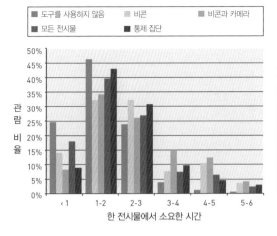

Instr. level	Minutes at exhibit avg(stdev)
No instr.	1.2 (0.8)
Beacons	1.9 (1.2)
Beacons w/camera	2.1 (1.3)
All exhibits	1.6 (1.1)
Control group	1.7 (1.1)

표24 실험 집단과 통제 집단의 전시물에 대한 관람 소요 시간 비교[26]

한 비간섭적 특성이 재검증되었다. 결과적으로 PDA 사용자들은 디바이스의 크기와 휴대성의 제약으로 인해 전시물 작동이 원활하지 않았던 반면, 리멤버러 디바이스, 특히 RFID 카드는 비간섭적 특성이 탁월한 것으로 평가되었다. 관찰 결과와 마찬가지로, 인터뷰에서도 리멤버러의 사용성에 대한 만족도는 높았다. 비록 카메라의 위치와 촬영 시점, 사진의 해상도에 대한 개선 필요성이 제기되었지만, 실시간 관람 모습이 담긴 사진에 대한 선호도는 매우 높게 평가되었다.

관람 경험에 대한 기억의 상기뿐만 아니라, 즐거움, 재미, 동기부여 등의 효과도 발생시킨 개인 웹 페이지MyExploratorium의 관람 기록에 대한 평가에서 참여자들의 반응은 매우 긍정적이었으며, 일부 참여자들은 적극적인 태도로 웹 페이지에 의견을 남겼다. 뿐만 아니라 이들은 웹 페이지의 가치를 단순히 관람 경험에 대한 기록으로만 국한하지 않고 가족, 친구 등과 경험을 공유하는 도구인 동

항목	세부 내용	사용자 반응
기능	– 관람 경험에 대한 기억 1) 북마킹 2) 사진 및 개인 스크랩북 MyExploratorium	긍정적
효과	– 관람 소요 시간 증가 – 관람 후 심화활동	긍정적
비간섭적 특성	– 전시물과의 인터랙션 – 동반 관람객과의 인터랙션	긍정적(카드) 부정적 PDA
디바이스 유용성	– 크기 – 휴대성 – 전시물 작동 등의 사용 편의성	긍정적(카드, 손목시계) 부정적 PDA
신호 인식	– RFID	긍정적
관람 후 활동	– URL을 통한 개인 웹페이지 방문 –사진에 대한 의견을 남길 수 있는 기능 annotation	긍정적

항목	세부 내용	사용자 평가 결과
기능	– 관람 경험에 대한 기억: 북마킹, 사진, MyExploratorium 생성	긍정적
효과	– 관람 소요 시간 증가 – 관람 후 심화활동	긍정적
비간섭적 특성(1차)	– 전시물과 인터랙션 – 동반 관람객과의 인터랙션	긍정적(카드) 부정적 PDA
비간섭적 특성(2차)	– 전시물과 인터랙션 – 동반 관람객과의 인터랙션	부정적 PDA
유용성(1차)	– 크기 및 휴대성 – 전시물 작동 등의 사용 편의성	긍정적(카드) 부정적 PDA
유용성(2차)	– 크기 및 휴대성 – 전시물 작동 등의 사용 편의성	부정적 PDA
공간 연계성(1차)	– RFID	긍정적
공간 연계성(2차)	– 비콘	긍정적
관람 후 활동	– MyExploratorium 방문 – 사진에 대해 의견 남기기	긍정적

표25 리멤버러에 대한 평가연구 결과 요약

시에 관람 계획을 위한 가이드로 그 역할을 확장했다. 두 차례의 사용자에 대한 평가연구를 통해, 리멤버러의 전시물에 대한 참여 증가 효과와 함께 사진과 웹 페이지MyExploratorium의 관람 경험의 기록을 남기는 도구로서의 적합성이 입증되었다.

04

아이-가이드
프로젝트

리멤버러에 대한 평가연구 결과를 기반으로, 익스플로라토리움은 인터랙션에 대한 비간섭적 특성, 경량의 크기가 작은 형태인자, 비용 효용성 등 모바일 디바이스의 조건에 대한 주요 키워드를 도출했다. 또한 사전 연구를 통해 전시물에 대해 비언어적 방식으로 전시물에 접근하는 아동의 행태에 대한 관찰을 통해, 모바일 디바이스는 물리적 충격에도 파손되지 않을 만큼 견고성이 강화되어야 하며, 이와 함께 방수성, 탄력성, 착용성 및 휴대성도 내재해야 한다는 사실이 확인되었다.

익스플로라토리움이 인텔 연구소와 휴렛팩커드 랩과 공동으로 진행한 '아이-가이드I-Guides' 프로젝트는 관람 경험의 상기 및 공유 기능에 초점을 맞추었다. 또한 사용 편의성을 극대화시키는 대신 동시에 불필요한 기술이나 기능을 최소화해서, RFID 태그가 내장된 전자 시계, 카드, 요요, 시계, 테이블 코스터를 패키지로 구성

그림55 아이-가이드 형태인자 및 개인 웹 페이지[27]

했다.[28] 이와 같은 소형 디바이스를 사용해서 관람객들은 북마킹과 함께 전시물 근처에 설치된 카메라로 사진을 촬영 및 출력했다. 관람객의 ID는 관람객의 동선을 추적하는 동시에 전시물에 장착된

항목	세부 내용	사용자 반응
기능	– 관람 경험에 대한 기억 1) 북마킹 2) 사진 및 개인 스크랩북MyExploratorium	긍정적
효과	– 관람 소요 시간 증가 – 관람 후 심화 활동	긍정적
비간섭적 특성	– 전시물과의 인터랙션 – 동반 관람객과의 인터랙션	긍정적
디바이스유용성	– 크기 – 휴대성 – 전시물 작동 등의 사용 편의성	긍정적
신호인식	– RFID	긍정적
관람 후 활동	– URL을 통한 개인웹페이지 방문 – 사진에 대한 의견을 남길 수 있는 기능(annotation) – 과학 관련 기사, 온라인 전시, 핸즈 온 키트	긍정적

표26 아이-가이드에 대한 평가연구 결과 요약

RFID 무선통신기를 통해 네트워크와 데이터베이스 시스템으로 전송되었다. 관람 후, 관람객들은 개인 웹 페이지에서 과학 관련 기사, 온라인 전시, 핸즈 온 키트hand-on-kits를 이용했다.

아이-가이드 프로젝트의 경우, 두 차례의 실험을 거쳐 데이터 전송 기능에 대한 효과성이 검증되었다. 첫 번째 실험에서는 사용자가 무선통신기를 휴대하고 전시물에 RFID 태그가 부착되었고, 두 번째 실험에서는 사용자가 RFID 태그가 부착된 디바이스를 휴대하고 전시물에 무선통신기가 설치되었다. 실험 결과에 의하면, RFID 무선통신기는 성공적으로 사용자의 ID를 인식했으며, 실시간으로 사용자 데이터베이스에 전송함으로써 아이-가이드의 인터랙션에 대한 비간섭적 특성, 사용 편의성, RIFD 기술의 유용성이 모두 긍정적으로 평가되었다.

05
엑스팟
프로젝트

익스플로라토리움은 아이-가이드 프로젝트에서 얻은 연구 결과를 근거로 워싱턴 대학교University of Washington, 그리고 인텔 시애틀 연구소 Intel Research Seattle와 함께 공동으로 관람 경험의 기록 및 확장이 가능한 모바일 디바이스 개발에 대한 연구를 실행했다. 이 프로젝트에는 워싱턴 대학교University of Washington의 컴퓨터 공학 및 엔지니어링학과 웨일런 브루넷Waylon Brunette과 조너선 레스터Jonathan Lester가, 인텔 시애틀 연구소Intel Research Seattle에서는 아담 리아Adam Rea와 가에타노 보리엘로Gaetano Borriello가 참여했다.

　'핸즈 온' 중심의 체험 과학관이라는 특수 사용 상황과 모바일 디바이스에 대한 조건을 충족시켜야 한다는 판단하에 익스플로라토리움은 아이리더를 활용해서 특정 사물과의 인터랙션 능력을 강화하고, 소형의 작동이 간단한 형태인자를 갖춘 '엑스팟exspot'을 개발했다.[29]

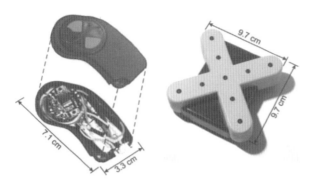

그림56 아이리더가 탑재된 엑스팟과 RFID가 내장된 카드[30]

엑스팟 프로젝트의 목적은 관람객과 엑스팟간의 인터랙션 방식, 엑스팟을 통해 수집된 정보가 관람 후 학습지원콘텐츠로 전환되는 방식에 대해 고찰하기 위해서였다.[31] 엑스팟 시스템의 핵심은 무선 RFID 기술이며, 아이-가이드 프로젝트와 마찬가지로 엑스팟 연구팀은 관람 경험의 기록에 대한 기능과 소형의 작동이 간단한 형태인자의 특성에 집중했다. 이에 엑스팟 시스템의 역할은 관람객이 선택한 전시물에 대한 정보를 웹 페이지로 구성해서 관람 기록을 생성하는 것으로 정의되었다.

엑스팟 시스템은 등록 키오스크, 전시물 위에 부착되는 무선 통신기와 라디오 패키지, RFID 태그, 개인 웹 페이지로 구성되었다.[32] 일부 전시물의 경우엔 학습지원 콘텐츠가 자동 생성될 수 있도록 전시물 위에 카메라가 설치되었고, 적외선 카메라는 전시물 내부에 설치되었다.

관람객들은 태그 잇Tag-Its RFID 태그가 탑재된 카드를 제공받았고, 키오스크에서 엑스팟 인식기에 카드를 등록했다. 관람객에게 제공된 카드에는 고유한 식별번호Identification, 이하 ID가 부여되었지만,

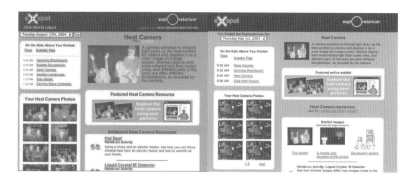

그림57 엑스팟을 통해 생성된 개인 웹 페이지[33]

유실 및 개인 정보 유출의 방지를 위해 등록 시 관람객들은 전자우편(이메일) 주소를 사용했다. 관람객이 적외선 카메라가 설치된 전시물 앞에서 엑스팟 패키지에 카드를 인식시키면, 두 개의 카메라가 동시에 작동되어 사진이 촬영되었고, 그 이미지가 개인 웹 페이지로 전송되었다. 관람 후 관람객은 카드 ID나 전자우편(이메일) 주소로 엑스팟 개인 웹 페이지를 방문할 수 있으며, 위의 **그림56**과 같이 두 장의 사진을 포개 놓으면 어떤 전시물이 열을 방출했는지, 그리고 적외선 에너지와 물리적 전시물간의 상호관계성에 대한 탐구가 가능했다.

　설문조사와 인터뷰가 병행된 평가연구 과정에서, 관람객들이 RFID에 대해 오류 정보나 선입견을 갖고 있었고, 무엇보다도 RFID가 탑재된 카드에 대한 사용 경험이 없었다는 사실이 확인되었다. 이는 관람객들을 대상으로 작동방법에 대한 시연, 개인정보 유출에 대한 안전성 등에 대한 교육이 필요하다는 것을 의미했다.[34] 평가연구를 통해 관람 후 개인 웹 페이지MyExploratorium의 자동 생성에 대한 가능성이 입증됨에 따라, 관람 중에는 학습 지원 도구로, 관람 후에

항목	세부 내용	사용자 반응
기능	– 관람 경험에 대한 기억 1) 북마킹 2) 사진 및 개인 웹 페이지|MyExploratorium	긍정적
효과	– 관람 소요 시간 증가 – 관람 후 심화활동	긍정적
비간섭적 특성	– 전시물과의 인터랙션 – 동반 관람객과의 인터랙션	긍정적
디바이스 유용성	– 크기 – 휴대성 – 전시물 작동 등의 사용 편의성 – 학습지원 도구로서의 유용성	긍정적
신호 인식	– RFID	긍정적
관람 후 활동	– 개인 웹 페이지|MyExploratorium 방문 – 사진에 대한 의견을 남길 수 있는 기능annotation – 과학 관련 기사, 온라인 전시, 핸즈 온 키트	긍정적

표27 엑스팟에 대한 평가연구 결과 요약

는 과학적 개념이나 현상에 대한 심화 활동을 유도함으로써 새로운 인터랙션과 학습 환경을 창출내는 다양한 기능을 지닌 도구라는 사실이 검증되었다.[35]

06

박물관학 관점에서 접근한
익스플로라토리움의
모바일 기술 적용에 대한 분석

모바일 디바이스는 관람을 계획할 때 기대감을 상승시키고, 관람하는 동안에는 몰입, 참여, 학습적 효과를 발생시켜 풍부한 경험을 갖게 하며, 관람을 마친 후에도 그 경험이 상기되고 지속될 수 있도록 유도하는 잠재력을 가지고 있다. 이러한 관점에서, 모바일 디바이스는 단순히 전시물과의 인터페이스 확장이나 관람 경험의 연장이 아니라 궁극적으로는 박물관의 본질을 구현하는 것, 즉 자유 선택에 의한 학습 환경free-choice learning environment의 최적화를 위한 하나의 도구이다.

일반적으로 박물관 모바일 디바이스에 대한 연구는 학제간 협업을 통해 이루어지고 있다. 예컨대, 공학 영역에서는 무선하부 구조와 시스템 구성, 모바일 기술 적용, UX와 UI 등 기술과 관련된 연구 주제에 집중하는 반면(표28), 박물관 영역에서는 인터랙션, 디자인, 만족도, 사용성, 유용성, 콘텐츠, 인터페이스 등 사용자 평가

	awareness technology	functionality distribution	information flow
Remembe-rer	RFID	server based	passive
Sotto Vce		locally stored info	active
Imogl	Bluetooth	info stored in Bluetooth transmitters	active
Marble Museum	IrDA	locally stored info	active
PEACH project	IrDA	server based	passive
Points of Departure		locally sotred info	active
C-Map	IrDA	server based	active
Lasar Segal Musieum	IrDA	server based	passive
Antwerp Project	IrDA		active
Tour Guide System (Taiwan)	IrDA	server based	passive
PDMA, Point it. Museum AR	IrDA	server based	active
Hippie	IrDA	server based	active

namd of guide	methodology	questions
Sotto Voce	formative − interviews − observation − log files	− distraction − attention balance − social interaction
The Muse Project II. Museu e Certosa di San Martino	summative − heuristics questionnaires	− ergonomics − usability − navigation − interaction design − user satisfaction − marketing − opportunities
Multimedia Tour. Tate Modern	summative − questionnaires − log files	− lengthe of use − ases of use − content design − interaction − interface design
Highlights Tour/BSL Tour/Collectio Tour. Tate Moern	summmative − focus groups − observation − questionnaires	− length of use − visit navigation − multimedia use − positioning system
J. Paul Getty Museum. Rembrandt's late religious portraits	summative − comment cards − surveys − focus groups − observation − log files	− usefulness − accessibility − ease of use − interface − contents − navigation − cognitive impact
Electronic Guidebook Exploratorium	summative − observation − interviews − log files	− content delivery − interaction − isolation − personalization
Movivisit. Museum of Fine Arts(Lyon)	summative − obervation − interviews − log files	− interface − geo ocalization − interaction − content structure

표28 공학적 관점에서 접근한 모바일 디바이스에 관한 연구(a)[36]

표29 박물관학적 관점에서 접근한 모바일 디바이스에 관한 연구(b)[37]

연구에 비중을 둔다(표29). 표29의 경우, 일반적으로 과학관은 박물관과 미술관에 비해 모바일 서비스에 대해 현격히 소극적인 태도를 지니고 있으며,[38] 익스플로라토리움을 제외한 연구는 모두 멀티미디어 가이드를 다루고 있다.

	Electronic Guidebook	Rememberer	I-Guide	eXspot
사용성	부정	부정/긍정	긍정	긍정
비간섭적 특성	부정	부정/긍정	긍정	긍정
형태인자	HP Jornada 690/ Hitachi ePlate	PDA	카드, 시계, 요요, 테이블 코스터	카드
기능	– 전시물과 관련된 정보 제공informer – 전시물 작동 방법에 대한 제안suggester – 관람 경험에 대한 기억remember	관람 경험에 대한 기억remember	관람 경험에 대한 기억remember	관람 경험에 대한 기억remember
연결 완전성	관람하는 동안/ 관람 후	관람 후	관람 후	관람 후
공간 연계성	바코드, 비콘	RFID, 비콘	RFID	RFID

표30 익스플로라토리움의 모바일 기술 적용 프로젝트에서 개발된 모바일 디바이스의 특성

위의 **표30**은 익스플로라토리움의 모바일 기술 적용 프로젝트에서 개발된 모바일 디바이스의 사용성, 비간섭적 특성, 형태인자, 기능, 연결 완전성, 공간 연계성 등의 특성을 종합적으로 정리한 것이다. 익스플로라토리움은 과학관에 최적화될 수 있는 모바일 디바이스의 개발을 통해 관람 소요 시간의 증가와 관람 후 심화 활동의 활성화 등의 유의미한 성과를 거두었다. 하지만 전시물과의 인터랙션이 아니라 관람 기록이 생성되는 사진에 대한 흥미로 인해 관람 소요 시간이 증가했기 때문에, 박물관학적 관점에서는 개념적 타당성에 대한 문제가 남게 된다.

이미 다수의 선행 연구를 통해, 스크린 기반의 핸드헬드 디바이스가 전시물이나 동반 관람객간의 인터랙션 저하와 고립감 발생

그림58 인터랙티브 전시 환경에서의 경험적 흐름

등 비간섭적 특성의 침해와 주의 집중도의 부조화 현상에 대한 문제가 지속적으로 제기되어왔다.[39] 초기 프로젝트에 해당하는 일렉트로닉 가이드북의 경우, 스크린 기반의 모바일 디바이스가 헤드다운 효과의 발생과 주의 집중도의 부조화 현상, 모바일 기술과 하드웨어로 인한 기술적 피로감technology fatigue과 인지 부하cognitive load 등 사용성에 대한 개선이 요구되었다.

십년에 걸쳐 익스플로라토리움이 진행한 일렉트로닉 가이드북에서 엑스팟에 이르는 프로젝트에서 멀티미디어 가이드를 사용하지 않은 주된 이유는 인터랙티브 전시 환경 및 전시물의 체험적 특성 때문이었다. 익스플로라토리움과 같은 과학관의 체험 전시는 관람객이 직접 손으로 전시물을 만지고 작동해볼 수 있으며, 동반 관람객과의 인터랙션을 통해 전시물에 대한 이해가 증진된다. 그림 **그림57**은 인터랙티브 전시 환경에서의 경험적 흐름을 도식적으로 표현해놓은 것이다. 익스플로라토리움의 체험 전시에서 핵심을 차지하는 것은 '몰입 경험flow experience'과 '의미 생성meaning making'이며, 이 두 가지 경험적 요소는 자발적 참여 동기와 함께 학습에 대한 능

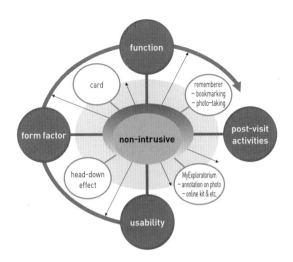

그림59 비간섭적 특성에 영향을 미친 요인간 관계성

동적 태도를 형성한다.

앞서 언급한 바와 같이, 체험 전시 환경에서 몰입 경험과 의미 생성이 이루어지려면 다양한 감각과 사고를 통해 전시물과 관람객 간의 인터랙션이 전제되어야 한다. 그림58은 비간섭적 특성에 영향을 미친 요인간 관계성을 도식적으로 설명해놓은 것인데, 비간섭적 특성을 강화하고 유지하기 위해 모바일 디바이스의 형태인자는 익스플로라토리움 전시 환경의 체험적 특성에 맞추어 진화를 거듭했으며, 상대적으로 모바일 디바이스의 기능이 축소되었다.

익스플로라토리움의 모바일 기술 적용 프로젝트는 관람 전-관람하는 동안-관람 후 등 세 가지 관람객의 시공간적 위치에서 관람객에게 정보를 제공해서 관람 경험의 연속성을 강화하는 거시적 관점의 연결 완전성이 내재한 관람 모형을 부분적으로 차용했다. 또한 이 프로젝트는 물리적 공간에 놓여 있는 전시물과 모바일 핸드헬드 디바이스에 탑재된 가상의 공간에 놓여 있는 정보를 상호연계하는 미시적 관점의 관람 모형을 지향했다.

하지만 일렉트로닉 가이드북을 제외하고, 리멤버러에서 엑스팟에 이르는 모바일 디바이스의 기능이 궁극적으로 관람 경험에 대한 기억에 집중됨에 따라 모바일 디바이스의 기능 및 의미도 동시에 축소되었다. 부연하면, 과학관에 해당하는 익스플로라토리움의 경우 모바일 디바이스의 기능상의 축소는 관람 경험 과정에서 전시물과 관련된 멀티미디어 콘텐츠의 제공보다는 관람 기록으로서 관람 후 관람 경험에 대한 상기 및 공유 등의 심화 활동을 지원해주는 것으로 그 역할이 제한되었던 것이다. 이러한 변화로 인해 익스플로라토리움이 모바일 기술의 적용 프로젝트의 주요 목적에 해당했던 '연결 완전성이 내재한 관람 모형'의 구현은 성취할 수 없었다.

관람 경험에서 의미 생성이 이루어지도록 유도하기 위해, 박물관 전문인력은 세 가지 시공간적 위치에서의 관람객에 대한 통찰력이 요구된다. 첫 번째는 관람 전 시점인데, 이 시점에서 잠재 관람객들은 박물관 웹 사이트를 통해 박물관 이용이나 전시물에 대한 개괄적인 정보를 습득한다. 두 번째 시점은 정보에 대한 욕구가 가장 높은 관람하는 동안이며, 박물관 환경에서 전시물과의 인터랙션, 동반 관람객과의 인터랙션, 물리적 환경과의 인터랙션 등의 실제 관람 경험이 발생한다. 관람객들은 오디오 가이드나 PDA 기반의 멀티미디어 가이드, 전시 키오스크 등 다양한 경로를 통한 정보 탐색뿐만 아니라 북마킹, 정보 전송 및 공유 등의 활동도 병행한다. 세 번째는 관람 후이며, 이 시점에서는 관람에 대한 기억 상기 및 정보 이용 등의 활동이 이루어진다.

해석적 기능의 일환으로 핸드헬드 가이드를 비롯한 모바일

관람 전(pre-visit): 오리엔테이션, 등록, 사전 지식	관람하는 동안(during visit): 정보 습득, 맥락 이해하기, 실험	관람 후(post-visit): 상기, 분석, 확장
집, 학교, 박물관에서 웹 페이지에 접속	박물관에서 무선 핸드헬드 디바이스 사용	집, 학교, 박물관에서 웹 페이지에 접속

전시 관련 콘텐츠와 개인화 웹 페이지가 포함된 네트워크 서버

그림60 연결 완전성이 내재한 관람 모형

서비스를 제공하는 대다수 박물관은 관람객의 물리적 방문을 대체하기 위해서가 아니라 '전시실에서의 실제 관람 경험on-site experience', 특히 '관람객이 전시물 앞에 서 있을 때'를 정보 제공 시점으로 간주한다. 모바일 디바이스는 관람 전후에도 존재하는 정보 욕구를 충족시켜줄 수 있으며, 관람 경험을 시공간적으로 확장시킬 수 있는 잠재력을 갖고 있기 때문에 연결 완전성이 내재한 관람 모형에 대한 새로운 가능성을 열어주었다. 또한 모바일 디바이스는 전시물과 관련된 정보를 제공해주는 해석적 기능의 범주를 넘어, 앙드레 말로(André Malraux, 1947)의 '상상의 박물관Le Musée Imaginaire', 즉 '벽 없는 박물관museum without walls'에 대한 개념을 실현시키는 도구로서의 의미를 갖게 되었다.

관람 전-관람하는 동안-관람 후의 시점에서 관람 경험이 지속적으로 연결되는 관람 모형에 대해 쉐리 쉬는 '연결 완전성이 내재한 관람 모형'이라고 표현했는데, 이 개념은 앨리사 배리의 '호순환'과 동일한 맥락에서 이해할 수 있다. 실제 관람 경험에만 가치를 두었던 기존의 관람 모형과는 달리, '연결 완전성이 내재한 관람 모형'은 정보에 대한 사용성이 높으며, 이러한 유형의 관람 모형은 관람에 대한 기대를 상승시키고, 관람 전의 '앤터런스 내러티브enterance narrative'는 관람하는 동안 다감각적 요소와 결합된 전시물 및 해석 매체와의 인터랙션을 통해 생성되는 '의미 생성'으로 전환되며, 관람 후에도 다양한 활동을 통해 관람 경험이 확장 및 유지된다.

핸드헬드 가이드로부터 RFID 기술 적용에 이르는 익스플로라토리움의 모바일 기술에 대한 혁신적인 시도는 과학관에 적용되는 기술이 단지 수단일 뿐, 목표가 아니라는 사실과 실증적인 방법을 통해 적용 기술의 관람 경험 증진에 대한 효과성을 입증해주었다. 또한 다양한 모바일 기술의 적용을 통해 익스플로라토리움은 과학관 전시 환경에서의 모바일 디바이스의 비간섭적 특성 및 개인화 기반의 사용자 경험의 중요성과 함께 다음과 같은 몇 가지의 시사점을 제공해주었다.

첫 번째, 전시물에 대한 해석 지원을 목적으로 한 모바일 디바이스는 작동이 필수적으로 요구되는 핸즈-온 전시물 기반의 과학관보다는 관조적 방식의 관람 행태가 이루어지는 박물관이나 미술관에 적합하다.

두 번째, 인터랙티브 전시 환경에서 사용되는 모바일 디바이스는 전시물과 관람객간, 그리고 동반 관람객간의 인터랙션에 대한 비간섭적 특성이 반드시 전제되어야 하며, 이러한 특성이 내재한 형태인자가 요구된다.

세 번째, 체험 전시 환경에서 사용되는 모바일 디바이스는 일반 관람객보다는 학습 지원 도구로서 교사나 학생 단체 관람객과 같은 특정 관람객 집단, 그리고 상설 전시보다는 기획 전시에 대한 효과성이 높다.[41]

네번째, 모바일 디바이스의 기능이 관람 경험에 대한 기록으로 축소되는 경우, 연결 완전성이 내재한 관람 모형의 구현이나 전시물에 대한 정보 제공보다는 관람 후 개인화 활동에 대한 지원으로 그 역할이 제한된다.

　다섯번째, 박물관이 모바일 디바이스에 대한 사용자 경험User Experience을 디자인할 경우, 박물관 전문인력이나 모바일 디바이스 개발 관련 연구팀은 해당 박물관의 전시물 이용 방식 및 관람 행태에 대한 통찰력을 반드시 갖추고 있어야 한다. 또한 관람객이 모바일 디바이스의 스크린에 집중하면서 발생되는 헤드다운 효과head-down effect가 관람객과 전시물간의 인터랙션, 그리고 관람객과 동반 관람객간의 인터랙션에 부정적인 영향력을 미친다는 사실에 대해 충분히 숙지해야 한다. 또한 '고개를 숙이는 경험looking down experience'과 '고개를 좌우로 둘러보는 경험looking around experience'을 조화롭게 구성하여 사용자 시나리오user scenario를 개발해야 한다. 마지막으로, 모바일 디바이스를 개발할 때에는 체계적인 평가연구의 실행을 통해 도출된 사용자 경험에 대한 결과를 중심으로 기능, 기술, 콘텐츠에 대한 최적화가 이루어져야 한다.

2
부

1

MUSEUM TECHNOLOGY

모바일 해석 매체로서의
스마트 폰 애플리케이션

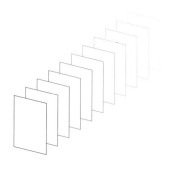

01

박물관 스마트 폰 애플리케이션에 대한 사용자 평가연구

2007년 아이폰을 비롯한 스마트 폰이 출시된 이후, 2009년부터 박물관의 디지털 해석은 모바일 해석으로, 멀티미디어 가이드는 스마트 폰 애플리케이션으로 대체되는 현상이 나타났다. 2002년 CIMI Computer Interchange of Museum Information는 박물관 애플리케이션의 역할을 버추얼 가이드, 전자 지도, 커뮤니케이션 경로, 관람 경험의 기록 등으로 정의했다.[1] 모바일 기술 기반의 스마트 폰은 휴대성, 개인성, 직관성, 편재성, 편만성, 위치 인식 및 상황 인지 기능 등의 특성을 지녔다.[2] 이러한 특성으로 인해 관람객의 다양한 상황, 요구, 관심 등 개인적 특성이 내재한 관람 시나리오를 생성하고, 관람 경험에 대한 의미 생성 및 전시물과의 인터랙션을 다양한 방식으로 지원해주는 것이 가능해졌다.

특히 스마트 폰의 한층 강화된 컴퓨팅 능력은 몰입과 참여 등 학습 효과에 대한 기대를 상승시켰으며 목소리, 사운드, 몸짓, 사용자의 위치 등이 시스템과 인터랙션을 할 수 있는 사용자 이동성과 인터랙션 모달리티, 그리고 GPS를 활용한 위치 인식 및 위치 기반 서비스를 가능케 했다.[3]

미국박물관협회American Association of Museums의 '2011 모바일 테크놀로지 서베이2011 Mobile Technology Survey'와 '2012 박물관과 모바일 Museum & Mobile in 2012'에 의하면, 응답자의 과반수 이상이 관람객에게 모바일 정보를 제공해주었는데, 박물관에서 사용하는 모바일 플랫폼 가운데 스마트 폰 애플리케이션(21.0%)이 가장 급속한 성장 추세를 보였다. 또한 42.0%의 응답자가 모바일 플랫폼이 관람객의 참여를 유도하기 위한 전략이나 도구로 필수적이라는 데 공감했다.[4] 상술한 조사 결과에서, 모바일 서비스를 제공하고 있는 기관을 유형별로 분류해보면, 박물관과 미술관 > 역사박물관 > 유적지 > 과학관/기술박물관 > 자연사/자연과학박물관 순으로 나타났다.[5] 또한 상기 연구에서, 스마트 폰 애플리케이션(21.0%)이 박물관에서 사용하는 모바일 플랫폼 가운데 가장 급속한 성장 추세를 보이는 사실이 확인되었다.

이와 같은 박물관 스마트 폰 애플리케이션의 양적 증가는 콘텐츠와 디바이스의 소유권을 갖는 모바일 서비스BYOD: Bring Your Own Device에 대한 관람객의 욕구와 밀접하게 연관되어 있다. '박물관과 모바일 서베이the Museum & Mobile Survey, 2011'의 내용을 검토한 결과, 향후 모바일 서비스를 계획하고 있다고 답변한 응답자 가운데 69.0%는 PDA 기반의 멀티미디어 가이드와 같이 박물관이 하드웨어를 대여하는 방식보다는 스마트 폰 애플리케이션을 활용하는 BYOD 방식을 선호했다.[6] 박물관에서 대여하는 PDA 기반의 멀티미디어 가이드와는 달리 스마트 폰 애플리케이션은 시공간적 경계를 넘어 관람 전-관람 중-관람 후가 연계되는 '연결 완전성이 내재한 관람 모형'을 구현할 수 있다. 또한 스마트 폰 애플리케이션은 네비게이션과 연계된 투어 프로그램, 길찾기, 인터랙티브 지도, 북마킹, SNS 등의 기능을 제공하는데, 이러한 기능은 관람객의 요구와 관심에 따라 개인화 기반의 의미 있고 풍부한 관람 경험을 이끌어낸다.[7]

2010년 구글 플레이와 앱 스토어에서 유통된 박물관 및 미술관 스마트 폰 애플리케이션을 확인한 결과, 약 71여개의 애플리케이션이 사용되었다. 그중 미국(27), 프랑스(19), 영국(9)의 박물관이 전체 애플리케이션 가운데 77.0%를 차지했다. 4장에서 다루었던 모바일 서베이의 내용을 재인용해보면, 2011에는 스마트 폰 애플리케이션이 차지하는 비율이 5.0%에 머물렀지만,[8] 2012년에는 그 비율이 두 배 이상 증가했으며(미국: 13.0%, 영국: 12.0%),[9] 2013년에는 전년 대비 300% 정도의 증가 추이를 보였다(구글 플레이의 스마트 폰 애플리케이션: 36.0%, 앱 스토어의 스마트 폰 애플리케이션: 39.0%).[10] 2017년 기준, 박물관 및 미술관 스마트 폰 애플리케이션은 총 419개이며, 이 가운데 구글 플레이의 스마트 폰 애플리케이션은 124개, 앱 스토어의 스마트 폰 애플리케이션은 295개가 사용화되고 있다(표1).

일반적으로 사용성 평가는 애플리케이션에 사용 편의성이 내재해 있는지를 진단하는 작업이다. 하지만 모바일 해석 매체라는 특수 목적을 지닌 박물관 스마트 폰 애플리케이션의 경우, 사용성 이외에도 연결 완전성이 내재한 관람 모형에 대한 적합성, 비간섭적 특성, 개인화적 특성, UX/UI의 직관성, 관람에 대한 동기 부여 등의 기능적 특성이 주요 평가 기준으로 사용되기 때문에, 사용성과 이러한 기능적 특성과의 상관관계에 대한 검증은 매우 중요한 의미를 지닌다.[11]

구글 플레이		앱 스토어			
국가	개수	국가	개수	국가	개수
괌	1	그리스	3	영국	12
그리스	1	남아프리카공화국	1	오스트리아	5
네덜란드	6	네덜란드	5	우크라이나	1
노르웨이	1	독일	25	이스라엘	6
대만	1	라트비아	1	이집트	1
독일	14	러시아	7	이탈리아	7
러시아	3	레바논	1	인도	3
미국	31	루마니아	1	인도네시아	2
바티칸	1	리투아니아	1	일본	6
벨기에	1	말레이시아	1	중국	7
보스니아헤르체고비나	1	모로코	1	체코	2
스웨덴	1	미국	25	캐나다	6
스코틀랜드	1	방글라데시	1	코스타리카	1
스페인	1	베트남	1	타이완	2
싱가포르	2	벨기에	2	태국	4
아랍에미리트	1	벨라루스	1	터키	1
영국	11	보스니아헤르체고비나	1	포르투갈	1
오스트리아	4	볼리비아	1	프랑스	20
이탈리아	7	브라질	4	핀란드	1
중국	3	스리랑카	1	필리핀	1
캐나다	4	스웨덴	3	한국	40
태국	1	스위스	2	헝가리	1
포르투갈	1	스페인	12	호주	8
프랑스	6	슬로베니아	4	홍콩	1
한국	8	싱가포르	1	호주	8
아랍에미리트	1	홍콩	1	아르헨티나	1
기타	3	아이슬란드	1		
합계	124	합계		295	

표1 구글 플레이 및 앱 스토어의 국가별 박물관 스마트 폰 애플리케이션 분포 현황(2017년 기준)

박물관 스마트 폰 애플리케이션에 대한 선행 연구는 대부분 학제간 협업을 통해 이루어지고 있다. 예컨대, 컴퓨터 공학에서는 무선 하부 구조와 시스템 구성, 정보의 흐름 등 기술 및 디바이스, 전시실에서의 물리적 전시물과 가상 공간의 정보의 연계성 등 위치 인식 기술 등과 관련된 연구 주제가 다루어지고 있다. 반면 디자인 측면에서는 인터랙션과 UX/UI, 콘텐츠 구성, 네비게이션 등과 같은 문제점에 집중했다. 한편 박물관학적 관점에서 접근한 연구는 모바일 해석 매체의 효과를 고려하여 사용 시간과 사용성, 스마트 폰 애플리케이션에 대한 만족도 등 스마트 폰 애플리케이션의 관람 경험에 미치는 영향력 등에 비중이 실린다.

이들 연구들은 연구 주제뿐만 아니라 평가 방법도 상이한데, 공학과 디자인 관점에서는 형성평가formative evaluation를, 박물관학적 관점에서는 총괄평가summative evaluation의 방식으로 이루어지고 있다.[12][13] 박물관 스마트 폰 애플리케이션과 관련된 선행 연구를 종합해보면, 모바일 해석 매체로서 박물관 스마트 폰 애플리케이션의 가장 중요한 본질은 관람 경험 증진에 대한 본질적인 가치와 효과성이다. 사용성 측면에서 관람객과 전시물간의 인터랙션 그리고 관람객간의 인터랙션에 비간섭적 특성이 내재되어야 하며, 온라인의 활동과 오프라인에서의 경험을 연계해야 한다.

워커아트센터가 샌드박스 스튜디오Sandbox Studio Inc와 함께 개발한 휴대전화 기반의 오디오 가이드인 'Art On Call'의 경우, 이용률이 17.0%에 머무른다는 사실이 사용자 평가에서 확인되었다. 비사용자를 대상으로 한 인터뷰를 통해 그 원인을 확인한 결과, 박물관 환경에서 휴대전화를 사용하는 것이 부적절하다고 생각하는 관람객들의 선입견이 주요 원인으로 작용했다. 이와 함께 박물관이 모바일 서비스를 제공하고 있다는 사실을 인식하지 못한 점, 오디오 가이드의 사용 방법에 대해 이해하지 못한 점도 주요 문제점으로 드러났다.[14]

2010년부터 2011년 동안 앱 다운로드 수는 100억 건 이상이었다.[15] 이러한 애플리케이션의 양적 증가는 박물관 애플리케이션의 증가로 이어졌지만, 이러한 증가가 박물관 애플리케이션에 대한 사용자 평가연구의 양적 증가로 연결되지는 않았다. 특히 박물관 스마트 폰 애플리케이션의 정보 서비스적 특성이나 기능적 특성이 실제 사용에 대한 동기 부여 등에 미치는 영향력에 대해 체계적인 학술적 접근이 이루어진 연구는 전무한 상태이다. 한 가지 흥미로운 사실은 게임을 비롯한 다른 스마트 폰 애플리케이션에 비해 사용자 리뷰가 상대적으로 매우 적다는 것이다. 예를 들어, 2012년 최신 버전을 기준으로, 루브르박물관 애플리케이션에는 6명, 국립미술관 애플리케이션에는 11명이 사용자 리뷰에 참여했으며, 심지어 미국자연사박물관이나 대영박물관 등의 인지도가 높은 박물관의 경우에는 리뷰 평가가 전혀 이루어지지 않았다.

덴마크국립미술관the National Gallery of Denmark은 앙리 드 툴루즈 로트레크Henri de Toulouse-Lautrec 특별전에 대한 스마트 폰 애플리케이션을 개발했다(그림1). 총 167명이 설문조사에, 그리고 반구조적 인터뷰에는 12명이 참여해서 총괄평가의 일환으로 박물관 스마트 폰 애플리케이션 사용성을 평가했다. 그 결과, 86.4%의 아이폰 사용자와 89.5%의 아이팟 터치 대여자들이 전시를 관람하는 동안 모바일 해석 매체를 사용하지 않았다. 또한 아이폰의 경우, 13.6%가 애플리케이션을 다운로드해서 사용한 경험이 전혀 없었고, 아이팟 터치 대여자의 53.6%도 디바이스를 사용한 경험이 없었다.[16]

그림1 덴마크국립미술관의 앙리 드 툴루즈 로트레크 특별전의 스마트 폰 애플리케이션 스크린 샷[17]

2013년 필자는 청와대 사랑채 스마트 폰 애플리케이션 사용성에 대한 평가연구를 실행했다. 청와대 사랑채 운영자에 의하면, 스마트 폰 애플리케이션의 경우 다운로드 수가 매일 한두 건에 머무르며 전시실에서 사용되지 않았다고 한다. 이는 스마트 폰 애플리케이션에 관한 홍보 부족에 기인했다. 10명의 관람객을 대상으로 진행되었던 인터뷰 결과, 모든 관람객이 관람 전 단계가 아니라 청와대 사랑채 도착 후 스마트 폰 애플리케이션에 대해 인지했다. 청와대 갤러리의 스마트 폰 애플리케이션에 대한 평가연구의 경우에도 모집단의 6.0%만 스마트 폰 애플리케이션을 사용했다.[18] 이와 같은 연구 결과는 모바일 해석 매체를 개발하고 운영하는 데 가장 도전적인 문제가 관람객들로 하여금 스마트 폰 애플리케이션을 사용하도록 유도하는 것이라는 연구 결과와 일치했다.[19]

청와대 사랑채 스마트 폰 애플리케이션의 사용성에 대한 평가연구의 경우, 인터뷰 참여자들은 모바일 해석 매체로서 스마트 폰 애플리케이션을 통해 제공되는 콘텐츠의 다양성과 정보량의 부

그림2 청와대 사랑채 스마트 폰 애플리케이션 스크린 샷

족, 직관적 특성이 낮은 UX/UI, 제한된 기능, 기술적 문제 등에 대한 의견이 지배적이었다. 또한 결과적으로 스마트 폰 애플리케이션의 역할이나 가치가 관람객에게 적절히 전달되지 못했고, 이로 인해 스마트 폰 애플리케이션에 대한 만족도(21.6%)가 매우 낮았다. 스마트 폰 애플리케이션은 관람 소요 시간의 증가, 관람 만족도, 관람경험 증진 등에 유의미한 영향을 미치지 못했다.[20]

스마트 폰 애플리케이션의 콘텐츠와 실제 전시 콘텐츠와의 차별성이 없었으며, 갤러리 메뉴의 경우에 미디어 월에서 이용할 수 있는 이미지의 일부만 제공되었고, 전시 조닝에 따라 이미지의 분류가 적절히 이루어지지 않았기 때문에 사용상 불편함을 야기했다. 뿐만 아니라 AR 기능은 GPS를 기반으로 현재 사용자의 위치에서 청와대 사랑채까지의 네비게이션을 제공해야 하는데, 단순한 거리 인식 기능만 제공되었으며, 작동 및 제어에 문제가 발생했고, QR 코드를 이용할 때 콘텐츠가 중복적으로 제공되어 관람에 대한 흥미나 호기심을 저해했다. 마지막으로 SNS 기반의 공유 서비스는 제공되었으나 개인화 기반의 북마킹은 제공되지 않았고, 공지 사항 메뉴의 경우, 현재 스마트 폰 애플리케이션 이용에 대한 내용만 제공되었다.

일반적으로 스마트 폰 애플리케이션에 대한 사용성 평가는 애플리케이션에 사용 편의성이 내재해 있는지를 진단하는 작업이다. 하지만 모바일 해석 매체라는 특수 목적을 지닌 박물관 스마트 폰 애플리케이션의 경우, 사용성 이외에 연결 완전성이 내재한 관람 모형에 대한 적합성, 비간섭적 특성, 개인화적 특성, UX/UI의 직관성, 관람에 대한 동기 부여 등의 기능적 특성도 주요 평가 기준이므로, 사용성과 이러한 기능적 특성과의 상관관계를 검증하는 것 또한 매우 중요한 의미를 지닌다.[21]

이러한 맥락에서 박물관 스마트 폰 애플리케이션에 대한 사용성 평가는 다음과 같은 세 가지의 효과를 기대할 수 있다. 첫 번째, 해석 매체로서 박물관 스마트 폰 애플리케이션을 사용할 경우, 정보 서비스나 기능에 대한 사용자 욕구와 함께 만족도가 높은 특정 서비스나 기능에 대한 이해를 제공한다. 두 번째, 관람객의 실제 전시실에서의 관람 행태와 가상 공간에서 해석 정보의 이용 행태를 예측할 수 있는 데이터를 제공해준다. 세 번째, 이와 같은 본 연구를 통해 도출된 사용자 평가 결과를 근거로 향후 박물관 스마트 폰 애플리케이션 개발자와 큐레이터가 사용성과 만족도를 증진시키는 데 요구되는 주요 고려 사항을 반영해서 사용자 친화적인 모바일 해석 매체을 개발하는 데 도움을 준다.

필자는 박물관 스마트 폰 애플리케이션의 관람 경험 증진에 대한 본질적인 가치와 효과성을 입증하기 위한 목적으로, 박물관학적 관점에서 총괄평가의 방식으로 사용성에 대한 실증적 연구를 실행했다. 이를 위해 루브르박물관, 미국자연사박물관, 대영박물관, 아시아문명박물관Asian Civilizations Museum, 영국의 국립미술관National

그림3 루브르박물관, 미국자연사박물관, 대영박물관, 아시아문명박물관, 영국의 국립미술관, 빌바오 구겐하임의 박물관 스마트 폰 애플리케이션 이미지

Gallery, 빌바오 구겐하임Guggenheim Museum Bilbao의 아이폰 전용 스마트 폰 애플리케이션을 대상으로 관람 전 상황에서 정보 서비스에 대한 만족도를 측정하고, 사용성에 영향을 미친 기능적 특성을 조명했다 (그림3). 아이폰 애플리케이션을 연구 대상으로 선택한 이유는 구글 플레이(124개)보다 앱 스토어의 박물관 스마트 폰 애플리케이션(295개)이 수적으로 우위를 점유하고 있다는 기존의 연구 결과에 근거를 두고 있다.[22]

상술한 박물관 스마트 폰 애플리케이션의 사용성 평가를 위해 대학생 50명을 모집하여 설문조사를 가졌다. 박물관 스마트 폰 애플리케이션에 대한 다수의 선행 연구로부터 도출된 설문조사의 구성 요소는 관람 정보 서비스, 전시물 뷰어 서비스, 검색 서비스, 지도 서비스, 엔터테인먼트 서비스, 공유 서비스, 투어 서비스의 7개 서비스 평가 기준과 열결 완전성이 내재한 관람 모형의 구현을 합쳐 총 8개의 평가 기준이 선정되었다. 설문조사 항목은 사용자 평가 기준으로 구성되었으며, 리커트 형태 척도법Likert Type Scale을 사용해서 각 항목에 대한 만족도가 측정되었다. 특히 모집단은 오리엔테이션 단계에서 박물관 스마트 폰 애플리케이션의 평가 기준과

		루브르 박물관	국립 미술관	미국자연 사박물관	대영 박물관	아시아문 명박물관	빌바오 구겐하임
관람 정보 서비스	콘텐츠 범주	상설전	상설전	상설전	상설전	기획전	상설전/ 기획전
	박물관 정보	○	○	○	○	○	○
	오디오 가이드		○	○	○	○	○
전시물 뷰어 서비스	텍스트	○	○	○	○	○	○
	이미지	○	○	○	○	○	○
	동영상	△	○				○
	3D 뷰						
	AR					○	
	VR						
	태깅 (NFC, QR code, RFID)					○	
지도 서비스	길찾기: 네비게이션			○	○		
	길찾기: 지도	○	○	○	○		○
	길찾기: 위치 인식			○	○		
투어 서비스	투어 프로그램	○(2)	○(1)	○(6)	○(4)		○(6)
	버추얼 투어						
	개인화 투어			○	○		
검색 서비스	북마킹	○		○	○		○
	검색	○		○	○		○
공유 서비스	SNS	페이스북/ 트위터	페이스북	페이스북/ 트위터	페이스북/ 트위터		페이스북
엔터테 인먼트 서비스	게임			○		○	
	애니메이션					○	
관람 모형	연결 완전성이 내재한 관람 모형	△	△	○	△	△	○

표2 루브르박물관, 미국자연사박물관, 대영박물관, 아시아문명박물관, 영국의 국립미술관, 빌바오 구겐하임의 스마트 폰 애플리케이션의 서비스 구성 요소

그림4 루브르박물관, 빌바오 구겐하임, 대영박물관, 미국자연사박물관의 스마트 폰 애플리케이션이 제
공하는 상설 전시에 대한 스크린 샷

사용 방법에 대한 개념적 설명을 제공받았다. 또한 콘텐츠와 기능
측면 등에서 각각의 박물관 스마트 폰 애플리케이션에 대한 요약
결과가 모집단과 공유되는 과정이 종료된 후에 설문조사가 진행되
었으며, 설문 회수율은 46.0%(n=23)이었다.

앞의 **표2**는 루브르박물관, 미국자연사박물관, 대영박물관, 아
시아문명박물관, 영국의 국립미술관, 빌바오 구겐하임의 스마트 폰
애플리케이션의 서비스 구성 요소를 정리한 것이다. **표2**에서 보는
바와 같이 박물관 스마트 폰 애플리케이션에 탑재된 콘텐츠 범위는
대부분 상설 전시에 국한되었고, 아시아문명박물관은 기획 전시,
빌바오 구겐하임은 상설 전시와 기획 전시의 내용을 포함했다(그림
4). 거의 모든 스마트 폰 애플리케이션이 박물관에 대한 기본적인
정보와 이미지, 오디오와 텍스트를 제공한 반면, 고화질의 동영상
은 루브르박물관, 국립미술관, 빌바오 구겐하임의 애플리케이션에
서만 이용이 가능했다(그림5).

위치 인식 기술 기반의 네비게이션은 미국자연사박물관과 대

그림5 국립미술관과 루브르박물관이 제공하는 동영상 콘텐츠(스크린 샷)

영박물관의 스마트 폰 애플리케이션이 제공했으며(그림6), 지도 서비스는 아시아문명박물관을 제외한 모든 박물관이 제공했다. 투어 프로그램은 루브르박물관(2개), 국립미술관(1개), 대영박물관(4개), 미국자연사박물관(6개), 빌바오 구겐하임(6개) 등 아시아문명박물관을 제외한 모든 박물관이 제공했으며, 각각 Mark and Tour, My visit, My tours 등 개인화 기반의 투어 프로그램를 비롯, 가족 투어 프로그램 Family Tour나 어린이 투어 프로그램Kids Tour도 제공되었다.

투어 프로그램의 유형 측면에서는 빌바오 구겐하임이 가장

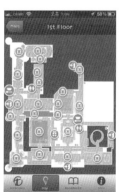

다양했지만, 내용 측면에서는 영화〈박물관은 살아있다Night at the museum〉의 스토리텔링을 활용한 투어 프로그램을 운영하고 있는 미국자연사박물관의 투어 프로

그림6 미국자연사박물관의 지도 및 네비게이션 스크린 샷

Rapa Nui (Easter Island) Moai Cast: Floor: 3rd Floor/ Exhibit Hall: Margaret Mead Hall of Pacific Peoples	Capuchin Monkey: Floor: 3rd Floor/ Exhibit Hall: Hall of Primates
American Bison and Pronghorn: Floor: 1st Floor / Exhibit Hall: Bernard Family Hall of North American Mammals	Tyrannosaurus rex: Floor: 4th Floor/ Exhibit Hall: Hall of Saurischian Dinosaurs
African Lions: Floor: 2nd Floor/ Exhibit Hall: Akeley Hall of African Mammals	The Dzanga–Sangha Rain Forest: Floor: 1st Floor/ Exhibit Hall: Hall of Biodiversity
Alaskan Moose: Floor: 1st Floor/ Exhibit Hall: Bernard Family Hall of North American Mammals	African Elephants: Floor: 2nd Floor/ Exhibit Hall: Akeley Hall of African Mammals
Black Rhinoceros: Floor: 2nd Floor/ Exhibit Hall: Akeley Hall of African Mammals	Mammoth: Floor: 4th Floor/ Exhibit Hall: Paul and Irma Milstein Hall of Advanced Mammals
Ostrich: Floor: 2nd Floor/ Exhibit Hall: Akeley Hall of African Mammals	Water Hole: Floor: 2nd Floor/ Exhibit Hall: Akeley Hall of African Mammals

표3 미국자연사박물관의 투어 프로그램 내용

그램이 좀 더 체계적인 특성을 지녔다(표3). 특히 미국자연사박물관 은 투어 프로그램과 함께 이를 위한 전용 지도를 함께 제공했으며, 루브르박물관과 빌바오구겐하임은 가족 투어 프로그램을, 국립미 술관은 어린이 투어 프로그램을 운영했다(그림7).

뒤의 **그림8**은 루브르박물관, 미국자연사박물관, 대영박물관, 아시아문명박물관, 영국의 국립미술관, 빌바오 구겐하임의 스마트 폰 애플리케이션의 사용성에 대한 종합 평가 결과를 도식적으로 표 현한 것으로서, 빌바오 구겐하임(42,51)의 사용성이 거의 모든 항목 에서 가장 높게 평가되었다. 그 다음으로는 미국자연사박물관(40,49) > 루브르박물관(35,33) > 국립미술관(28,89) > 아시아문명박물관 (27,32) > 대영박물관(27,31) 순으로 제시되었다.

그림7 루브르박물관의 대표 소장품 투어와 가족 투어 프로그램, 국립미술관의 어린이 투어 프로그램, 미국자연사박물관의 투어 프로그램 스크린 샷

뒤의 **그림9**는 정보 서비스 측면에서 총점을 비교한 결과이다. 사용자 평가의 종합 결과와 동일하게 빌바오 구겐하임(20.53) > 미국자연사박물관(19.04) > 루브르박물관(17.49))에 대한 만족도가 높게 평가되었다. 관람 정보 서비스의 경우(그림9), 대부분 박물관의 스마트 폰 애플리케이션이 유사한 특성을 지니고 있었지만, 다양한 투어 프로그램을 운영하는 빌바오 구겐하임과 미국자연사박물관의 스마트 폰 애플리케이션에 대한 만족도가 상대적으로 높게 나타났다. 이는 사용자가 향후 관람 시에 길찾기와 투어 프로그램을 통한 전시 동선 안내 등 관람 편의성에 대해 높은 가치를 두고 있다는 사실을 입증해준다. 특히 빌바오 구겐하임의 경우, 뒤의 **그림10**에서 보는 것처럼 사용성뿐만 아니라 대부분 관람 정보 서비스 부문에서도 높은 만족도를 획득했다. 실제로 사용자들은 기획 전시 및 박물관 건축물에 대한 포괄적인 정보 서비스와 글꼴 크기 조절 기능에 대해 매우 긍정적인 반응을 보였다.

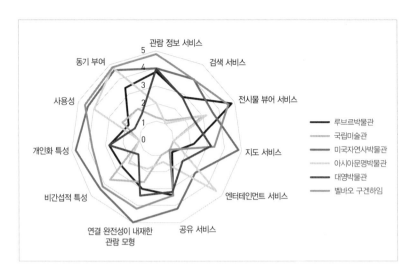

그림8 루브르박물관, 미국자연사박물관, 대영박물관, 아시아문명박물관, 영국의 국립미술관, 빌바오 구겐하임의 스마트 폰 애플리케이션에 대한 사용자 평가 결과

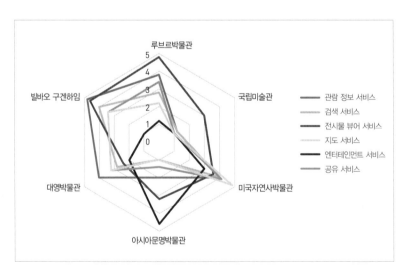

그림9 정보 서비스 측면에서 루브르박물관, 미국자연사박물관, 대영박물관, 아시아문명박물관, 영국의 국립미술관, 빌바오 구겐하임의 스마트 폰 애플리케이션에 대한 사용자 평가 결과

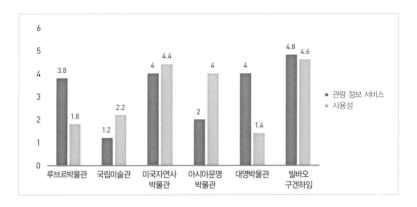

그림10 관람 정보 서비스 및 사용성에 대한 사용자 평가 비교

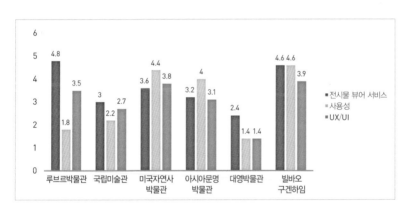

그림11 전시물 뷰어 서비스, 사용성, UX/UI에 대한 만족도 비교

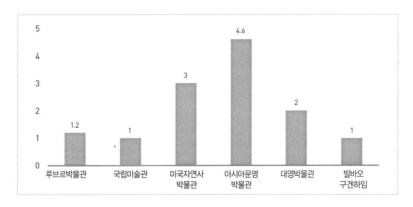

그림12 엔터테인먼트 특성에 대한 만족도 비교

전시물 뷰어 서비스의 한 가지 공통적인 특징은 모든 박물관 스마트 폰 애플리케이션이 3D 뷰 서비스를 제공하지 않았다는 것이다(그림11). 루브르박물관의 경우, 전시물 뷰어 서비스에 대한 만족도가 가장 높게 평가된 반면, AR과 QR 코드를 활용해서 재미 요소가 내재된 아시아문명박물관과 보물찾기treasure hunts 게임을 제공한 미국자연사박물관이 엔터테인먼트서비스에서 높은 만족도를 획득했다(그림10). 이러한 결과는 엔터테인먼트적 요소가 관람에 대해 색다른 경험과 기대감을 갖게 했기 때문이다(그림12&13).

국립미술관의 경우, 메인 화면 메뉴에서 'insight' 기능을 추가, 다양한 감성적 주제어를 검색어로 사용해서 작품에 대한 오디오 및 동영상을 이용할 수 있었다. 이 기능은 검색 서비스와 전시물 뷰어 서비스가 결합된 것으로서, 국립미술관은 이 기능에 힘입어 루브르

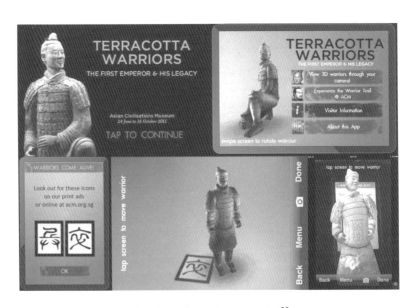

그림13 아시아문명박물관의 게임, 애니메이션, AR, QR 코드 스크린 샷[23]

박물관에 비해 정보 서비스 측면에서는 만족도가 낮게 평가된 반면 사용성은 높게 평가되었다. 한편 대영박물관의 경우, 위키피디아와 연동된 검색 기능을 포함해서 타 박물관에 비해 비교적 풍부하고 깊이 있는 정보를 제공했지만, 이미지가 썸네일 형태로 제공되었고, 거

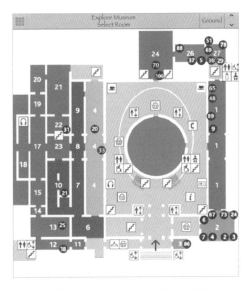

그림14 대영박물관 지도 및 투어 프로그램 스크린 샷

의 모든 메뉴가 작은 숫자로 표기됨에 따라 전시물 뷰어 서비스에 대한 만족도가 낮게 평가되었다. 이로 인해 사용성에 대한 만족도가 가장 낮았고, 가독성 개선 및 정보량의 조절에 대한 문제가 제기되었다(그림14).

지도와 투어 프로그램의 경우, 사용자들은 다양한 투어 프로그램을 이용할 수 있는 애플리케이션을 선호했다. 이는 스토리텔링이나 사용자 개인의 전시물에 대한 관심과 관람 경험에 대한 욕구를 반영할 수 있는 투어 프로그램이 제공될 때 사용자 만족도가 상승된다는 것을 의미한다. 대영박물관의 경우, 앞서 지적했던 지도의 복잡함과 가독성 문제로 인해 구겐하임 빌바오와 미국자연사박물관에 비해 만족도가 낮게 평가되었으며(그림15), 사용자 친화적인 인터페이스로 개선되어야 한다는 의견이 지배적이었다.

그림16은 박물관 스마트 폰 애플리케이션의 기타 특성에 대한

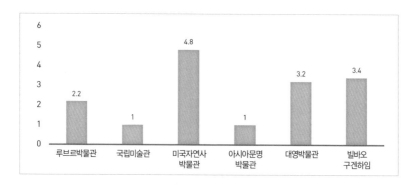

그림15 지도 서비스에 대한 만족도 비교

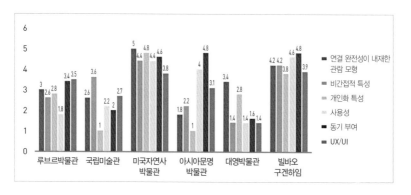

그림16 특성에 대한 사용자 평가 결과 비교

평가 결과를 보여주고 있다. 연결 완전성이 내재한 관람 모형에 적합한 스마트 폰 애플리케이션은 북마킹과 SNS 기능을 모두 갖춘 미국자연사박물관과 루브르박물관이었고, 북마킹 기능이 투어 프로그램에 포함되었던 빌바오 구겐하임도 적합성이 뛰어난 것으로 평가되었다. UX/UI 측면에서는 스마트 폰 애플리케이션의 직관성이 탁월했던 빌바오 구겐하임과 미국자연사박물관에 이어 전시물 뷰어 서비스에서 가장 높은 점수를 받았던 루브르박물관에 대한 만족도가 높게 평가되어 전시물 뷰어 서비스와 UX/UI는 유의미한 상

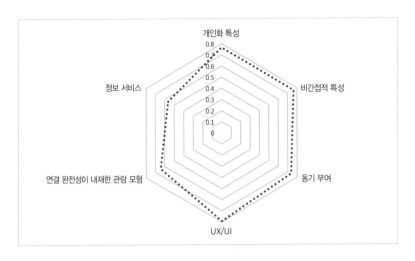

그림17 사용성과 정보 서비스, 연결 완전성이 내재한 관람 모형, 비간섭적 특성, 개인화 특성, UX/UI,
동기 부여와의 상관관계

관관계에 놓여있다는 사실이 확인되었다.

　사용성과 UX/UI 측면에서 높은 점수를 획득한 빌바오 구겐
하임과 미국자연사박물관은 비간섭적 특성과 개인화 특성에 대한
적합성이 탁월했을 뿐만 아니라 해당 박물관의 방문에 대한 동기
및 관람 시 스마트 폰 애플리케이션의 사용에 대한 욕구가 촉진되
었다. 또한 미국자연사박물관과 아시아문명박물관의 스마트 폰 애
플리케이션에 내재된 엔터테인먼트 요인들도 관람에 대한 내적 동
기 및 관람 경험에 대한 기대 상승에 긍정적인 영향력을 미쳤다.

　그림17은 사용성과 박물관 스마트 폰 애플리케이션의 특성과
의 상관관계를 검증한 것이다. 개인화적 특성(0.766) > 비간섭적 특
성(0.763) > 동기 부여(0.734) > UX/UI(0.701) > 연결 완전성이 내재한
관람 모형(0.643) > 정보 서비스(0.564) 등 모든 요인이 사용성과 유의
미한 관계에 있었다. 특히 본 연구에서는 비간섭적 특성과 개인화

적 특성의 사용성에 미친 영향력이 다른 요인에 비해 다소 높게 나타났다.

상기 평가연구를 통해 박물관 스마트 폰 애플리케이션은 관람 전 단계에서 관람에 대한 동기와 기대가 상승시키고, 관람 시에는 관람 경험 증진, 그리고 관람 후에는 관람 경험 공유 및 상기에 대한 가능성이 입증되었다. 또한 이 평가연구를 통해 도출된 주요 시사점은 박물관 스마트 폰 애플리케이션에 대한 만족도는 하드웨어나 기술의 적용보다는 콘텐츠와 관람객 사이에서 발생하는 인터랙션에 따라 좌우된다는 것이다. 특히 콘텐츠와 관련된 정보 서비스에 대한 만족도는 사용자 평가의 종합적인 만족도에 유의미하게 작용했지만, 나머지 5개의 특성에 비해 사용성에 미친 영향력이 상대적으로 미약했다.

연구 결과를 종합해보면, 6개의 박물관 스마트 폰 애플리케이션 가운데 빌바오 구겐하임과 미국자연사박물관은 정보 서비스와 사용성을 비롯한 다른 기능적 특성에서도 그 적합성과 만족도가 가장 높게 평가되었다. UX/UI 측면에서는 사용자 친화적이며 직관성이 강화된 애플리케이션에 대한 선호도가 높았으며, 개인화 기반의 관람 경험을 형성 및 확장하는 데 필요한 북마킹과 SNS 등에 대한 욕구도 높게 나타났다. 이러한 결과는 박물관과 스마트 폰 애플리케이션이 정보 서비스와 함께 기능적 특성이 사용자의 관심과 욕구를 반영할 수 있도록 직관적으로 설계되고 디자인될 때 사용성이 높아진다는 것을 의미한다.

한 가지 흥미로운 사실은 사용자 평가에 참여한 모집단은 엔터테인먼트적 요소보다 북마킹과 공유 서비스 등에 대한 관심과 욕구가 매우 높았다는 것이다. 이는 사용자가 자신의 관심을 표현하고 이를 관람에 반영할 수 있고 더 나아가 관람 기록을 남기거나 공유할 수 있는 감성적 인터페이스affective interface와 기능적 특성을 선호한다는 사실을 입증한다. 또한 비간섭적 특성과 함께 개인화적 특성이 다른 요인에 비해 사용성과의 상관관계가 더 높게 나타난 것도 동일한 맥락에서 이해할 수 있다. 특히 웹사이트, 키오스크, 오디오 가이드, 멀티미디어 가이드 등에서 오랫동안 사용되었던 북마킹은 박물관의 공간적 제약성을 뛰어넘어 관람 전후로 관람 경험을 확장시켜 스마트 폰 애플리케이션을 통해 연결 완전성이 내재한 관람 모형을 구현하기 위해 필수적으로 요구되는 기능에 해당된다. 또한 이 기능은 전시물과 관람객의 인터랙션, 전시물에 대한 관심 표현, 타인과의 정보 공유, 박물관과 관람객간의 관계성 강화, 관람객의 학습에 대한 내적 동기를 지원하는 도구로 사용되었다.[24]

본 평가에서 도출된 사용자 평가 결과를 앱 스토어 리뷰 평점과 비교하고자 시도했다. 그러나 평가 방법이 본질적으로 상이할뿐 아니라 루브르박물관과 국립미술관을 제외한 나머지 박물관 애플리케이션에 대해서는 리뷰 평가와 평점이 제공되지 않아 평점간의 편차 비교가 불가능했다. 또한 본 연구에서 정보 서비스에 대한 평가의 경우, 정보량, 가독성, 난이도 등에 대한 세부 정보에 대한 평가가 이루어지지 못했으며, 관람 전 사용자 평가의 한계로 인해 위치 인식 기술의 가상 공간(정보)과 물리적 공간(전시물)의 연계성, 실제 전시실에서의 스마트 폰 애플리케이션의 이용 시간과 이용 방법, 투어 프로그램에 대한 이용 만족도, 관람 경험의 공유 방식, 특정 목적을 지향한 검색 서비스 이용 등의 항목에 대해서는 측정이 이루어지지 못한 점이 연구의 한계점이라 할 수 있다.

02

삼성미술관 리움의
모바일 가이드에 대한
평가연구

2004년 개관과 함께, 삼성미술관 리움은 디지털 해석 매체s-Guide를 사용하기 시작했다. 리움은 개관 10주년을 맞아 2013년에 삼성 갤럭시 노트 II를 활용, 삼성전자와의 협력하에 NFC 기술 기반의 새로운 모바일 가이드의 개발에 착수했다. 이 모바일 가이드는 기능과 디자인 측면에서 우수하다는 평가를 받고 있는데, 특히 하이라이트 투어는 리움의 대표 소장품에 대한 풍부한 정보, 음성 서비스와 함께 650개의 이미지 및 360도 뷰를 관람객에게 제공한다.

　삼성미술관 리움은 관람객들을 대상으로 디지털 가이드(똑또기)에 대한 설문조사와 인터뷰를 실시했다. 그 결과, 디지털 가이드에 대한 인지율이 낮고(42.0%), 이를 알고 있는 경우에도 동반 관람객과의 커뮤니케이션을 이유로 대여하지 않는 경우가 많다는 사실이 확인되었다. 또한 비사용자 그룹을 대상으로 한 인터뷰를 통해 디지털 가이드 사전 인지 여부를 조사한 결과, 80.0% 이상의 응답자가 리움

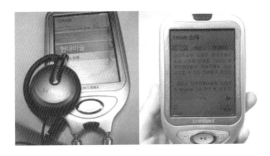

그림18 삼성미술관 리움의 디지털 가이드 형태[25]

그림19 삼성미술관 리움 디지털 가이드 똑또기 스크린 샷

을 방문하기 전까지 디지털 가이드 제공에 대해 인지하지 못한 것을 알게 되었다. 그중 과반수 이상은 인터뷰 시점까지도 디지털 가이드가 제공된다는 사실을 알지 못했고, 나머지 과반수는 다른 관람객이 디지털 가이드를 사용하는 것을 보고 나서야 인지하게 되었다.

80.0% 이상의 응답자가 디지털 가이드를 사용하기를 원하지 않았는데, 80.0% 가운데 70%(56%)의 응답자는 동반 관람객과의 커뮤니케이션을, 그리고 나머지 30.0%(24%)는 자유 관람을 그 이유로 제시했다. 디지털 가이드에 대한 인식 부족은 실제로 리움 홈페이

그림20 디지털 가이드 홍보를 위한 설치 위치(Museum 1 입구, Museum 2 입구, 엘리베이터 모니터 설치), 로비 (샘플 부스와 연계), 리움 카페(샘플 부스와 연계)

지와 박물관 내부에서의 홍보 부족에 기인했으므로, 로비에 디지털 가이드 샘플 데스크나 엘리베이터 모니터를 설치해서 홍보하거나 전시실과 카페 입구, 티켓 부스 옆에 샘플 부스를 설치하여 대여 이 전에 실물을 직접 볼 수 있게 하는 방안이 고려되었다(그림20).

2012년, 필자와 연구팀은 디지털 가이드(똑또기) 사용자 15명 (20대: 10명, 30대: 3명, 40대: 2명)을 모집단으로 구성해서 두 차례에 걸쳐 사용자 행태에 대한 관찰과 인터뷰를 실행했다. 모집단 가운데 67.0%(n=10)는 사전 사용 경험은 없었지만, 디지털 가이드에 대해 인지했으며, 사용 동기 측면에서 전시물에 대한 추가 정보 습득 (53.0%)과 타인의 권유(27.0%)가 높은 비율을 차지했다(그림21).

디지털 가이드의 사용에 대한 전반적인 만족도는 53.0%였으 며, 디지털 가이드의 정보 서비스에 대한 만족도에서 모집단 가운데 87.0%는 관람 정보 서비스, 13.0%는 전시물 뷰어 서비스에 대해 만 족했다. 반면 불만족한 정보 서비스에 대해서는 다양한 요구 사항이 인터뷰를 통해 제시되었는데, 모집단의 33.0%는 개인화 서비스, 20.0%는 공유 서비스, 엔터테인먼트 서비스와 검색 서비스에 대해 서는 각각 13.0%가 개선에 대한 필요성을 제기했다(그림22). 특히 기

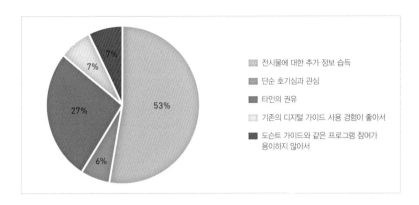

그림21 디지털 가이드 사용 동기

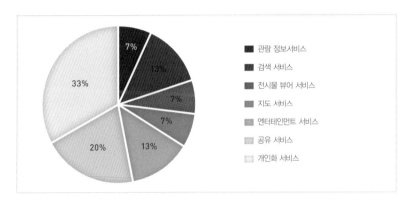

그림22 디지털 가이드의 불만족한 정보 서비스

록 및 공유 서비스의 경우, 모집단의 87.0%는 관람 경험의 기록 및 공유 서비스에 대한 필요성을 강하게 피력했으며, 이들 가운데 70.0%는 SNS, 13.0%는 블로그, 각각 7.0%는 전자 메일과 SMS를 통해 관람 경험을 공유하기를 원했다. 한편 인터뷰 참여자들의 지도 서비스에 대한 필요성은 매우 낮게 제시되었는데, 그 이유는 삼성미술관 리움의 규모가 적고 전시 동선이 복잡하지 않기 때문이었다.

인터뷰 결과, 전반적으로 모집단의 디지털 가이드 사용 시간

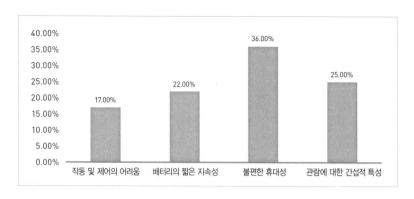

그림23 디지털 가이드의 사용성에 대한 문제점

은 관람 시간에 비례한다는 사실이 확인되었다. 하지만 디지털 가이드 사용성이 낮다고 평가한 경우, 전체 관람 시간은 60분을 초과했지만 디지털 가이드의 사용 시간은 10분 미만에 머물렀다. 이는 디지털 가이드의 불편한 휴대성이 관람에 방해 요인으로 작용했기 때문이다(그림23).

관찰을 통해 인터뷰에 참여한 디지털 가이드 사용자 집단과 비사용자 집단간의 관람 행태를 비교·분석한 결과, 관람 초반에는 전자가 이용한 전시물의 수나 평균 관람 시간이 후자에 비해 양적으로 우세하다는 사실이 확인되었다. 하지만 관람 시간이 경과하면서 디지털 가이드 사용자 집단이 이용한 전시물의 수와 관람 시간은 점차 감소했다. 뿐만 아니라 관람 후반부에는 디지털 가이드 사용자 집단이 디지털 가이드 비사용자보다 빠른 속도로 관람을 진행했으며, 비사용자 집단이 관람한 전시물의 수보다도 적은 수의 전시물을 관람했기 때문에, 결과적으로 두 집단간 관람 시간이나 전시물의 수에는 편차가 거의 발생하지 않았다.

인터뷰를 통해 이러한 현상의 원인을 파악한 결과, 관람 초반에는 전시물에 대한 정보에 집중할 수 있었으나, 디지털 가이드가 모든 전시물에 대해 정보를 제공해주었기 때문에 박물관 피로감이 누적되었고, 이와 함께 전시물에 대한 관심이나 정보 욕구, 그리고 전시물에 대한 주의 집중도도 저하되었다는 것을 알 수 있었다. 디지털 가이드를 사용자 집단 가운데 67.0%는 디지털 가이드가 관람객 사용 행태를 기반으로 UX/ UI가 디자인되지 않았기 때문에 직관성이 낮다는 점을 지적했으며, 디지털 가이드의 사용성 측면에서는 불편한 휴대성이 가장 높은 비율을 차지했다. 뒤의 **표4**는 관찰과 인터뷰를 기반으로 도출한 디지털 가이드에 대한 개선 항목 및 개선 방향이며, **표5**에서 **표11**까지는 디지털 가이드의 관람 정보 서비스에 대한 문제점 및 개선 방안에 대한 구체적인 내용을 담고 있다.

개선 항목	개선 방향
오디오 가이드의 형태	– 작품 설명과 지시를 통해 관람객들의 주의 집중도를 높이는 도슨트 투어와 유사한 방식으로, 작품 설명에 이어 오디오의 지시에 따라 자연스럽게 미디어 콘텐츠 사용으로 안내되는 형태의 오디오 콘텐츠 개발에 대한 필요성 제기
콘텐츠 유형 선택	– 콘텐츠 유형을 직관적으로 확인할 수 있는 아이콘 형태의 선택 버튼 제공
상세 정보	– 정보 욕구가 높은 관람객의 경우, 오디오 콘텐츠와 미디어 콘텐츠 이용 후 상세 정보를 선택하여 추가적인 정보 습득이 가능하도록 조정
정보량	– 전시물 정보를 정보량에 따라 기본 정보(label: 이미지＋100자 미만), 간략 정보 (brief information: 이미지＋200자 미만), 상세 정보(detailed information: 이미지＋2페이지 미만)로 구분해서 제공
가독성	– 화면 하단에 위치한 상세 정보의 경우, 작품 배경, 작가, 작품 설명 등 주제별로 분류하여 접이식 메뉴로 표시. 사용자가 특정 메뉴를 선택할 경우, 이에 해당하는 오디오 가이드 재생 – 상세 정보에는 현재 재생 중인 전시물과 연관된 작품을 썸네일로 표시하고, 썸네일을 선택하면 해당 작품으로 이동. – head–up 효과(전시물에 집중)와 head–down 효과(디지털 가이드가 제공하는 정보에 집중)를 조절하기 위해 주석 정보에 대한 오디오 서비스 제공
콘텐츠 유형 선택	– 인디케이터 구조를 기능을 식별할 수 있는 아이콘 구조(아이콘＋기능명, 텍스트 버튼 등)로 변경. 플리킹Flicking 방식은 이미지 콘텐츠에 국한해서 적용
오디오 컨트롤	– 오디오 가이드의 진행 상태 메뉴에 바(bar)형 핸들 추가 – 0.5배 단위로 오디오 재생 속도를 제어할 수 있는 버튼을 추가
네비게이션	– 지도에서 화살표를 통해 미술관 내 동선 표시
위치 인식	– 작품 설명 아래에 작품의 위치를 표시하는 지도 삽입
투어 프로그램	– 관람객의 개인적 특성에 따라 선택할 수 있는 6가지의 관람 투어 프로그램 운영
공유 서비스	– 리움 홈페이지와의 연동을 통해 사용자가 투어 프로그램을 선택적으로 생성 – 사용자가 선택한 작품은 SNS, E–mail, SMS를 통해 다른 사용자와 공유
검색 서비스	– 작품 번호뿐만 아니라 작품명 및 작가명으로 검색 가능한 키워드 기반 검색을 제공하여 검색 서비스 사용성 증진
폰트 크기 조정	– 폰트 크기 조절을 통해 가독성 향상

표4 리움 디지털 가이드에 대한 개선 항목 및 개선 방향

관람 정보 서비스(1) 정보량 및 가독성	
기존 방식	**개선 방법**
– 전시물에 대한 기본 정보와 상세 정보 모두 타 박물관 애플리케이션에 비해 정보량이 많음(단, 음성 정보 내용은 요약되어 있음). 정보량뿐만 아니라 정보의 주제별 분류가 되어 있지 않아서, 관람객이 원하는 정보를 선택해서 확인할 수 없음	– 전시물에 대한 정보는 이미지와 함께 기본 정보 label, 간략 정보 brief information, 상세 정보 detailed information로 분류해서 제공함 – 기본 정보(이미지+4줄 분량의 정보) 및 간략 정보(이미지+15줄 미만 분량의 정보)는 이미지와 함께 제공함 – 상세 정보(이미지+2 page 분량의 정보)는 주제별로 분류하여 접이식 메뉴로 표시함 – 관련 작품의 썸네일을 하단에 표시 – 관람 정보의 정보량 조절 및 가독성 향상을 위해 전시물 정보의 배치 형태에 따른 3가지의 개선안을 제시함

개선방안 1:	개선방안 2:	개선방안 3:
– 기본 정보 – 상세 정보를 요약한 간략 정보 제공(최대 4줄). 오디오 가이드 제공 – 추가 정보를 원하는 사용자는 하단의 상세 정보를 탭해서 이용	– 기본 정보 – 추가 정보를 원하는 사용자는 하단의 상세 정보를 탭해서 이용 – 오디오 가이드로 간략 정보 제공	– 상세 정보는 주제별로 분류하여 접이식 메뉴로 표시 – 관련 작품의 썸네일을 하단에 표시 – 오디오 가이드는 접이식 메뉴가 펼쳐질 때마다 재생

표5 리움 디지털 가이드의 관람 정보 서비스에 대한 문제점 및 개선 방법

정보 뷰어 서비스(1) 콘텐츠 유형 선택

기존 방식	개선 방법
– 미디어 콘텐츠 영역의 좌우 이동을 통해 콘텐츠 유형이 전환되는 인디케이터 구조임 – 사용자가 인디케이터 형태의 좌우에 다른 컨텐츠의 유형이 있을 것이라고 예상하기 어려움 – 작품마다 어떤 유형의 콘텐츠가 제공되는지 확인하기 어려움	– 전시물의 콘텐츠 유형을 식별할 수 있도록 아이콘 구조로 변경함(아이콘+기능명, 텍스트 버튼 등) – 콘텐츠 유형 선택 또한 flicking 형식이 아닌 아이콘 터치 형식으로 변경함(Flicking 방식은 이미지 콘텐츠에만 적용시킴) – 설명 스크롤 시 아이콘 부분을 유지시켜 미디어 콘텐츠 전환이 가능하도록 함

표6 디지털 가이드의 정보 뷰어 서비스(콘텐츠 유형 선택)에 대한 문제점 및 개선 방법

정보 뷰어 서비스(2) 오디오 컨트롤

기존 방식	개선 방법
– 오디오 안내가 시작되면 '멈추기'와 '다시 재생'만 가능할 뿐 '뒤로 가기', '앞으로 가기' 등의 조작은 불가능함 – 하단의 바를 통해 오디오 진행 위치가 표시됨	– 오디오 가이드의 진행 상태 메뉴에 바형 핸들을 추가함 – 0.5배 단위로 느리게/빠르게 재생하는 버튼을 추가하여 오디오 재생 속도를 제어할 수 있도록 함 – 조정된 속도는 이후 재생되는 모든 오디오에 계속해서 적용되도록 프로그래밍이 필요함

표7 디지털 가이드의 정보 뷰어 서비스(오디오 컨트롤)에 대한 문제점 및 개선 방법

지도 서비스(1) 네비게이션	
기존 방식	개선 방법
– 박물관마다 동선이 정해져 있고, 동선을 안내하는 화살표나 직원의 안내가 있으나 디지털 가이드의 지도에서는 동선을 알 수 없음. 특히 현대미술관의 경우 동선이 복잡하여 지도에서 동선 안내가 필요함	– 입구와 출구를 다른 색으로 표현하여 구분할 필요성이 제기됨. IR 센서를 이용해 관람한 작품의 경우 화살표를 자동으로 지우는 방식으로 동선 안내를 효율적으로 제공함 – 관람객의 현재 위치를 파악하여 고미술관 관람 완료 후 현대미술관으로 안내하거나 현대미술관 관람 완료 후 로비의 작품 안내 및 디지털 가이드 반납 장소 안내 등의 추가적인 음성 및 지도 서비스 제공이 필요함
	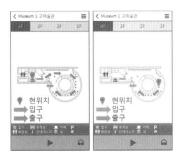
– 투어 프로그램(상설전 하이라이트)의 경우 작품 간의 간격이 넓기 때문에 지도 네비게이션의 역할이 중요함. 다음 작품에 대한 동선 안내가 없음	– 투어 프로그램의 지도에서는 화살표를 통한 동선 안내가 필요함 – 일반 지도는 모든 작품을 대상으로 하고 입구와 출구 위주로 구성되어 있다면, 투어 프로그램의 네비게이션은 작품 위주의 형태를 띠고 있어야 함 – 다음 작품으로 이동하는 동안 상설전 하이라이트에 등록되지 않은 작품의 IR 센서는 읽지 않음

표8 디지털 가이드의 지도 서비스(네비게이션)에 대한 문제점 및 개선 방법

지도 서비스(2) 위치 확인 기능	
기존 방식	**개선 방법**
- 작품의 위치를 알기 위해서는 지도에 들어가야 함	- 작품 설명 아래에 지도를 삽입하여 관람객이 작품의 위치를 쉽게 알 수 있도록 함 - 지도에 포함되어야 할 내용: 지도, 작품이 위치한 층, 위치

표9 디지털 가이드의 지도 서비스(위치 확인 기능)에 대한 문제점 및 개선 방법

지도 서비스(2) 위치 확인 기능	
기존 방식	**개선 방법**
- 상설전 하이라이트 투어만을 제공하여 관람객의 투어 선택의 폭이 없음 - 리움은 타 박물관보다 규모는 작지만, 시대와 유형 측면에서 다양성이 내재되어 있음 - 리움은 학생들과 교사들을 대상으로 풍부한 교육 프로그램을 제공하고 있음. 교육 프로그램을 디지털 가이드와 연계함으로써 디지털 가이드 이용의 활성화 및 교육 프로그램의 내실화를 도모할 수 있음(시간표, 교육 자료 등)	- 다양한 작품이 전시된 리움은 투어 프로그램을 6가지로 제공하여 고루 관람할 수 있게 하고, 교육 프로그램과 연계하는 투어 프로그램을 제공할 필요가 있음 - 고미술 투어와 현대미술 투어를 분리하여, 관람객의 취향에 맞는 작품 관람 투어 프로그램을 제공함

표10 디지털 가이드의 지도 서비스(투어 프로그램)에 대한 문제점 및 개선 방법

검색 서비스	
기존 방식	개선 방법
– 작품 번호를 통한 검색만 가능함 – 작품 번호를 외우거나 작품 번호를 확인할 수 있는 관람 위치에 있는 경우에만 작품을 검색 할 수 있음	– 작품 번호 대신 작품명/작가명 등을 통해 작품 검 색이 가능하도록 텍스트 기반의 키워드 검색 및 전시관별 검색 기능을 제공함

표11 디지털 가이드의 검색 서비스에 대한 문제점 및 개선 방법

2013년 필자는 연구팀과 함께 새롭게 개발된 모바일 가이드의 사용성에 대한 총괄평가를 삼성미술관 리움에서 실행했다. 이 평가연구에는 20대의 관람객 57명이 모집단으로 참여했으며, 설문조사에는 사용성과 관련된 30개의 평가 항목이 포함되었다. 설문조사가 실행되기 전, 연구팀은 모집단을 대상으로 스마트 폰 애플리케이션의 사용을 유도하기 위한 목적으로 오리엔테이션 세션을 제공했는데, 50.9%는 박물관 스마트 폰 애플리케이션에 대한 이용 경험을 갖고 있었으며, 35.1%는 전시물 근처에 부착된 레이블이나 패널 등 텍스트 기반의 해석 매체보다 모바일 기반의 해석 매체를 선호했다. 오리엔테이션 이후, 모집단에게 관람 티켓과 모바일 가이드가 제공되었고, 관람을 마친 뒤 출구조사의 형태로 설문조사가 진행되었다.

그림24 리움 모바일 가이드 외형[26]

그림25 리움 모바일 가이드 스크린 샷[27]

삼성미술관 리움의 설문조사 결과를 살펴보면, 관람 만족도는 73.2%(만족: 57.1%, 매우 만족: 16.1%)로 상대적으로 매우 높았다. 만족한다고 응답한 참여자들의 관람 욕구를 충족시켜 주었고, 이러한 경험으로 인지적, 감성적인 의미 생성이 이루어졌다. 미술관 체류 시간의 경우, 모집단의 93.0%는 30분 이상 미술관에 체류했으며(그림26), 77.3%는 1분 이상 각각의 전시물 앞에서(그림27), 78.6%는 40분 이상의 전시물 관람 시간을 소요했다(그림28).

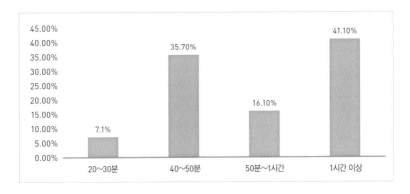

그림26 삼성미술관 리움에서의 체류 시간

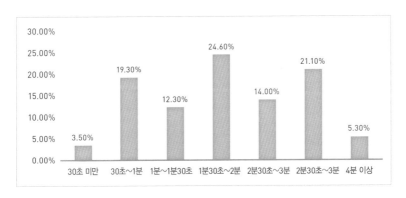

그림27 삼성미술관 리움에서의 각 전시물 앞에서의 관람 시간

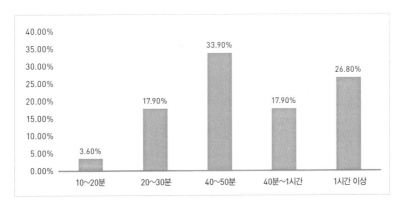

그림28 삼성미술관 리움에서의 전시물 관람 시간

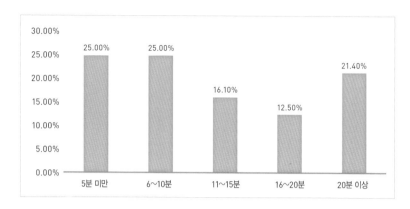

그림29 스마트 폰 애플리케이션 사용 시간

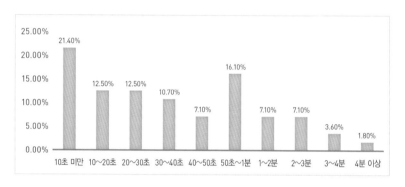

그림30 개별 전시물에 대한 스마트 폰 애플리케이션 사용 시간

　　모집단의 과반수는 관람할 때에 10분 이상 스마트 폰 애플리
케이션을 사용했으며(그림29), 평균 관람 시간의 절반에 해당하는 20
분 이상 스마트 폰 애플리케이션을 사용한 설문 응답자는 21.4%를
차지했다. 또한 모집단의 80.3%는 각각의 전시물 앞에서 1분 미만
으로 스마트 폰 애플리케이션을 사용했다(그림30).

　　모집단의 과반수 이상(59.6%)은 10개 미만의 전시물에서 스마
트 폰 애플리케이션을 이용했으며, 모집단의 21.0%는 20개 이상의

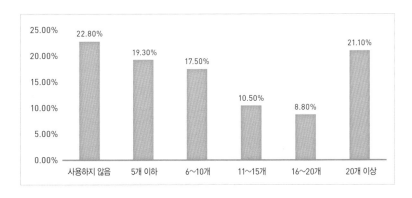

그림31 스마트 폰 애플리케이션으로 사용한 전시물의 수

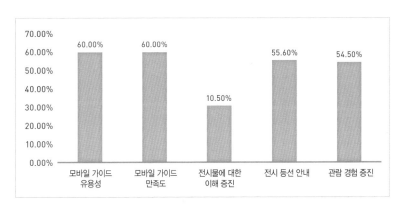

그림32 스마트 폰 애플리케이션의 유용성

전시물에서 적극적으로 스마트 폰 애플리케이션을 활용했다(그림31). 하지만 오리엔테이션 세션을 통해 스마트 폰 애플리케이션 사용이 필수적으로 요구된다는 사실을 인지했음에도 불구하고, 22.8%의 응답자는 스마트 폰 애플리케이션을 사용하지 않았다.

전반적인 관람 경험 증진(그림32)에 보다 유용했던 스마트 폰 애플리케이션에 대한 만족도와 유용성은 각각 60.0%이었으며, 40.8%는 재방문시 모바일 가이드를 사용하겠다는 의지를 밝혔다.

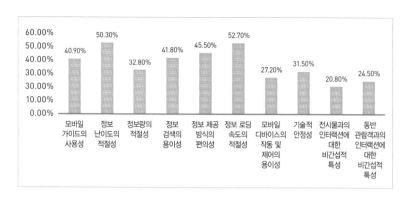

그림33 스마트 폰 애플리케이션 사용성

모바일 가이드의 사용성의 경우, 정보 난이도의 적절성과 정보 로딩 속도의 적절성에 대해서는 모집단의 과반수가 동의했으나, 전시물과의 인터랙션(20.8%) 및 동반 관람객과의 대화에 대한 비간섭적 특성(24.5%)은 상대적으로 낮게 평가되었다(그림33). 이러한 특성으로 인해 스마트 폰 애플리케이션을 사용 즉시 중단했다는 응답자가 35.2%를 차지했다.

2

MUSEUM TECHNOLOGY

테크놀로지와
예술작품의 재매개

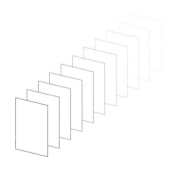

01

디지털 전시의
모션 그래픽 효과에 대한
평가

'전시물'에서 '관람객'으로, 그리고 '사물 기반 인식론object-based epistemology'에서 '사물 기반 담론object-based discourse'으로 박물관의 관심을 이동시킨 신박물관학은 전시물의 가치 체계와 범위에 변화를 가져왔다.[1] 지난 수세기 동안 관람 경험의 증진과 관람객 개발을 위해 테크놀로지는 전시를 비롯한 박물관의 다양한 활동에 적용되어 왔다. 2006년을 기점으로 대부분의 박물관이 상호작용, 몰입, 참여 등을 유도하는 스마트 디바이스의 컴퓨팅 능력에 주목했고, 디지털 테크놀로지의 발전 및 확산은 'Museum 2.0' 시대를 가속화시켰다.

특히 산업 및 기술 분야를 비롯, 미적 경험을 포함한 문화 영역으로 그 영향력이 확대된 디지털 테크놀로지는 소장품 관리 및 복원, 체험형 전시 미디어의 개발, 모바일 해석 매체의 개발 및 보급 등 전 분야에 적용되고 있다. 또한 디지털 테크놀로지는 상호작용 기반의 체험 및 참여형 전시 미디어의 활용을 촉진시켰다. 특히 디지털 기술의 박물관에 대한 영향력은 전시물에 국한되지 않고 관람객으로 확장되면서 관람객과 전시물과의 상호작용 방식 및 전시 수용 태도에 영향을 미쳤다. 예컨대, 전통적인 예술작품 중심의 전시에서 보였던 관람객의 관조적 태도는 참여 및 체험 기반의 능동적 태도로 변화되었다. 이러한 변화는 원본성, 진정성, 실제성 등에 의거하던 '증거물로서의 전시물'을 '체험을 유발하는 전시물'로 전환시켰으며, 이에 따라 전시물에 대한 객관적·인지적 의미보다 관람객이 느끼는 주관적 감정과 느낌에 대한 중요성이 더욱 높아졌다. 즉, 의미 생성과 관람 경험의 증진이라는 관점에서 새롭게 그 가치를 평가받는 계기를 마련한 것이다. 그동안 학습 매체로 활용되던 복제 전시물이나 재현 전시물에 대한 중요성이 새롭게 조명되며, 원작과 병치 또는 독자적 전시물로 활용되고 있는 것도 이러한 맥락에서 이해할 수 있다.

최근 디지털 이미지와 뉴 미디어 테크놀로지를 결합한 디지털 전시 미디어의 활용이 확대되면서 원작을 재매개한 디지털 전시가 새로운 융합 콘텐츠로서 국내·외 전시 시장을 주도하고 있다. 명화 기반의 디지털 전시는 예술작품 원작으로 구성된 전시와는 달리 공간적 제약을 극복하며, 원작에 대한 접근 이용성을 확장한다. 또한 프로젝션 맵핑과 모션 그래픽 등의 기술로 구현된 영상과 이미지가 대형 스크린에 투사됨으로써, 원작에서 간과했던 조형적 요소를 보다 깊게 탐구할 수 있는 기회를 제공한다. 해외의 경우, 컬처스페이스CultureSpaces가 제작한 〈Klimt and Vienna, a Century of Gold and Colours, 2014〉와 〈Michelangelo, Leonardo da Vinci, Raphael. Giants of the Renaissance, 2015〉 등이 대표 사례에 해당한다. 글로벌 순회 전시를 통해 디지털 전시를 확산시키고 있는 Grand Exhibition

그림34 〈반 고흐 10년의 기록展(2014)〉, 〈헤세와 그림들展(2015)〉, 〈모네, 빛을 그리다展(2015~2016)〉,
〈반 고흐 인사이드: 빛과 음악의 축제(2016)〉 전시 포스터[2]

의 〈The Leonardo da Vinci Exhibition Collection〉의 경우, 세계 57개
도시에서 800만 명 이상의 관람객 유입이 이루어졌다.

명화 기반의 디지털 전시는 국내 시장에서도 최근 3년 동안
괄목할 만한 성장을 이루고 있다. 예컨대, 〈반 고흐 10년의 기록展
(2014)〉, 〈헤세와 그림들展(2015)〉, 〈모네, 빛을 그리다展(2015~2016)〉,
〈반 고흐 인사이드: 빛과 음악의 축제(2016)〉, 〈헬로 아티스트展
(2016)〉, 〈미켈란젤로(2016)〉, 〈태양의 화가, 반 고흐展(2016)〉 등은 각
각 약 20만 명 이상의 높은 집객 효과를 거두었다. 올해 개최되었던
〈모네, 빛을 그리다展 II(2017)〉, 〈클림트 인사이드(2017)〉를 비롯, 예
술과 기술의 융합 콘텐츠인 명화와 프로젝션 맵핑 기반의 디지털
전시는 향후 전시 산업에서 디지털 전시의 더욱 다양한 형태로 발
전되며 기술적 구현력도 더욱 정교해질 것으로 전망되고 있다.

디지털 전시란 관람객과의 상호작용을 최대화하기 위해 명확
한 주제와 테마를 효과적으로 나타낼 수 있도록 멀티미디어를 사용
하는 전시를 의미한다.[3] "아날로그 예술작품과 디지털 복제 예술작
품의 공존한 상황을 두 가지 상반된 피부들(평면들, 그림들, 이미지들)이

만나는 곳에 현재 우리가 서 있다"라고 역설한 빌렘 플루서[4]의 주장을 견고하게 만드는 대표적인 사례가 바로 디지털 전시라 할 수 있다.[5] 명화 기반의 디지털 전시는 원작의 이미지를 차용, 재현, 확장, 공격, 흡수, 개조 등 다양한 상호작용과 기술 적용을 통해 '재매개'된 새로운 창작물이다. 다른 미디어들이 상호관계하면서 새로운 미디어 형식으로 변화하고 진보하는 현상을 설명하는 제이 데이비드 볼터와 리차드 그루신의 재매개화 이론[6]은 명화 기반의 디지털 전시에 대한 이해에 중요한 통찰력을 제공한다.

재매개란 한 미디어를 다른 미디어에서 표상하는 것을 의미하는데,[7] 기존 미디어의 진정성을 파괴시키지 않고 단지 다른 형식의 미디어로 변화시키는 것을 의미한다.[8][9] 따라서 원작에 대한 차용, 재현, 확장, 공격, 흡수, 개조 등을 통해 기술적으로 재생산된 디지털 전시는 원작의 강한 복제성으로 인해 필연적인 재매개성이 존재하며, 이 과정에서 원작의 물리적 속성은 비물질적이며 비실재적 특성으로 전환된다. 재매개의 관점에서, 명화 기반의 디지털 전시는 원본성, 가상성, 가변성, 몰입성, 상호작용성, 복제성, 복합성, 조작성 등의 특성을 지니며,[10] 원작에 대한 접근 이용성을 증대시킨다.

형식적 측면에서 보면, 물질적 원본성에 비중을 두었던 예술 작품이 가상성에 근거한 디지털 이미지와 비물질적 아이디어로 재매개되며,[11] 회화의 조형적 요소가 알고리즘에 의한 디지털 부호로 재매개되기 때문에 구조적 상이성이 존재한다. 한편 기술적 측면에서는 원작의 표현적 기법이 프로젝션 맵핑을 통해 시간적 요소가 내재한 영상으로 전환되며, 모션 그래픽을 통해 움직임과 역동성, 몰입감이 강화된다. 또한 음악이나 음향 등의 공감각적 요소가 병용됨으로써 시뮬라크르 현상과 함께 미적 경험이 확장된다.

한편 수용적 관점에서 보면 관조와 집중이 요구되는 전통적인 전시와는 달리, 디지털 전시는 예술작품을 분산적·오락적 지각의 대상으로 만들어 예술에 대한 수용 태도를 변화시킨다.[12] 발터 벤야민Walter Benjamin이 언급한 바와 같이, 이미지의 복제 가능성은 예술작품의 아우라aura를 해체 또는 변형하고, 예술작품의 대중화를 가능케 했다.[13] 특히 재생산 과정에서 사용되는 기술은 환상, 몰입, 상상력 등 관람 경험의 증진에 유의미한 영향력을 미치며,[14][15][16] 원작에 내재된 조형적 요소를 재발견하는 기회와 함께 시간적 개념이 포함된 움직이는 이미지를 표현함으로써 새로운 방식의 지각을 가능케 하고, 관람객을 능동적 참여자로 전환시킨다.[17] 부연하면, 전통적인 예술작품이 디지털 기술로 재생산될 때에는 원작의 아우라는 퇴색하고, 그 안에 내재된 의례 가치나 전시 가치는 조작 가치로 대체된다.[18][19] 이러한 관점에서 보면, 예술작품의 가치와 특성은 그 작품이 지니고 있는 대상 그 자체로서의 속성이 아니라 미디어가 생산되고 유통되는 구조의 변화에서 결정되며, 디지털 전시는 전통적인 예술작품 중심의 전시와 경쟁적 관계에서 경험적 가치와 의미를 획득하게 된다.[20][21]

기술에 대해 좀 더 부연하면, 시각 및 공감각적 효과에 집중하는 명화 기반의 디지털 전시에서는 프로젝션 맵핑을 통해 원작의 정적인 이미지가 시간적 요소가 내재된 영상으로 전환된다. 프로젝션 맵핑은 '빛을 비추다' 또는 '빛을 던지다'라는 뜻의 '프로젝션projection'과 가상의 3차원 표면에 2차원적 이미지를 덧입혀 사실성을 부여하는 컴퓨터 그래픽 용어인 '맵핑mapping'의 합성어이다.[22] 프로젝션 맵핑은 실시간으로 빛을 통해 건물이나 오브제에 영상을 투영시켜 시각적 착시나 환영적 이미지를 생성한다.[23] 따라서 프로젝션 맵핑은 물리적 공간과 환영적 가상 공간이 중첩된 혼합 현실의 표현에 유용하며, 가상의 이미지를 사실적으로 표현하고, 공간감과 입체감을 부여함으로써 외형적 다양성을 확대시킨다. 이러한 효과로 인해 프로젝션 맵핑은 광고, 공연, 전시, 미디어 아트의 공간 표현에서 새로운 가능성을 제시하고 있다.

한편 디지털 전시에서는 이미지에 움직임과 역동성을 부여하고 몰입을 강화하기 위한 목적으로 모션 그래픽이 사용된다. 특히 디지털 이미지에 내재하지 않는 시간적 요소와 동적 시각 효과를 구현하는 과정에서 조형적 요소, 예술성과 정체성 등 원작의 본질이나 고유한 맥락에 대한 변형 가능성이라는 특수한 상황이 발생하는데,[24] 이는 모션 그래픽 효과에서 그 특성이 두드러지게 나타난다.

매체 예술과 전통적인 예술작품을 비교한 패터 바이벨Peter Weibel은 두 매체의 가장 큰 차이를 '움직이는 이미지'에 두었으며, 이는 단순한 동영상의 의미가 아닌 '변형 가능한 이미지'를 의미한다.[25] 디지털 전시에서의 원작 이미지 변형 가능성은 원작에 내재하지 않는 동적 시각 효과를 통해 드러난다. 이는 최대의 집객 효과를 얻기 위한 목적으로 대규모 공간과 이색적인 연출로 대가들과 그 아우라를 상품화함으로써 전시 자체를 '스펙터클'한 이벤트로 만들려는 상업적 의도와 밀접하게 연관되어 있다.[26]

상술한 바와 같이, 명화 기반 디지털 전시는 국·내외적으로 신생 융합 콘텐츠이기 때문에, 디지털 전시의 특성이나 모션 그래픽 효과에 대한 실증적 연구가 현저하게 부족한 상황이다. 이에 필자와 연구팀은 2016~2017년에 개최된 디지털 전시를 대상으로, 모션 그래픽 효과를 분석, 디지털 전시에 대한 평가 모델로서의 기술 수용 모델Technology Acceptance Model의 적합성, 디지털 전시의 몰입적 특성, 원작과 이를 재매개한 디지털 전시의 미적 경험의 상이성 등을 1년 동안 4차례에 걸쳐 사용자 평가연구를 지속했다. 다음 내용은 이러한 연구에 대한 결과를 확장 및 종합해서 정리한 것이다.

1. 디지털 전시의 모션 그래픽 효과에 대한 평가

1) 연구 모형 및 연구 가설

본 다빈치가 기획한 〈모네, 빛을 그리다展〉은 디지털 기술을 통해 빛과 시간성이라는 인상주의 작품에 내재한 영상적 특성을 강화하고, 특히 모션 그래픽을 통해 동적 요소를 추가함으로써 작품 속 인물이나 오브제를 생동감 있게 연출했다. 〈모네, 빛을 그리다展〉은 원작에 대한 재해석 및 스토리텔링을 기반으로 전시 내러티브를 구성했고, 전시 조닝은 '모네 그리고 빛', '나의 친구, 나의 연인, 나의 색채', '인상: 해돋이', '아름다운 구속: 지베르니', '지금 그리고 영원까지', '카미유, 애틋함부터 애절함까지', '수면 위의 수련', '시간을 관통하는 빛' 등 8개의 주제 영역으로 구분되었다. 또한 200점 이상의 원작의 디지털 이미지에 프로젝션 맵핑과 모션 그래픽을 적용하고, 60대 이상의 프로젝터를 동원해서 시각적 착시의 영상과 환영적 이미지를 대형 스크린에 투사함으로써 전시의 몰입감을 극대화했다.

본 연구는 모집단의 모네 원작 전시에 대한 관람 경험 또는 디지털 전시에 대한 관람 경험이 〈모네, 빛을 그리다展〉의 관람 경험 및 모션 그래픽 효과에 대한 평가에 유의미한 영향을 미칠 것이라는 전제하에 **그림35**의 연구 모형을 설계했다. 연구 모형을 기반으

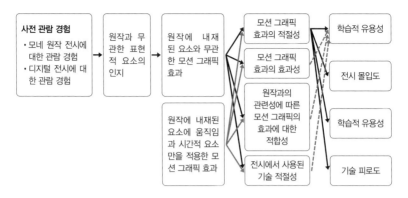

그림35 연구 모형

항목	가설 내용
가설 1	원작에 대한 사전 관람 경험 및 디지털 전시에 대한 사전 관람 경험을 갖고 있는 설문 참여자는 원작에 내재된 요소와 무관한 모션 그래픽의 표현적 요소를 인지할 것이다
가설 2	원작에 대한 사전 관람 경험 및 디지털 전시에 대한 사전 관람 경험은 〈모네, 빛을 그리다展〉의 전시 만족도에 부정적인 영향을 미칠 것이다
가설 3	원작에 대한 사전 관람 경험 및 디지털 전시에 대한 사전 관람 경험은 〈모네, 빛을 그리다展〉의 학습적 유용성 및 감상적 유용성, 학습 도구로서의 적합성 및 감상 도구로서의 적합성에 대한 평가에 부정적인 영향을 미칠 것이다
가설 4	원작에 내재된 표현적 요소와 무관한 모션 그래픽 효과는 원작에 내재된 요소에 움직임과 시간적 요소만을 적용한 모션 그래픽 효과보다 모집단의 긍정 어휘에 대한 선택 비율과 동의 비율이 낮을 것이다
가설 5	원작에 대한 이해의 관점에서, 원작에 내재된 요소에 움직임과 시간적 요소만을 적용한 모션 그래픽에 대한 적합성이 원작에 내재된 요소와 무관한 모션 그래픽 효과보다 높을 것이다
가설 6	원작에 내재된 요소와 무관한 모션 그래픽 효과의 경우, 원작에 대한 사전 관람 경험은 모션 그래픽 효과에 대한 적절성과 만족도, 모션 그래픽 효과로 인한 몰입도에 부정적인 영향력을 미칠 것이다
가설 7	원작에 대한 사전 관람 경험은 원작에 내재된 요소에 움직임과 시간적 요소만 적용한 모션 그래픽 효과에 대한 적절성과 유의미한 상관관계를 갖지 않을 것이다
가설 8	모션 그래픽 효과에 대한 적절성은 모션 그래픽 효과에 대한 만족도 및 모션 그래픽 효과로 인한 몰입도와 유의미한 상관관계를 가질 것이다
가설 9	디지털 기술 구현에 대한 적절성은 디지털 기술로 인한 피로도, 모션 그래픽 효과의 적절성은 모션 그래픽 효과로 인한 피로도와 유의미한 상관관계를 가질 것이다
가설 10	디지털 기술로 인한 피로도, 모션 그래픽 효과로 인한 피로도, 박물관 피로도는 전시 만족도에 부정적인 영향을 미칠 것이다

표12 일렉트로닉 가이드북에 대한 평가연구 결과 요약

로 세워진 가설은 원작 전시 및 디지털 전시에 대한 관람 경험의 영향력, 원작에 내재된 표현 요소와 모션 그래픽 효과의 관련성, 모션 그래픽 효과에 대한 적절성의 영향력 등 세 가지 관점에서 구분되며, 세부 가설의 내용은 표12와 같다.

2) 연구 방법론

〈모네, 빛을 그리다展〉의 모션 그래픽 효과에 대한 사용자 평가의 경우, 설문조사를 위해 20~26세의 관람객 58명으로 모집단을 구성했다. 원작 전시 및 디지털 전시에 대한 관람 경험이 〈모네, 빛을 그리다展〉의 관람 경험 및 모션 그래픽 효과의 영향력에 대해 분석하고, 모션 그래픽 효과의 적절성이 갖는 의미를 도출하기 위한 목적으로 설문조사가 이루어졌다.

본 연구를 위해, 2015년 12월 20일부터 2016년 1월 20일까지 현장에서 관람객을 대상으로 10개의 문항으로 구성된 전시 만족도에 대한 예비 조사를 실시했다. 모집단의 연령별 구성 비율을 살펴보면, 20대의 참여율(10대 6.3%, 20대 50.0%, 30대 25%, 40대 15.6%, 50대 6.1%)이 가장 높았다. 또한 설문지 회수 시 모션 그래픽에 대한 사전 지식을 구두로 확인한 결과, 타 연령 집단에 비해 20대의 모션 그래픽에 대한 인지도가 현저하게 높았다. 이에 본 연구에서는 설문 참여율이 높으며, 모션 그래픽과 디지털 기술에 대해 익숙한 20대 관람객을 모집단으로 구성해서 사용자 평가를 진행했다.

설문조사의 경우, 설문 항목은 총 27개로 구성되었으며, 설문 내용은 디지털 전시에 대한 평가와 모션 그래픽 효과에 대한 평가로 대별되었다(표13). 설문 항목 가운데 모네 원작으로 구성된 전시에 대한 사전 관람 경험은 모션 그래픽을 통해 표현된 원작에 내재

	설문 항목	문항 수
사전 경험	원작으로 구성된 전시에 대한 관람 경험, 명화 기반 디지털 전시에 대한 관람 경험	2
명화 기반 디지털 전시에 대한 평가	디지털 전시의 체험적 속성	1
	디지털 전시의 학습 도구 및 감상 도구에 대한 적절성	4
	디지털 기술 사용에 대한 적절성	1
	전시 만족도 및 만족 요인, 재관람 의지, 권유 의지, 명화 기반 디지털 전시에 대한 재관람 의지	5
	전시 몰입도 및 몰입 요인	2
모션 그래픽 효과에 대한 평가	모션 그래픽 효과로 구현된 전시 미디어에 대한 선호도와 몰입도	2
	모션 그래픽 효과에 대한 선호도 및 만족도	2
	모션 그래픽 효과의 효용성, 적절성, 모션 그래픽 효과에 인한 몰입도	3
	모션 그래픽 효과로 구현된 표현 요소의 적합성	1
	모션 그래픽 효과로 구현된 표현 요소에 대한 선호도	1
	디지털 기술로 인한 피로도, 모션 그래픽 효과로 인한 피로도, 박물관 피로도	3

표13 모네전 관람 경험에 대한 설문 문항

하지 않은 요소의 적합성에 대한 유경험자와 무경험자의 평가 편차와 사전 관람 경험에 따른 전시 만족도와의 상관관계를 측정하기 위해 포함되었다.

또한 몰입 요인과 만족 요인의 경우, 전시의 몰입 경험이 전시 만족도에 미친 영향력을 다룬 박조원,[28] 김지희&한진수,[29] 스티븐 빗굿,[30][31] 매기 스토그너,[32] 캐롤 헨리[33] 등의 선행 연구에서 사용된 몰입 요인과 만족 요인을 본 연구에 적합하도록 조작적으로 정의하

요인	세부 특성
스토리텔링 요인(SF)	작품에 대한 새로운 해석 및 접근(SF1)
	주제 중심의 전시 동선(SF2)
	원작 부재 동적 요소의 추가(SF3)
	전시 해석 매체의 가시성(SF4)
기술 요인(TF)	상호작용성(TF1)
	모션 그래픽 효과(TF2)
	고해상도 영상 및 이미지(TF3)
	음향 효과(TF4)
전시 환경 요인(EF)	대형 스크린(EF1)
	곡면 구조의 스크린(EF2)
	쾌적한 전시 환경(EF3)
	배경 음악(EF4)

표14 〈모네, 빛을 그리다展〉의 전시 요인 및 세부 특성

여, 두 가지 요인을 스토리텔링 요인, 기술 요인, 전시 환경 요인으로 대별하고, 각각의 요인을 세부 요인으로 구분했다(표14).

　모션 그래픽은 움직임Motion과 그래픽Graphic의 조합으로 이루어진 합성어로서,[34] 다양한 시각 및 청각적 요소들이 시간 흐름에 따라 조형적 움직임과 함께 표현되는 융합적인 특성을 지니며, 이미지의 형태적 표현을 위해 그래픽, 움직임, 사운드의 요소로 구성된다.[35] 또한 모션 그래픽은 디자인의 조형 원리와 시간성에 따른 움

직임을 통해 상호작용을 유발하고, 이야기와 메시지, 생각과 감정을 전달하며, 감각 기관을 통해 직접적이며 인식적인 과정을 통해 장기 기억을 만들어내는 등 효과적인 시각 커뮤니케이션을 위한 표현 수단으로 인정받고 있다.[36] 모션 그래픽이 영화, 광고, 뮤직 비디오, 방송, 웹사이트, 모바일, 문화예술 콘텐츠 등 다양한 영상 관련 영역에서 활용되는 것은 모션 그래픽을 통해 구현된 움직임이, 즉 동적 요소가 상상력, 호기심, 흥미를 극대화시키고 풍부한 감성을 발생시킬 뿐만 아니라 다른 도구에 비해 메시지 전달력이 뛰어나기 때문이다.[37]

디지털 전시에서 모션 그래픽 효과를 통해 표현되는 동적 요소, 즉 움직임의 요소는 전시 기획자의 의도에 따라 원작의 정적 이미지에는 존재하지 않는 요소를 추가하거나 또는 존재하는 요소에 시공간과 움직임을 표현하기 위해 사용된다. 움직임은 사용자의 시선을 자극하여 몰입하게 함으로써 정보 전달의 효과를 더욱 증진시키는 요소가 된다.[38] 또한 움직임에 따라 전달하고자 하는 메시지가 강조 또는 축소될 수 있으며, 원래의 의미와 다르게 표현될 수도 있고, 긴장감을 강화 또는 이완시키는 등 모션 그래픽의 활용 방식에

그림36 〈모네: 빛을 그리다展〉의 '사랑의 진혼곡' 전시 조닝과 '영혼의 이끌림' 전시 조닝

따라 메시지의 전달도 달라질 수 있다.[39]

모션 그래픽 효과에 대한 평가의 경우, 본 연구팀은 〈모네, 빛을 그리다展〉의 전시 미디어와 원작 이미지와의 비교를 통해 모션 그래픽이 적용된 10개의 전시 미디어를 선정하고, 원작에 내재된 요소와의 관련성에 따라 모션 그래픽 효과를 구분했다. 설문 항목 가운데 모션 그래픽으로 구현된 표현 요소의 적합성에 대한 평가의 경우, 김종무,[40] 김종무&박성현,[41] 정현원&나건[42] 등의 선행 연구를 기반으로 각각 10개의 긍정 어휘와 부정 어휘를 선정해서 본 연구에 적합하도록 재구성했다(표15).

재구성된 긍정 어휘	재구성된 부정 어휘	선행 연구에서 사용된 어휘
만족스러운	불만족스러운	만족스러운
흥미로운	흥미롭지 못한	매력 있는, 호감이 가는
역동적	산만한	힘찬
자연스러운	부자연스러웠다	자연적인
창의적	조잡하고 유치한	기발한, 새로운, 생소한, 유치한
이해에 유용한	이해에 유용하지 않은	지적인
상상력을 충족시키는	상상력을 충족시키지 못한	환상적
몰입도가 높은	몰입도가 낮은	어지러운
집중도가 높은	집중도가 낮은	흐트러진
사실적	비사실적	생생한
	배경 음악(EF4)	

표15 선행 연구에서 사용된 어휘와 본 연구에서 재구성된 긍정 어휘와 부정 어휘

또한 본 연구팀은 모션 그래픽 효과가 적용된 10개의 전시 미디어를 선정해서 원작과의 표현적 요소를 비교·분석한 결과, **표16**과 같이 원작에 내재된 요소에 움직임과 시간적 요소만 적용한 모션 그래픽 효과와 원작에 내재된 요소와 무관한 모션 그래픽 효과로 구분되었다. 디지털 전시의 학습 도구로서의 적합성 및 감상 도구로서의 적합성, 디지털 전시의 기술 사용에 대한 적절성, 전시 만족도, 전시 몰입도, 모션 그래픽 효과에 대한 적절성, 모션 그래픽 효과에 대한 만족도, 모션 그래픽 효과로 인한 몰입도, 모션 그래픽 효과로 인한 피로도 등은 각각 5점 척도의 리커트 스케일 방식으로 측정되었으며, SPSS 11.0을 사용해서 도출한 빈도 분석 및 상관 분

원작에 내재된 요소와 무관한 모션 그래픽 효과의 작품명 및 원작 이미지	모션 그래픽 표현 이미지 및 표현 요소	원작에 내재된 요소에 대한 모션 그래픽 효과의 작품명 및 원작 이미지	모션 그래픽 표현 이미지 및 표현 요소
수련: 구름	백조, 잠자리	해돋이	움직임과 시간적 요소
수련: 초록 그림자	붉은 잉어	양산을 쓴 까미유	움직임과 시간적 요소
수련: 버드나무 가지	불꽃놀이	에트르타 바위와 절벽	움직임과 시간적 요소
건초더미	강아지	생타드레스의 테라스	움직임과 시간적 요소
포플러들	2명의 사람	잔담 근처의 풍차들	움직임과 시간적 요소

표16 원작의 관련성에 따른 모션 그래픽 효과

석의 결과를 근거로 **표12**에 기술된 가설을 검증했다.

3) 분석 결과

모네 원작 전시와 디지털 전시에 대한 유경험자는 각각 59.3%와 66.1%를 차지했고, 전시의 몰입적 특성(18.2%), 좋아하는 원작을 활용한 전시 미디어(16.9%), 모션 그래픽으로 표현된 원작에 내재되지 않는 요소로 인한 재미와 흥미 유발(16.9%) 등의 영향력으로 인해 모집단의 40.7%는 원작 전시에 비해 〈모네, 빛을 그리다展〉에서 더 오랫동안 체류 시간 및 관람 시간을 소요했다.

체험적 속성의 경우, 엔터테인먼트 특성(62.1%)의 비율이 상대적으로 높게 나타났다(그림37). 교육적 속성이 심미적 속성보다 높은 비율을 차지했는데, 이러한 결과는 학습 도구로서의 적합성(64.4%)이 감상 도구로서의 적합성(50.8%)보다 높게 나타난 결과와 일치한다(그림38). 전자의 경우 작가 및 작품에 대한 호기심 발생 및 정보 탐색(47.5%), 후자의 경우에는 상호작용성(49.2%)이 적합성에 영향을

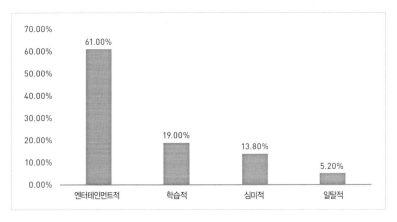

그림37 〈모네, 빛을 그리다展〉의 체험적 속성

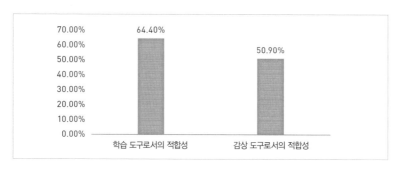

그림38 〈모네, 빛을 그리다展〉의 학습 도구로서의 적합성 및 감상 도구로서의 적합성

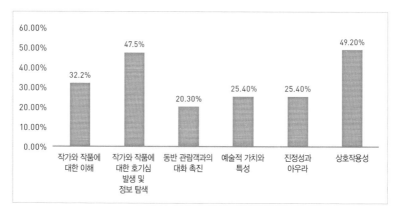

그림39 〈모네, 빛을 그리다展〉의 학습적 유용성 및 감상적 유용성에 대한 세부 요인 비교

미친 주요 요인으로 평가되었다(그림39).

모집단의 52.9%는 전시 만족도를 긍정적으로 평가했다. 전시 만족도가 높은 경우, 재관람 의사(.456**, p〈0.01), 권유 의사(.684**, p〈0.01), 디지털 전시에 대한 관람 의사(.606**, p〈0.01) 등 행동적 이용 의사도 동시에 상승하는 일반적인 원칙이 확인되었지만, 관람 소요 시간(-.324*, p〈0.05)은 감소했다. 본 연구에서는 전시 만족도가 유용성과 이용 용이성의 관점에서 분석되었고, 후자의 경우에는 전시의 특성인 스토리텔링 요인, 기술 요인, 전시 환경 요인으로 구분되어

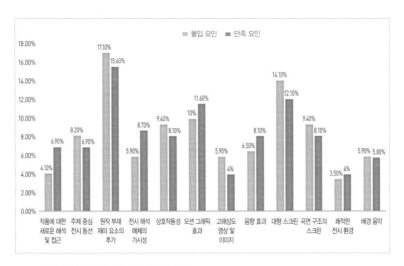

그림40 만족 세부 요인과 몰입 세부 요인간 비교

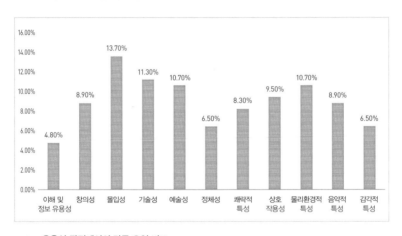

그림41 유용성 관점에서의 만족 요인 비교

비교되었다. 그 결과, 스토리텔링 요인(38.1%)의 영향력이 기술 요인 (31.8%)과 전시 환경 요인(30.0%)보다 높게 나타났다.

세부 요인별로 살펴보면, 원작 부재 재미 요소의 추가(15.6%), 모션 그래픽 효과(11.6%), 대형 스크린(12.1%)이 높게 평가되었다(그림

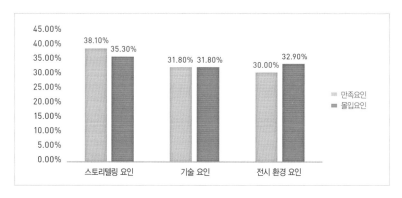

그림42 만족 요인과 몰입 요인의 비교

40). 한편 유용성 관점에서는 몰입성(13.7%), 기술성(11.3%), 예술성(10.7%), 물리 환경적 특성(10.7%)의 영향력이 다른 요인에 비해 높은 비율을 차지했다(그림41).

　　모집단의 57.6%는 〈모네, 빛을 그리다展〉의 몰입도에 대해 긍정적으로 평가했으며, 40.7%는 타 전시보다 몰입도를 높게 평가했다(40.7%). 만족 요인과 동일한 요인을 사용해서 몰입에 미친 영향력을 분석한 결과, 스토리텔링 요인(35.3%)이 기술적 요인(31.8%)과 전시 환경적 요인(32.9%)보다 몰입에 대한 영향력이 컸다. 만족 요인과 몰입 요인을 비교한 결과, 스토리텔링 요인이 가장 우세한 것으로 확인되었다(그림42).

　　몰입 세부 요인별로 보면, 원작 부재 재미 요소의 추가(17.1%), 모션 그래픽 효과(10.0%), 대형 스크린(14.1%) 등 만족 요인과 유사한 결과가 도출되었다(그림40). 특히 기술 세부 요인을 비교한 결과, 모션 그래픽 효과(69.5%)의 몰입에 대한 영향력이 재확인되었다(그림43).

　　〈모네, 빛을 그리다展〉의 디지털 기술 사용에 대한 적절성(63.3%), 모션 그래픽 효과로 구현된 표현 요소의 적합성(51.6%), 모션

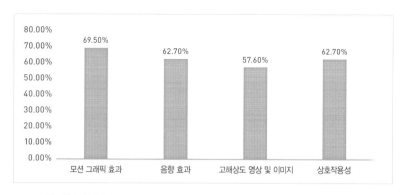

그림43 기술 세부 요인의 비교

그림44 모션 그래픽 효과에 대한 선호도

그래픽으로 구현된 전시 미디어의 몰입도(53.3%)의 경우, 모집단의 과반수 이상이 긍정적인 반응을 보였다. 하지만 몰입적 특성으로 인해 타 전시에 비해 피로가 높았으며(30.5%), 디지털 기술로 인한 피로, 모션 그래픽 효과로 인한 피로, 박물관 피로는 각각 43.3%, 45.0%, 42.4%로 다소 높게 제시되었다. 한편 모션 그래픽 효과에 대한 선호도의 경우, 원작에 내재된 요소에 움직임과 시간적 요소만 적용한 모션 그래픽 효과가 원작에 내재된 요소와 무관한 모션 그래픽 효과보다 긍정적으로 평가되었다(그림44). 한편 모션 그래픽

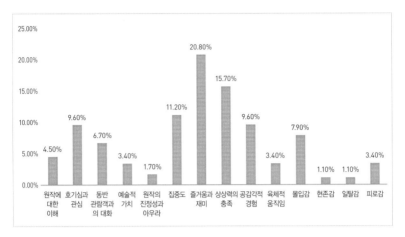

그림45 모션 그래픽 효과의 효용성

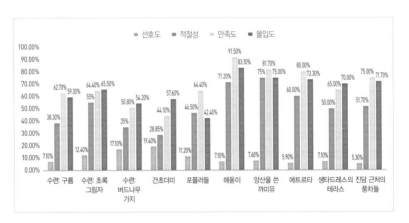

그림46 모션 그래픽 효과가 사용된 전시 미디어에 대한 선호도, 적절성, 만족도, 몰입도 비교

효과의 효용성의 경우, 즐거움과 재미(20.8%)와 상상력의 충족
(15.7%) 등 쾌락적 효용성이 학습적 효용성이나 감상적 효용성보다
높게 평가되었다(그림45).

원작에 내재된 요소와의 관계성에 따라 모션 그래픽 효과로
구현된 표현 요소에 대한 선호도를 측정한 결과, 즐거움과 재미, 상
상력 충족의 효용성으로 인해 원작에 내재된 요소와 무관한 모션

그래픽 효과에 대한 선호도가 높게 나타났다. 반면 모션 그래픽 효과의 적절성, 만족도, 몰입도 측면에서는 원작에 내재된 요소에 움직임과 시간적 요소만을 적용한 모션 그래픽 효과에 대한 긍정적인 평가가 상대적으로 높게 제시되었다(그림46).

4) 가설 검증
상술한 가설에 대한 검증 내용을 요약하면 다음과 같다:

▷ 가설 1

모션 그래픽 효과의 원작과 무관한 각각의 표현 요소에 대한 유경험자의 인지율은 **표17**과 같으며, 평균 인지율은 39.44%에 머물렀기 때문에, 가설 1은 기각되었다. 상관 분석과 카이제곱 검정을 실행한 결과, '건초더미(.382**, p⟨0.01⟩'와 '포플러들(.269*, p⟨0.05⟩'에서 유경험자가 원작과 무관한 표현 요소를 인지할 가능성이 높게 나타났다.

전시미디어	원작에 표현적 요소가 없다는 사실에 대한 인지율(%)
수련: 구름	45.0
수련: 초록 그림자	31.7
수련: 버드나무 가지	38.3
건초더미	46.6
포플러들	35.6

표17 원작과 무관한 표현 요소에 대한 인지 비율

▷ 가설 2

모네 원작 전시에 대한 관람 경험 및 디지털 전시에 대한 관람 경험과 〈모네, 빛을 그리다展〉의 전시 만족도간 상관관계는 도출되지 않았다. 이에 카이제곱 검정을 실행한 결과, 전시 만족도에 대한 원작 전시에 대한 관람 경험은 접근 유의 확률(.065)이 p〈0.05 수준을 만족시키지 못했고(Pearson 카이제곱값: 5.467²), 디지털 전시에 대한 관람 경험도 접근 유의 확률(.469)이 p〈0.05 수준을 만족시키지 못했으므로(Pearson 카이제곱값: 1.512²), 가설 2는 기각되었다. 한편 전시 만족도는 모션 그래픽 효과의 적절성(.437**, p〈0.01)과 모션 그래픽 효과로 인한 몰입도(.494**, p〈0.01)와 유의미한 상관관계를 가졌다.

▷ 가설 3

원작 전시에 대한 사전 관람 경험과 전시의 학습 도구로서의 적합성(-.120) 및 감상 도구로서의 적합성(-.153)간 상관관계는 도출되지 않았고, 디지털 전시에 대한 사전 관람 경험도 감상 도구로서의 적합성(.054) 및 학습 도구로서의 적합성(.019)에 영향을 미치지 않았다. 하지만 카이제곱 검정을 실행한 결과, 디지털 전시에 대한 사전 관람 경험에 대한 학습 도구로서의 적합성은 접근 유의 확률(.006)이 p〈0.01을 만족시켰으며(Pearson 카이제곱값, 10.140²), 감상 도구로서의 적합성은 접근 유의 확률(.017)이 p〈0.05를 만족시켰기 때문에(Pearson 카이제곱값, 8.193²), 결과적으로 원작에 대한 사전 관람 경험에 대한 가설은 채택될 수 없었지만, 디지털 전시에 대한 관람 경험에 대한 가설은 채택될 수 있었다.

▷ 가설 4

원작과 무관한 모션 그래픽 효과보다 원작에 내재된 요소에 움직임과 시간적 요소만을 적용한 모션 그래픽 효과에 대한 긍정 어휘의 선택 비율이 **표18**과 같이 높게 제시되었고, 각각의 긍정 어휘에 대한 동의 비율의 평균값을 비교한 **그림47**에서도 동일한 결과가 제시됨으로써, 가설 4는 채택되었다. 특히 불꽃놀이와 강아지를 각각 사용한 '수련: 버드나무 가지'와 '건초더미'의 긍정 어휘의 비율이 상대적으로 낮았는데, 이는 모션 그래픽 효과의 만족도에 대

구분	전시 미디어	긍정 vs 부정 어휘 비율
모션 그래픽이 원작에 내재된 요소와 무관한 표현적 요소	수련: 구름, 수련: 초록 그림자, 포플러들	9 : 1
	수련: 버드나무 가지	7 : 3
	건초더미	2 : 8
모션 그래픽이 원작에 내재된 요소에 움직임과 시간적 요소만을 적용한 표현적 요소	해돋이, 양산을 쓴 까미유, 에트르타, 생타드레스의 테라스, 잔담 근처의 풍차들	9 : 1

표18 긍정 어휘 비율과 부정 어휘 비율 비교

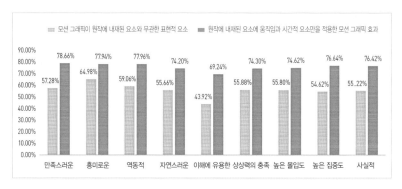

그림47 원작과의 관련성에 따른 모션 그래픽 효과에 대한 동의 비율 편차

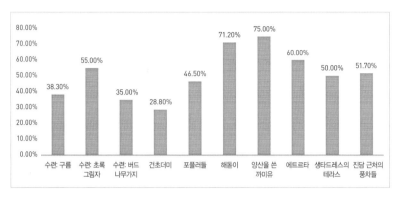

그림48 원작과의 관련성에 따른 모션 그래픽 효과의 적절성

한 결과와 일치했다. 한편 두 가지의 모션 그래픽 효과에서 '이해에 유용한'에 대한 동의 비율이 공통적으로 가장 낮았는데, 이는 모션 그래픽 효과의 효용성에서 '원작에 대한 이해(4.5%)'가 가장 낮게 평가된 결과와 일치했다.

▷ 가설 5

원작에 대한 이해의 관점에서, 모션 그래픽 효과로 구현된 각각의 표현적 요소에 대해 5점 척도의 리커스 스케일 방식으로 적합성을 측정한 결과, 원작에 내재된 요소에 움직임과 시간적 요소만을 적용한 모션 그래픽 효과에 대한 적합성이 원작에 내재된 요소와 무관한 모션 그래픽 효과보다 높게 나옴으로써 가설 5는 채택되었다(그림48).

▷ 가설 6

표19에서 보는 바와 같이, 원작에 대한 사전 관람 경험은 일부 전시 미디어에만 부정적인 영향을 미쳤기 때문에, 이 가설은 채택될

세부 특성	모션 그래픽 효과에 대한 적절성	모션 그래픽 효과에 대한 만족도	모션 그래픽 효과로 인한 몰입도
수련: 구름에 대한 원작 관람 경험		−.277*	−.347**
모션 그래픽 효과에 대한 적절성		.701**	.561**
모션 그래픽 효과에 대한 만족도			.574**
수련: 초록 그림자에 대한 원작 관람 경험		−.321*	
모션 그래픽 효과에 대한 적절성		.534**	.380**
모션 그래픽 효과에 대한 만족도			.586**
수련: 버드나무 가지에 대한 원작 관람 경험	−.328*	−.326*	−.312**
모션 그래픽 효과에 대한 적절성		.636**	.549**
모션 그래픽 효과에 대한 만족도			.798**
건초더미에 대한 원작 관람 경험	−.317*	−.414**	−.311*
모션 그래픽 효과에 대한 적절성		.497**	.529**
모션 그래픽 효과에 대한 만족도			.621**
포플러들에 대한 원작 관람 경험			
모션 그래픽 효과에 대한 적절성		.616**	.532**
모션 그래픽 효과에 대한 만족도			.509**

표19 원작에 대한 사전 관람 경험과 모션 그래픽 효과에 대한 적절성, 만족도, 몰입도간의 상관관계 (* $p < 0.01$, ** $p < 0.05$)

수 없었다. 분석 결과에 의하면, '수련: 버드나무 가지(−.328*, $p < 0.05$)' 와 '건초더미(−.317*, $p < 0.05$)'의 원작에 대한 사전 관람 경험은 모션 그래픽 효과에 대한 적절성과 음(−)의 상관관계를, '수련: 구름(−.277*,

p⟨0.05)', '수련: 초록 그림자(-.321*, p⟨0.05)', '수련: 버드나무 가지(-.326*, p⟨0.05)', '건초더미(-.414**, p⟨0.01)'의 원작에 대한 사전 관람 경험은 모션 그래픽 효과에 대한 만족도와 음(-)의 상관관계를, 그리고 '수련: 구름(-.347**, p⟨0.01)', '수련: 버드나무 가지(-.322**, p⟨0.01)', '건초더미 (-.311*, p⟨0.05)'의 원작에 대한 사전 관람 경험은 모션 그래픽 효과로 인한 몰입도와 음(-)의 상관관계를 갖고 있었다.

▷ 가설 7

원작 전시에 대한 사전 관람 경험은 '해돋이(-.271*, p⟨0.05)'에 국한해서 모션 그래픽 효과에 대한 적절성과 음(-)의 상관관계가

모션 그래픽에 대한 적절성 세부 항목	원작 전시에 대한 관람 경험
수련: 구름의 모션 그래픽 효과에 대한 적절성	-.019
수련: 초록 그림자의 모션 그래픽 효과에 대한 적절성	-.108
수련: 버드나무 가지의 모션 그래픽 효과에 대한 적절성	-.030
건초더미의 모션 그래픽 효과에 대한 적절성	.110
포플러들의 모션 그래픽 효과에 대한 적절성	-.071
해돋이의 모션 그래픽 효과에 대한 적절성	-.019
양산을 쓴 까미유의 모션 그래픽 효과에 대한 적절성	-.271*
에트르타 바위와 절벽의 모션 그래픽 효과에 대한 적절성	-.094
생타드레스의 테라스의 모션 그래픽 효과에 대한 적절성	.079
잔담 근처의 풍차들의 모션 그래픽 효과에 대한 적절성	-.128

표20 원작에 대한 이전 관람 경험과 모션 그래픽 효과에 대한 적절성(* p⟨0.01, ** p⟨0.05)

도출되었기 때문에, 이 가설은 채택될 수 없었다(표20).

▷ 가설 8

표21에서 보는 바와 같이, 원작에 내재된 요소와 무관한 모션 그래픽 효과에 대한 적절성은 모션 그래픽 효과에 대한 만족도 및 모션 그래픽 효과로 인한 몰입도와 양(+)의 상관관계를 갖고 있었으며, 모션 그래픽 효과에 대한 만족도는 모션 그래픽 효과로 인한 몰입도와 양(+)의 상관관계를 갖고 있었다. 또한 원작에 내재된 요

세부 특성	모션 그래픽 효과에 대한 만족도	모션 그래픽 효과로 인한 몰입도
해돋이: 모션 그래픽 효과에 대한 적절성	.615**	.364**
해돋이: 모션 그래픽 효과에 대한 만족도		.511**
양산을 쓴 까미유: 모션 그래픽 효과에 대한 적절성	.607**	.553**
양산을 쓴 까미유: 모션 그래픽 효과에 대한 만족도		.622**
에트르타 바위와 절벽: 모션 그래픽 효과에 대한 적절성	.567**	.529**
에트르타 바위와 절벽: 모션 그래픽 효과에 대한 만족도		.641**
생타드레스의 테라스: 모션 그래픽 효과에 대한 적절성	.527**	.445**
생타드레스의 테라스: 모션 그래픽 효과에 대한 만족도		.511**
잔담 근처의 풍차들: 모션 그래픽 효과에 대한 적절성	.594**	.451**
잔담 근처의 풍차들: 모션 그래픽 효과에 대한 만족도		.491**

표21 모션 그래픽 효과에 대한 적절성과 모션 그래픽 효과에 대한 만족도간의 상관관계, 모션 그래픽 효과에 대한 적절성과 모션 그래픽 효과로 인한 몰입도간의 상관관계, 모션 그래픽 효과에 대한 만족도와 모션 그래픽 효과로 인한 몰입도간의 상관관계(* $p < 0.01$, ** $p < 0.05$)

소에 움직임과 시간적 요소만 적용한 모션 그래픽 효과의 경우에도, 모션 그래픽 효과에 대한 적절성은 모션 그래픽 효과에 대한 만족도 및 모션 그래픽 효과로 인한 몰입도와 유의미한 상관관계를 갖고 있었다.

모션 그래픽 효과에 대한 만족도의 경우, 모션 그래픽 효과로 인한 몰입도와 양(+)의 상관관계를 갖고 있었다. 분석 결과를 종합해보면, 원작과의 관련성과 상관 없이 모션 그래픽 효과에 대한 적절성은 모션 그래픽 효과에 대한 만족도 및 모션 그래픽 효과로 인한 몰입도와 유의미한 상관관계를 갖고 있었으므로, 결과적으로 가설 8은 채택되었다.

▷ 가설 9

디지털 기술 구현에 대한 적절성은 디지털 기술로 인한 피로도에는 영향을 미치지 않았지만, 모션 그래픽 효과에 대한 적절성($.610^{**}$, $p < 0.01$)과 양(+)의 상관관계를 갖고 있었다. 모션 그래픽 효과의 적절성의 경우에도 모션 그래픽 효과로 인한 피로도와의 상관관계가 도출되지 않았기 때문에, 가설 9는 기각되었다. 또한 디지털 기술 사용에 대한 적절성은 모션 그래픽으로 인한 몰입도($.393^{**}$, $p < 0.01$), 모션 그래픽 적절성은 모션 그래픽 효과로 인한 몰입도($.556^{**}$, $p < 0.01$)와 각각 양(+)의 상관관계를 갖고 있었으므로, 결과적으로 디지털 기술과 모션 그래픽은 전시 미디어의 몰입도에 영향을 미쳤다.

▷ 가설 10

전시 만족도와 디지털 기술로 인한 피로도, 모션 그래픽 효과로 인한 피로도, 박물관 피로도간의 상관관계를 분석한 결과, 디지털 기술로 인한 피로도(.019), 모션 그래픽 효과로 인한 피로도(.091), 박물관 피로도(-.076)는 전시 만족도에 영향을 미치지 않았기 때문에 가설 10은 기각되었다. 특히 원작에 대한 사전 관람 경험은 디지털 기술로 인한 피로도(.272*, p⟨0.05)를 상승시켰지만, 모션 그래픽 효과로 인한 피로도(.197)에는 영향을 미치지 않았다. 한편 각각의 피로도는 유의미한 상관관계를 갖고 있다는 사실이 확인되었는데, 모션 그래픽 효과로 인한 피로도가 증가할수록, 디지털 기술로 인한 피로도(.574**, p⟨0.01)와 박물관 피로도(.507**, p⟨0.01)가 상승했다.

⟨모네, 빛을 그리다展⟩은 모션 그래픽 효과를 통해 원작의 표현적 요소에 생동감 부여하며 사용자를 효과적인 몰입으로 유도했다. 또 시간적 흐름을 통해 인상주의 작품의 영상적 특성을 극대화함으로써, 디지털 전시의 학습 도구 및 감상 도구로서의 적절성을 증진시켰다. 상술한 ⟨모네, 빛을 그리다展⟩에 대한 사용자 평가연구에서 모션 그래픽 효과의 적절성, 만족도, 몰입도 관점에서 원작의 관련성에 따라 모션 그래픽 효과를 구분해서 사용자 경험을 측정한 결과, 원작과 무관한 모션 그래픽 효과보다 원작에 내재된 요소에 움직임과 시간적 요소만을 적용한 모션 그래픽 효과에 대한 평가가 상대적으로 긍정적으로 제시되었다. 또한 원작과의 관련성과 관계 없이, 모션 그래픽 효과에 대한 적절성은 모션 그래픽 효과에 대한 만족도 및 모션 그래픽 효과로 인한 몰입도뿐만 아니라 전시 만족도에 유의미한 영향을 미쳤다. 한편 디지털 기술이나 모션 그래픽 효과로 인한 피로감 또한 전시 만족도에 영향을 미치지 않았지만, 모션 그래픽 효과로 인한 피로감이 증가할수록 디지털 기술로 인한 피로와 박물관 피로는 상승했다.

결론적으로 원작 전시 및 디지털 전시에 대한 관람 경험은 전시 만족도에 영향력을 미치지 않았다. 하지만 원작 전시에 대한 관람 경험은 일부 디지털 전시 미디어에 한해 모션 그래픽 효과에 대한 만족도, 적절성, 몰입도뿐만 아니라 디지털 기술로 인한 피로에 부정적인 영향을 미친 반면, 디지털 전시에 대한 관람 경험은 학습 도구 및 감상 도구로서의 적합성에 긍정적인 영향을 미쳤다.

　　비록 전시 만족도에 대한 모네 원작 관람 경험의 영향력은 도출되지 않았지만 본 연구를 통해 전시 만족도에 대한 모션 그래픽 효과의 적절성과 모션 그래픽 효과로 인한 몰입도의 중요성은 입증되었다. 또한 원작에 대한 정확성, 이해, 존중이 결여된 모션 그래픽 효과의 사용은 '단순히 그 외형만을 모방한 보잘것없는 재생산slavish reproduction'으로 전락할 수 있으며,[43] 관람 경험에 대한 부정적 영향력과 '기술적 페티시즘technological fetishism'에 대한 위험성이 있기 때문에,[44] 디지털 전시의 큐레이팅 방법론 측면에서는 모션 그래픽 효과와 모션 그래픽 효과로 구현된 표현적 요소는 원작의 조형성 및 맥락성과의 조화를 통해 적절성이 획득된다는 사실이 제시되었다.

02

기술 수용 모델을 기반으로 한 디지털 전시의 평가 모델

1) 연구 모형 및 연구 가설

미디어 앤 아트가 기획한 〈반 고흐 인사이드〉는 원작에 대한 재해석 및 스토리텔링을 통해 전시 내러티브를 구성하고, 200점 이상의 원작 이미지를 디지털 미디어로 전환시켰다. 또한 상기 전시는 60대 이상의 프로젝터를 통해 프로젝션 맵핑된 영상을 대형 스크린에 투사하고, 모션 그래픽을 통해 작품 속 인물이나 오브제를 생동감 있게 연출했으며, 증강 현실Augmented Reality과 가상 현실Virtual Reality을 병용함으로써 전시 환경에서의 몰입적 경험을 강화했다.

전시 조닝은 주제, 장소, 연대기에 따라 주조닝과 부조닝으로 구분했으며, 전자는 '뉘넨의 또 다른 해돋이', '파리의 화창한 어느 날', '아를의 별이 빛나는 밤에', '오베르의 푸른 밀밭에서'로 구성되었다. 체험적 요소가 가미된 후자의 경우에는, '고흐의 아뜰리에 AR', '빈센트 도서관AR', '빛의 팔레트(아날로그 체험)', '미술관 옆 사진

그림49 '뉘넨의 또 다른 해돋이'와 '오베르의 푸른 밀밭에서'의 전시 조닝(출처: 미디어 앤 아트)

관(이미지 합성)', '밤의 카페VR'가 포함되었다. 특히 전시 조닝별 특성에 따라 작곡된 배경 음악과 음향 효과를 병용됨으로써, 인상주의에 내재된 영상적 특성을 극대화했다(그림49).

상술한 명화 기반의 디지털 전시에서 원작의 이미지는 시간적 요소가 내재된 영상으로 전환되며, 사실적 표현을 위해 2차원 이미지가 3차원 표면으로 옮겨진다. 이미지에 움직임과 역동성을 부가하고, 몰입감을 강화하기 위해 모션 그래픽이 활용되며, 음향이나 촉각 등 공감각적 매체가 병용됨으로써 미적 경험이 확장된다. 하지만 시각적 또는 공감각적 효과와 디지털 미디어의 가변성으로 인해 예술작품 원작의 고유한 맥락이나 조형성이 변형될 수 있는데,[46] 이러한 문제는 인지된 유용성과 인지된 이용 용이성, 이용 태도 및 행동적 이용 의사에 영향을 미칠 수 있다.

본 연구에서는 디지털 전시에서 사용된 기술이 관람 경험에 제공하는 인지된 유용성 및 인지된 이용 용이성, 이용 태도 및 행동적 이용 의사에 미친 영향력을 분석하기 위해 프레드 데이비스의 기술 수용 모델Technology Acceptance Model, 이하 TAM을 기반으로 평가 모델로서의 타당성을 검증하고자 한다(그림50). 다양한 기술의 도입으로 인

그림50 프레드 데이비스의 기술 수용 모델[50]

그림51 연구 모형

한 채택 행동을 설명해 주는데 유용한 기술 수용 모델에 의하면,[47] 사용자들은 새로운 기술을 접했을 때 지각된 유용성과 지각된 용이성에 따라 그 기술에 대한 태도가 결정되며,[48] 기술 수용 모델의 두 변수가 사용자의 기술 수용에 대한 예측을 가능케 한다는 사실이 다수의 연구에서 입증되었다.[49]

이 모델은 인지된 유용성Perceived Usefulness, 이하 PU과 인지된 이용 용이성Perceived Ease of Use, 이하 PEOU을 변수로 사용한다. 전자는 특정 기술이 성과를 향상시킬 수 있는 개인의 신념이며, 후자는 특정한 기술을 사용하면서 그 기술을 자유롭게 사용할 수 있다는 신념이다(그림50). 기술 수용 모델의 변수에 대한 개념을 본 연구에 적용해보면, 전시에 사용된 디지털 기술이 관람 경험을 향상시킨다는 개인적인 믿음이 있을 때 유용성을 인지할 것이고, 기술로 인해 관람이 편리하다고 느낄 때 이용 용이성을 인지하게 된다는 것이다. 이에 본 연구에서는 원작 전시 및 디지털 전시에 대한 관람 경험, 모션 그래픽에 대한 사전 지식이 인지된 유용성과 인지된 이용 용이성에 영향을 미칠 것이며, 인지된 유용성과 인지된 이용 용이성은 이용 태도 및 행동적 이용 의사에 영향을 미칠 것이라는 전제하에서 연구 모형을 수립했다(그림51).

다수의 선행 연구에서, 학습과 감상은 관람의 주요 동기이며, 관람 동기의 충족은 이용 태도 및 행동적 이용 의사의 증진으로 확장되었다.[51][52] 박물관 경영학적 관점에서, 관람 동기는 관람객으로 하여금 그들이 기본적으로 추구해야 할 것이 무엇인지를 확인시키고 개발하도록 하는 데 영향을 미치고, 목표가 무엇인지를 식별시켜 주며, 또한 선택 기준의 결정에 영향을 미치는 것이라 정의된다. 예를 들어, 박물관 또는 미술 관련 전공자나 이와 관련된 업무를 맡고 있는 관람객들은 전시 관람을 통해 새로운 정보를 수집하고 자신의 업무에 대한 전문성을 재충전하기를 원할 것이다. 어떤 관람객은 문화적 풍요로움을 추구하기 위해 교육 프로그램과 특별 행사에 참여하며, 친구나 가족과 함께 일상 생활에서 벗어나 편안한 환경에서 진귀한 유물이나 예술작품과의 만남을 통해 즐거움과 기억에 남는 시각적 체험을 할 수 있다는 기대를 갖고 박물관을 찾는다.[53]

따라서 본 연구에서는 상술한 관람 동기의 충족에 대한 중요성을 고려, 인지된 유용성은 학습적 유용성과 감상적 유용성으로 구분되었다(표22). 명화 기반 디지털 전시의 경우, 모션 그래픽을 통해 동적 시각 효과로 구현되기 때문에, 원작의 진정성이나 조형적 요소의 변형 등 심미적 체험에 대한 적합성 문제가 제기된다.[54] 따

인지된 유용성 요인	세부 요인
학습적 유용성	작가와 작품에 대한 이해
	작가와 작품에 대한 호기심 발생 및 정보 탐색
	동반 관람객과의 대화 촉진
감상적 유용성	예술적 가치와 특성
	진정성과 아우라
	상호작용성과 몰입적 특성

표22 인지된 유용성의 조작적 정의와 세부 요인

라서 본 연구에서 감상적 유용성은 원작을 재매개한 디지털 전시의 심미적 체험에 대한 적합성으로 정의된다.

한편 인지된 이용 용이성의 경우, 박조원,[55] 김지희&한진수[56] 스티븐 빗굿,[57 58] 매기 스토그너,[59] 캐롤 헨리[60] 등의 선행 연구를 기반으로 스토리텔링 요인이하 SF, 기술 요인이하 TF, 전시 환경이하 EF 요인으로 대별되고, 각각의 요인은 세부 요인으로 구분되었으며(표23), 이들 요인은 각각 5점 척도의 리커트 스케일 방식으로 측정되었다.

본 연구에서 이용 태도와 행동적 이용 의사는 각각 전시 만족도, 전시 몰입도, 전시 피로도와 〈반 고흐 인사이드〉에 대한 재관람 의사 및 권유 의사, 디지털 전시에 대한 재관람 의사로 재정의되었다. 전시 만족도는 박지혜&김병선,[61] 정익준[62] 등의 선행 연구에서 도출한 디지털 미디어의 특성이 세부 요인으로 사용되었다. 이용 태도에는 전시 피로도가 포함되었는데, 대형 스크린에 투사된 영상의 해상도나 빠른 속도의 모션 그래픽 효과는 전시 피로도에 영향을 미친다.[63] 따라서 전시 피로도는 육체적·인지적 피로인 '박물관 피로도museum fatigue, 이하 MF',[64] 기술 피로도,[65] 디지털 기술로 인한 피로도, 모션 그래픽으로 인한 피로도, 전시 환경으로 인한 피로도로 세분되었다. 문헌 연구를 통해 고찰한 내용과 앞서 제시한 연구 모형을 기반으로 수립된 가설은 표24와 같다.

2) 연구 방법론

본 연구는 설문조사의 실행을 위해 〈반 고흐 인사이드〉를 관

요인	세부 요인
스토리텔링 요인(SF)	작품에 대한 새로운 해석 및 접근SF1
	주제 중심의 전시 동선SF2
	원작 부재 동적 요소의 추가SF3
	전시 해석 매체의 가시성SF4
기술 요인(TF)	모션 그래픽 효과TF2
	고해상도 영상 및 이미지TF3
	음향 효과TF4
	전시 환경 요인EF
상호작용성(TF1)	대형 스크린EF1
	곡면 구조의 스크린EF2
	쾌적한 전시 환경EF3
	배경 음악EF4

표23 인지된 이용 유용성의 조작적 정의와 세부 요인

람한 20~26세의 관람객 40명을 모집단으로 구성했다. 총 20개의 항목으로 구성된 설문조사의 주요 내용은 표25와 같으며, SPSS 11.0을 사용해서 도출한 빈도 분석 및 상관 분석의 결과를 근거로 표24

번호	가설
가설 1	1-1 원작에 대한 사전 관람 경험과 모션 그래픽에 대한 사전 지식은 인지된 유용성 및 인지된 이용 용이성과 상관관계를 갖고 있을 것이다
	1-2 원작에 대한 이전 관람 경험과 모션 그래픽에 대한 사전 지식은 전시 만족도, 전시 몰입도, 이용 태도 및 행동적 이용 의사와 상관관계를 갖고 있을 것이다
가설 2	인지된 유용성은 전시 만족도, 전시 몰입도, 이용 태도 및 행동적 이용 의사와 상관관계를 갖고 있을 것이다
가설 3	3-1 인지된 이용 용이성은 전시 만족도, 전시 몰입도, 이용 태도 및 행동적 이용 의사와 상관관계를 갖고 있을 것이다
	3-2 인지된 이용 용이성의 기술적 요인은 디지털 기술로 인한 피로도, 모션 그래픽으로 인한 피로도, 박물관 피로도와 상관관계를 갖고 있을 것이다
가설 4	전시 만족도, 전시 몰입도는 이용 태도 및 행동적 이용 의사와 상관관계를 갖고 있을 것이다
가설 5	디지털 기술로 인한 피로도, 모션 그래픽으로 인한 피로도, 박물관 피로도는 전시 만족도, 전시 몰입도, 이용 태도 및 행동적 이용 의사와 상관관계를 갖고 있을 것이다

표24 가설

구성 요소	문항수
원작에 대한 사전 관람 경험, 디지털 전시에 대한 사전 관람 경험, 모션 그래픽에 대한 사전 지식	4
인지된 유용성과 인지된 이용 용이성	2
전시 만족도, 전시 몰입도, 전시 피로도 및 기술로 인한 피로도	6
이용 태도 및 행동적 이용 의사	3
기술 및 모션 그래픽 효과	5

표25 설문 구성 요소

에 기술된 가설을 검증했다.

3) 분석 결과

빈도 분석 결과에 의하면, 원작 및 디지털 전시에 대한 관람 경험은 각각 60.00%, 모션 그래픽에 대한 사전 지식은 72.5%를 차지했다. 전시의 체험적 속성에서는 엔터테인먼트 속성(47.5%)이 상대적으로 높았으며, 교육적 속성(27.5%)이 심미적 속성(15.0%)보다 높게 평가되었는데, 이는 인지된 유용성에서 학습적 유용성(75.0%)이 감상적 유용성(62.5%)보다 높게 평가된 결과와 일치한다(그림52). 인지된 유용성의 세부 요인의 경우, 감상적 유용성에서는 상호작용성과 몰입적 특성(64.1%), 그리고 학습적 유용성에서는 작가와 작품에 대한 호기심 및 정보 탐색(47.5%)의 영향력이 가장 높게 평가되었다.

인지된 이용 용이성의 경우, 스토리텔링 요인(44.8%)의 영향력이 기술 요인(28.4%)과 전시 환경 요인(26.9%)보다 높게 나타났다(그림53). 세부 요인에서도 스토리텔링 요인에 해당하는 주제 중심의 전시 동선(12.1%)과 작품에 대한 해석 및 접근(11.2%)과 원작에 부재하는 재미 요소의 추가(11.2%)가 주요 요인으로 제시되었다(그림54).

몰입적 특성(20.2%)과 쾌락적 특성(16.0%)의 영향력으로 모집단의 71.8%는 전시 만족도에 대해 긍정적으로 평가했다(그림55). 모집단의 과반수 이상(55.0%)은 전시의 몰입적 특성(18.4%), 좋아하는 원작을 사용한 전시(18.4%), 전시의 상호작용성(14.9%), 모션 그래픽 효과로 인한 재미와 흥미(13.2%)로 인해 원작 전시에 비해 관람 소요 시간이 길었다. 또한 〈반 고흐 인사이드〉에 대한 재관람 의사(62.5%) 및 권유 의사(62.5%), 디지털 전시에 대한 관람 의사(67.5%)도 높은

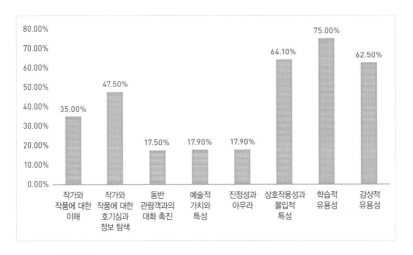

그림52 인지된 유용성

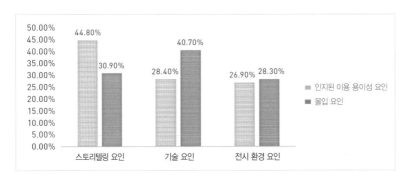

그림53 인지된 이용 용이성 요인과 몰입 요인

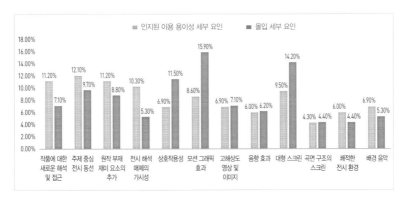

그림54 인지된 이용 용이성 세부 요인과 몰입 세부 요인

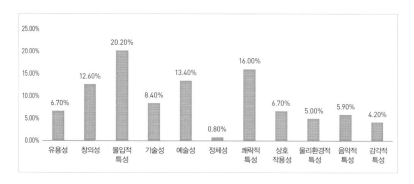

그림55 전시 만족도 세부 요인 비교

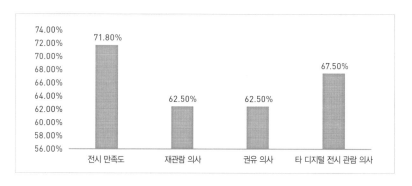

그림56 전시 만족도, 이용 태도 및 행동적 이용 의사 비교

수준으로 제시됨으로써, 전시 만족도의 행동적 이용 의사에 대한 영향력이 확인되었다(그림56).

모집단의 과반수 이상(62.5%)은 원작 전시에 비해 〈반 고흐 인사이드〉의 전시 몰입도를 높게 평가했는데, 몰입 요인에서는 기술 요인(40.7%)의 영향력이 스토리텔링 요인(30.9%)과 전시 환경 요인(28.3%)보다 높게 제시되었다(그림53). 세부 요인에서는 모션 그래픽 효과(15.9%)와 대형 스크린(14.2%)이 높게 평가된 반면, 공감각적 경험을 위해 사용된 음향 효과(6.2%)와 배경 음악(5.3%)의 몰입에 대한

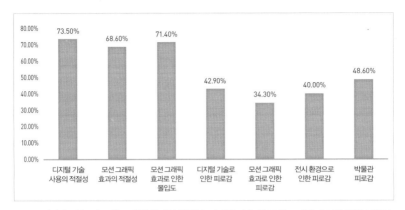

그림57 디지털 기술 및 모션 그래픽 효과의 적절성, 디지털 기술 및 모션 그래픽 효과로 인한 피로도,
전시 환경으로 인한 피로도, 박물관 피로도 비교

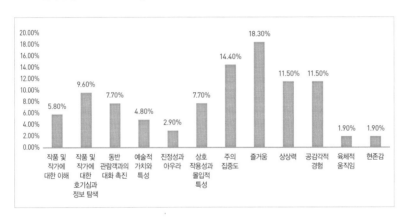

그림58 모션 그래픽 효과의 효과성

효용성은 입증되지 못했다(그림57).

　전시에 적용된 디지털 기술 사용의 적절성과 모션 그래픽 효
과의 적절성은 각각 73.5%, 68.6%로 매우 높게 평가되었다(그림58).
거의 과반수 정도의 모집단은 타 전시에 비해 〈반 고흐 인사이드〉
의 전시 피로도(45.0%)가 높다고 응답했다. 또한 피로도의 요인을 비
교한 결과, 박물관 피로도(48.6%)가 전시 환경으로 인한 피로도

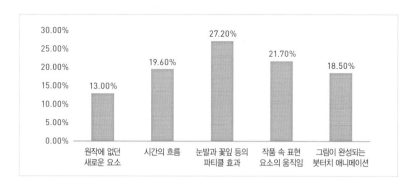

그림59 모션 그래픽 효과에 대한 선호도

(38.2%), 모션 그래픽 효과로 인한 피로도(34.3%), 디지털 기술로 인한 피로도(14.7%)보다 높게 제시되었다.

모션 그래픽 효과의 효용성의 경우, 즐거움 유발(18.3%), 상상력 충족(11.5%), 공감각적 체험(11.5%) 등 쾌락적 효용성(41.3%)이 학습적 효용성(22.9%)이나 감상적 효용성(22.1%)보다 높았다(그림59).

모션 그래픽 효과에 대한 선호도의 경우, 파티클 효과(27.2%), 그림 속 요소의 움직임(21.7%), 시간의 흐름(19.6%) 등 원작과 내재한 요소의 사용이 원작에 내재하지 않는 요소의 사용(13.0%)과 붓터치 애니매이션(18.5%)보다 높게 평가되었으며(그림2-26), 모션 그래픽 효과는 모션 그래픽으로 인한 피로(1.0%)에 직접적 영향을 미치지 않았다.

4) 가설 검증

▷ 가설 1-1

인지된 유용성의 경우, 디지털 전시에 대한 사전 관람 경험은 학습 도구로서의 적합성(.344*, p<.005)과 유의미한 상관관계를 가진

	원작에 대한 사전 관람 경험	디지털 전시에 대한 사전 관람 경험	모션 그래픽에 대한 사전 지식
학습 도구로서의 적합성	.079	.344*	.151
감상 도구로서의 적합성	.021	.084	.150

표26 원작에 대한 사전 관람 경험, 디지털 전시에 대한 사전 관람 경험, 모션 그래픽에 대한 사전 지식과 학습 도구로서의 적합성 및 감상 도구로서의 적합성간의 상관관계(* p〈0.01, ** p〈0.05)

	상호작용성	모션 그래픽 효과	고해상도 영상 및 이미지	음향 효과
디지털 전시에 대한 사전 관람 경험	−.070	−.046	.125	.163
	작품에 대한 새로운 해석 및 접근	주제 중심의 전시 동선	원작 부재 동적 요소의 추가	전시 해석 매체의 가시성
	.139	.365*	−.188	.044
	대형 스크린	곡면 구조의 스크린	쾌적한 전시 환경	배경 음악
	.287	.355*	.174	.298
	상호작용성	모션 그래픽 효과	고해상도 영상 및 이미지	음향 효과
원작에 대한 사전 관람 경험	.080	.138	.125	−.128
	작품에 대한 새로운 해석 및 접근	주제 중심의 전시 동선	원작 부재 동적 요소의 추가	전시 해석 매체의 가시성
	−.209	.000	−.037	−.140
	EF1	EF2	EF3	EF4
	.021	−.099	.071	.069
	상호작용성	모션 그래픽 효과	고해상도 영상 및 이미지	음향 효과
모션 그래픽에 대한 사전 지식	.198	.498**	.292	.219
	작품에 대한 새로운 해석 및 접근	주제 중심의 전시 동선	원작 부재 동적 요소의 추가	전시 해석 매체의 가시성
	.288	.180	.283	.177
	대형 스크린	곡면 구조의 스크린	쾌적한 전시 환경	배경 음악
	.264	.282	.043	.256

표27 원작에 대한 사전 관람 경험, 디지털 전시에 대한 사전 관람 경험, 모션 그래픽에 대한 사전 지식과 인지된 이용 용이성의 세부 요인간의 상관관계(* p〈0.01, ** p〈0.05)

반면, 원작에 대한 사전 관람 경험 및 모션 그래픽에 대한 사전 지식은 학습 도구로서의 적합성 및 감상 도구로서의 적합성에 영향을 미치지 않았다(표26). 인지된 이용 용이성의 경우, 디지털 전시에 대한 사전 관람 경험은 주제 중심으로 구성된 전시 동선와 곡면 구조의 스크린, 그리고 모션 그래픽에 대한 사전 지식은 영상에 적용된 모션 그래픽 효과와 각각 $p < 0.05$, $p < 0.01$ 유의 수준에서 상관관계를 가졌지만, 기타 세부 요인에는 영향을 미치지 못했기 때문에, 가설은 채택될 수 없다(표27).

▷ 가설 1-2

모션 그래픽에 대한 사전 지식은 전시 만족도 및 전시 몰입도, 행동적 이용 의사의 모든 항목에서 $p < 0.05$ 유의 수준에서 상관관계를 갖고 있었지만(표28), 원작 및 디지털 전시에 대한 사전 관람 경험은 이용 태도 및 행동적 이용 의사에 영향을 미치지 못했으므로, 가설은 채택될 수 없다.

	이용 태도			행동적 이용 의사	
	전시 만족도	전시 몰입도	반 고흐 인사이드 재관람 의사	디지털 전시 재관람 의사	반 고흐 인사이드 권유 의사
디지털 전시에 대한 사전 관람 경험	.569	.144	.156	.144	.147
원작에 대한 사전 관람 경험	.161	−.133	−.252	−.144	−.147
모션 그래픽에 대한 사전 지식	.372*	.363*	.323*	.361*	.316*

표28 원작에 대한 관람 경험, 디지털 전시에 대한 관람 경험, 모션 그래픽에 대한 사전 지식과 전시 만족도, 전시 몰입도, 행동적 이용 의사간의 상관관계(* $p < 0.01$, ** $p < 0.05$)

▷ 가설 2

학습적 유용성과 감상적 유용성은 전시 만족도 및 전시 몰입도와 상관관계(표29)를 가졌을 뿐만 아니라 p<0.01 유의 수준에서 이용 태도와 행동적 이용 의사와 상관관계를 가졌으므로, 이 가설은 채택될 수 있다(표30).

▷ 가설 3-1

인지된 이용 용이성의 세부 요인은 전시 만족도 및 전시 몰입

학습적 유용성UFL 및 감상적 유용성UFA의 세부 요인	전시 만족도	전시 몰입도
작가와 작품에 대한 이해	.620**	.377*
작가와 작품에 대한 호기심과 정보 탐색	.594**	.645**
동반 관람객과의 대화 촉진	.497**	.427**
예술적 가치와 특성	.533**	.410**
진정성과 아우라	.415**	.535**
상호작용성과 몰입적 특성	.361**	.739**

표29 학습적 유용성UFL 및 감상적 유용성UFA의 세부 요인과 전시 만족도, 전시 몰입도간의 상관관계
(* p<0.01, ** p<0.05)

이용 태도 및 행동적 이용 의사		학습적 유용성	감상적 유용성
이용 태도	전시 만족도	.655**	.661**
	전시 몰입도	706**	.772**
행동적 이용 의사	고흐전 재관람 의사	.569**	.509**
	디지털 전시 재관람 의사	559**	.629**
	고흐전 권유 의사	.634**	.619**

표30 학습적 유용성 및 감상적 유용성과 이용 태도 및 행동적 이용 의사간의 상관관계
(* p<0.01, ** p<0.05)

세부 요인	이용 태도			행동적 이용 의사	
	전시 만족도	전시 몰입도	반 고흐 인사이드 재관람 의사	디지털 전시 재관람 의사	반 고흐 인사이드 권유 의사
TF1	.588*	.415**	.324*	.460**	.424**
TF2	.369*	.534**	.323*	.557**	.419**
TF3	.549**	.624**	.351*	.467**	.482**
TF4	.556**	.508**	.597**	.633**	.539**
SF1	.461**	.509**	.599**	.550**	.590**
SF2	.425**	.437**	.429**	.387*	.387*
SF3	.659**	.560**	.314	.705**	.439**
SF4	.561**	.579**	.532**	.500**	.626**
EF1	.660**	.664**	.511**	.552**	.665**
EF2	.485**	.565**	.514**	.535**	.576**
EF3	.352*	.482**	.246	.333*	.349*
EF4	.667**	.550**	.390*	.549**	.484**

표31 인지된 이용 용이성의 세부 요인과 이용 태도 및 행동적 이용 의사간의 상관관계
(* $p < 0.01$, ** $p < 0.05$)

도, 디지털 전시에 대한 재관람 의사 및 권유 의사에 영향을 미쳤다. 하지만 원작에서 부재하는 동적 요소SF3와 쾌적한 전시 환경EF3의 〈반 고흐 인사이드〉에 대한 재관람 의사간 상관관계가 도출되지 못했기 때문에, 가설은 채택될 수 없다(표31).

▷ 가설 3-2

인지된 이용 용이성의 기술적 세부 요인은 디지털 기술로 인한 피로, 전시 환경적 피로, 박물관 피로에 영향을 미치지 못했다. 하지만 고해상도 영상 및 이미지TF3가 모션 그래픽으로 인한 피로

세부 요인	디지털 기술로 인한 피로감(DTF)	모션 그래픽 효과로 인한 피로감(MGF)	박물관 피로감(MF)
TF1	.201	.429*	.139
TF2	−.110	.228	−.073
TF3	.096	.288	.219
TF4	.146	.230	−.036

표32 인지된 이용 용이성의 세부 요인과 피로감 요인간의 상관관계(* p〈0.01, ** p〈0.05)

이용 태도	행동적 이용 의사		
	반 고흐 인사이드 재관람 의사	디지털 전시 재관람 의사	반 고흐 인사이드 권유 의사
전시 만족도	.607**	.678**	.667**
전시 몰입도	.649**	.761**	.778**

표33 전시 만족도 및 전시 몰입도와 행동적 이용 의사간의 상관관계(* p〈0.01, ** p〈0.05)

와 p〈0.05 유의 수준에서 상관관계를 갖고 있었으므로(표32), 가설은 채택될 수 없다.

▷ 가설 4

전시 만족도와 전시 몰입도는 행동적 이용 의사와 p〈0.01 유의 수준에서 유의미한 상관관계를 가졌으므로(표33), 가설은 채택되었다. 이 결과는 전시 만족도와 전시 몰입도가 높아질수록 행동적 이용 의사도 상승된다는 사실을 입증했다.

▷ 가설 5

디지털 기술로 인한 피로도와 박물관 피로도는 행동적 이용

피로도	행동적 이용 의사		
	고흐전 재관람 의사	디지털 전시 재관람 의사	고흐전 권유 의사
디지털 기술로 인한 피로도	.201	−.040	.179
모션 그래픽 효과로 인한 피로도	.393*	.372*	.489**
박물관 피로도	.082	.120	.098

표34 피로도와 행동적 이용 의사간의 상관관계(* p〈0.01, ** p〈0.05)

이용 태도	디지털 기술로 인한 피로도	모션 그래픽 효과로 인한 피로도	박물관 피로도
전시 만족도	.219	.367**	.122
전시 몰입도	.123	.543**	.172

표35 피로도 요인과 이용 태도간 상관관계(* p〈0.01, ** p〈0.05)

의사에 영향을 미치지 않았으나, 모션 그래픽으로 인한 피로도는 권유 의사와 p〈0.01 유의 수준에서, 〈반 고흐 인사이드〉에 대한 재관람 의사 및 디지털 전시에 대한 재관람 의사와는 p〈0.01 유의 수준에서 유의미한 상관관계를 가졌으므로(표34), 가설은 채택될 수 없다. 한편 〈반 고흐 인사이드〉에 대한 재관람 의사는 디지털 전시에 대한 재관람 의사(.677**) 및 권유 의사(.850**)와 상관관계를 갖고 있었고, 디지털 전시에 대한 재관람 의사는 권유 의사(.820**)와 상관관계를 가졌다.

디지털 기술로 인한 피로도나 박물관 피로도는 전시 만족도와 전시 몰입도에 영향을 미치지 않았으나, 모션 그래픽 효과로 인한 피로도는 전시 만족도 및 전시 몰입도와 p〈0.01 유의 수준에서 상관관계를 갖고 있었으므로(표35), 가설은 채택될 수 없다. 한편 피로의 요인간 관계성을 분석한 결과, 모션 그래픽 효과로 인한 피로도는 디지털 기술로 인한 피로도(.471**)와 박물관 피로도(.450**)와 상관관계를 갖고 있었다. 또한 피로에 대한 인지된 이용 용이성의 세부 요인의 영향력을 분석한 결과, 전시 해석 매체의 가시성은 디지털 기술로 인한 피로도(.368*)과 모션 그래픽 효과로 인한 피로도(.561**), 그리고 전시 미디어의 상호작용성 및 몰입적 특성은 모션 그래픽 효과로 인한 피로도(.429*)에 각각 영향을 미쳤다.

엔터테인먼트적 속성이 강한 〈반 고흐 인사이드〉의 경우, 인지된 유용성에서는 학습적 유용성이 감상적 유용성보다 높게 평가되었다. 인지된 유용성은 전시 만족도 및 전시 몰입도, 행동적 이용 의사에, 그리고 스토리텔링의 영향력이 컸던 인지된 이용 용이성은 전시 만족도 및 전시 몰입도, 〈반 고흐 인사이드〉에 대한 재관람 의사를 제외한 행동적 이용 의사에 영향을 미쳤다. 한편 인지된 유용성과 인지된 이용 용이성과는 달리, 원작 및 디지털 전시에 대한 사전 관람 경험은 전시 만족도와 전시 몰입도, 행동적 이용 의사와 상관관계를 갖지 않았다.

전시 미디어의 상호작용성 및 몰입적 특성, 모션 그래픽 효과로 인한 재미와 흥미는 전시 만족도와 전시 몰입도에 긍정적인 영향을 미쳤지만, 모션 그래픽으로 인한 피로도가 증가할수록 디지털 기술로 인한 피로도와 박물관 피로도는 상승했다. 또한 전시 만족도 및 전시 몰입도, 이용적 행동 의사가 높아질수록, 모션 그래픽으로 인한 피로도도 높아졌다.

인지된 유용성과 인지된 이용 용이성의 이용 태도 및 행동적 이용 의사에 대한 영향력이 검증됨에 따라, 기술 수용 모델의 두 변수는 사용자의 명화 디지털 전시의 기술 수용에 대한 예측을 가능케 했으며, 결론적으로 원작을 재매개한 디지털 전시에 대한 평가 모델로서 기술 수용 모델의 적합성이 입증되었다. 또한 본 연구를 통해 디지털 전시의 상호작용성과 몰입적 특성, 특히 큐레이팅 방법론 측면에서 모션 그래픽 효과의 이용 태도 및 행동적 이용 의사에 미친 영향력에 대한 중요성이 제시되었다.

03
디지털 전시의
몰입적 특성에 대한
비교

1970년대부터 시작된 전시 환경에서의 몰입에 대한 연구는 최근 창
작 기반 뉴 미디어뿐만 아니라 증강 현실AR, 가상 현실VR, 혼합현실
MR로 확대되고 있다. 다수의 선행 연구에 의하면, 전시의 몰입적 경
험은 전시 보유력 및 전시 만족도뿐만 아니라 행동적 이용 의사와
의 관계성으로 확장된다. 미하이 칙센트미하이M. Csikszentmihalyi의 몰입
에 대한 이론을 기반으로 한 대다수의 선행 연구에서, 몰입은
'최적의 심리적 경험' 또는 '사람들이 최선의 노력을 기울일 때 느
끼는 총체적인 감정 상태'를 의미한다.[67 68] 선행 연구를 검토해보면,
몰입은 내적 동기와 일치하고 가치 있다고 판단될 때 발생하며, 이
상태에 놓이게 되면 주변 상황을 인지하지 못하며, 행위 자체에 집
중하거나 일탈감, 기분의 고양, 만족감, 장기 기억 등의 효과가 발생
한다.[69]

특히 디지털 미디어의 상호작용성은 관람객의 흥미와 몰입을

증가시키며,[70] 미적 체험과 함께 현존감에 이르게 하는데, 몰입의 정도에 따라 관람객의 참여 방식과 그 정도도 달라진다.[71] 또한 전시에서의 몰입적 경험은 학습으로 연장되며,[72] 이로 인해 발생한 즐거움은 이용 태도 및 행동적 이용 의사에 유의미한 영향력을 미친다.[73][74]

예술작품 원작을 재개매한 디지털 전시 미디어의 상호작용성, 가변성, 몰입적 특성은 관람객의 능동적 참여와 관습과 고정된 개념적 틀로부터 새로운 지각을 가능케 한다.[75][76] 프로젝션 맵핑과 모션 그래픽은 동적 이미지에 대한 시각적 착시의 영상적 경험을 제공하며, 환영적 이미지로의 몰입을 유도한다.[77][78] 또한 시각 효과와 음향 효과 등의 공감각적 요소, 원작에 대한 재해석을 기반으로 한 전시 내러티브의 서사적 특성은 정서적 관여 및 몰입적 경험으로 확장된다.[79] 디지털 전시에서는 대형 스크린이 사용되는데, 스크린의 크기가 커질수록, 형태가 곡면 구조일수록, 영상의 해상도가 높을수록, 공감각적 요소가 동시에 적용될 때 몰입감이 심화되며,[80] 배경 음악이나 관람객의 밀도가 적절한 쾌적한 전시 환경 또한 몰입적 경험 및 이용 태도에 영향을 미친다.[81][82]

1) 연구 모형 및 연구 가설

본 연구에서는 2016년에 개최된 〈모네, 빛을 그리다展〉와 〈반 고흐 인사이드: 빛과 음악의 축제〉의 사용자 경험에 대한 실증적인 접근을 통해, 디지털 전시의 몰입적 특성을 도출하고, 스토리텔링 요인, 기술 요인, 전시 환경 요인이 전시 만족도, 전시 몰입도, 전시 피로도, 몰입 유형에 미친 영향력을 분석함으로써, 디지털 전시에 대한 평가 기준으로서 몰입적 특성이 갖는 의미를 제시하고자

그림60 〈모네, 빛을 그리다展〉과 〈반 고흐 인사이드: 빛과 음악의 축제〉

한다(그림60).

이에 본 연구는 〈모네, 빛을 그리다展(이하 모네전)〉와 〈반 고흐 인사이드: 빛과 음악의 축제(이하 고흐전)〉에서 스토리텔링 요인, 기술 요인, 전시 환경 요인이 전시 몰입도, 전시 만족도, 전시 피로도에 미친 영향력, 이용 태도간 상관관계, 몰입 요인이 몰입 유형에 미친 영향력을 분석함으로써, 디지털 전시에서 몰입적 특성이 갖는 의미를 도출하는 데 목적을 두고 있으며, 상기 내용을 근거로 설계

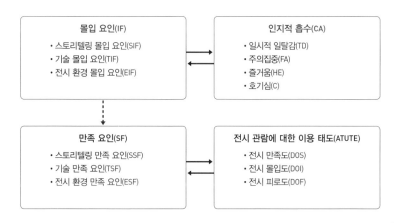

그림61 연구 모형

항목	가설 내용
가설 1	1-1 전시 만족도는 전시 몰입도와 상관관계를 가질 것이다 1-2 전시 만족도는 전시 피로도와 상관관계를 가질 것이다 1-3 전시 몰입도는 전시 피로도와 상관관계를 가질 것이다
가설 2	2-1 기술 요인(TF)은 전시 만족도와 상관관계를 가질 것이다 2-2 스토리텔링 요인(SF)은 은 전시 만족도와 상관관계를 가질 것이다 2-3 전시 환경 요인(EF)은 전시 만족도와 상관관계를 가질 것이다
가설 3	3-1 기술 요인(TF)은 전시 몰입도와 상관관계를 가질 것이다 3-2 스토리텔링 요인(SF)은 전시 몰입도와 상관관계를 가질 것이다 3-3 전시 환경 요인(EF)은 전시 몰입도와 상관관계를 가질 것이다
가설 4	4-1 전시 미디어의 몰입적 특성은 전시 만족도와 상관관계를 가질 것이다 4-2 전시 미디어의 몰입적 특성은 전시 몰입도와 상관관계를 가질 것이다 4-3 전시 미디어의 몰입적 특성은 전시 피로도와 상관관계를 가질 것이다
가설 5	5-1 몰입 요인은 인지적 흡수의 주의 집중도와 상관관계를 가질 것이다 5-2 몰입 요인은 인지적 흡수의 일시적 괴리감과 상관관계를 가질 것이다 5-3 몰입 요인은 인지적 흡수의 호기심과 상관관계를 가질 것이다

표36 연구 가설

된 연구 모형은 **그림61**과 같다. 연구 모형을 기반으로 수립된 가설은 표36과 같다.

본 연구에서는 스티븐 빗굿[83]과 매기 스토그너의[84] 몰입 요인을 조작적으로 정의해서 스토리텔링 요인, 기술 요인, 전시 환경 요인으로 대별했으며, 각각의 요인은 세부 요인으로 구분되어 이용 태도에 미친 영향력이 분석되었다(표37). 또한 전시 만족도와 전시 몰입도의 요인별 영향력을 비교·분석하기 위해, 전시 요인은 몰입 요인을 차용했다.

몰입 유형은 다양한 영역에서 몰입 분석 도구로서 사용되고 있는 리투 아가왈&엘레나 카라하날의[85] 인지적 흡수Cognitive Absorption, 이하 CA에 대한 측정 요인을 사용했으나, 전시 미디어의 제어적 특성

선행 연구에서 사용된 몰입 요인	조작된 정의의 몰입 요인	몰입 요소	모네전	고흐전
서사적 몰입	스토리텔링 몰입 요인SIF	작품에 대한 새로운 해석 및 접근SF1	○	○
		주제 중심의 전시 동선SF2	○	○
		원작 부재의 동적 요소의 추가SF 3	○	×
		전시 해석 매체의 가시성SF4	○	×
인터랙티브 몰입	기술 몰입 요인TIF	상호작용성TF1	○	○
		모션 그래픽 효과TF2	○	○
		고해상도 영상 및 이미지TF3	○	○
미디어 몰입		음향 효과TF4	×	○
극적 몰입	전시 환경 몰입 요인EIF	스크린의 크기EF1	○	○
		곡면 구조 스크린EF2	○	○
환경적 몰입		쾌적한 전시 환경EF3	○	○
		배경 음악EF4	○	○

표37 몰입 요인과 몰입 세부 요인의 조작적 정의

의 부재로 인해 본 연구에서 제외되었다. 또한 디지털 전시 환경에서는 대형 스크린에 투사된 영상의 고해상도나 빠른 속도의 모션 그래픽 효과로 인해 발생하는 기술 피로도Technical Fatigue, 이하 TF가 전시 미디어의 특성, 정보량, 전시실의 소음으로 인한 박물관 피로도를 가중시키기 때문에, 전시 피로도Degree of Fatigue, 이하 DOF가 이용 태도에 포함되었다.[86]

2) 연구 방법론

연구 방법론의 경우, 본 연구는 〈모네, 빛을 그리다展〉와 〈반 고흐 인사이드: 빛과 음악의 축제〉를 모두 관람한 20~26세의 관람객 37명으로 모집단을 구성하고, 설문조사를 통해 사용자 경험을 분석했다. 모집단의 모네 및 고흐 원작에 대한 사전 관람 경험, 디지털 전시에 대한 사전 관람 경험은 각각 75.7%, 67.6%, 67.6%로 제시되었다. 설문 내용은 전시의 체험적 특성, 전시 만족도 및 만족 요인, 전시 몰입도 및 몰입 요인, 몰입 유형, 전시 피로도 등 20개의 항목으로 구성되었으며, SPSS 11.0을 사용해서 도출한 빈도 분석 및 상관 분석의 결과를 근거로 표36에 기술된 연구 가설을 검증했다.

3) 분석 결과

체험적 속성에서는 두 전시 모두 엔터테인먼트적 속성이 각각 40.5%, 43.2%로 가장 높은 비율을 차지했다. 교육적 속성은 고흐전(21.6%)에 비해 모네전(35.1%)이 높았으나, 학습 도구로서의 적

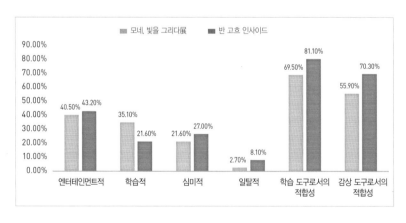

그림62 체험적 속성, 학습 도구의 적합성 및 감상 도구의 적합성의 비교

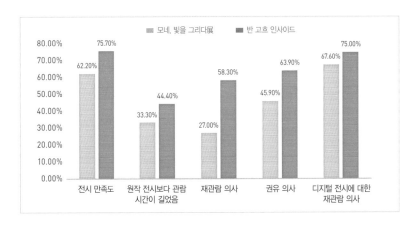

그림63 전시 만족도, 원작과의 관람 시간 비교, 재관람 의사, 권유 의사, 디지털 전시에 대한 재관람 의사

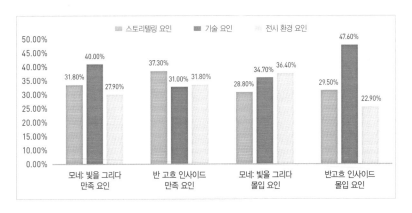

그림64 전시 만족 요인 및 몰입 요인의 비교

합성 및 감상 도구로서의 적합성은 모두 고흐전(81.1%, 70.3%)이 모네
전(69.5%, 55.9%)에 비해 높게 평가되었다(그림62).

　　전시 만족도의 경우, 고흐전(75.7%)이 모네전(62.2%)보다 높게
평가되었으며, 전시 만족도는 체류 시간(전시 보유력)과 행동적 이용
의사(재관람 의사, 권유 의사, 디지털 전시에 대한 관람 의사)의 증가에 영향을
미쳤다(그림63). 만족 요인의 경우, 모네전은 기술 요인, 고흐전은 스

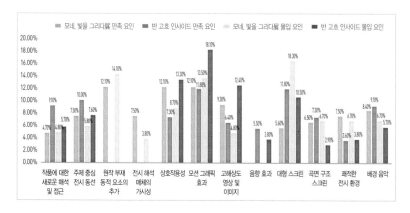

그림65 전시 만족 세부 요인 및 몰입 세부 요인의 비교

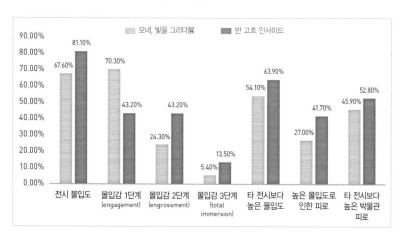

그림66 전시 몰입도, 몰입감 단계, 몰입도와 피로도의 비교

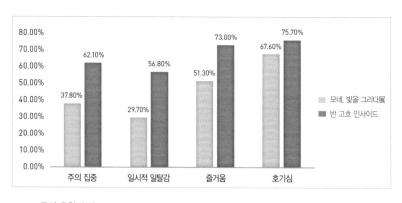

그림67 몰입 유형의 비교

토리텔링 요인의 영향력이 크게 나타난 반면, 몰입 요인의 경우에는 모네전은 전시 환경 요인, 고흐전은 기술 환경 요인의 영향력이 크게 작용했다(그림64). 세부 만족 요인의 경우 고흐전은 모션 그래픽 효과(11.8%)와 대형 스크린(11.8%), 배경 음악(9.1%)의 영향력이 컸던 반면, 모네전은 상호작용성(12.1%), 원작에 부재하는 동적 요소의 추가(12.1%), 모션 그래픽 효과(12.1%)가 전시 만족도에 영향을 미친 주요 요인으로 작용했다(그림65).

두 전시의 전시 몰입도(고흐전: 81.1%, 모네전: 67.6%)는 상당히 높게 평가되었고, 모집단의 과반수 이상이 타 전시에 비해 두 전시의 전시 몰입도(모네전: 54.1%, 고흐전: 63.9%)가 높다고 응답했다(그림2-33). 고흐전의 전시 몰입도는 몰입 유형의 모든 항목에서 높았을 뿐만 아니라, 이로 인해 몰입적 특성으로 인한 피로도와 박물관 피로도도 높게 나타났다.

고흐전은 기술 몰입 요인, 모네전은 전시 환경 요인의 영향력이 컸는데, 공감각적 경험을 위해 고흐전에서 사용된 음향 효과(6.2%)의 전시 만족도 및 전시 몰입도에 대한 영향력은 매우 낮게 평가되었다(그림65). 또한 두 전시 모두 주의 집중FA이나 시간 경과에 따른 일시적 일탈감TD보다 호기심C과 즐거움HE 등의 쾌락적 특성이 내재한 몰입 유형이 상대적으로 높았다(그림67).

▷ 가설 1

두 전시 모두 전시 몰입도와 전시 만족도간에는 유의미한 상관관계가 있으므로, 가설1-1은 채택되었다. 또한 전시 미디어의 몰입적 특성이 강할수록, 몰입감 단계가 상승할수록, 타 전시에 비해 몰입도가 높다고 느낄수록, 전시 만족도가 상승했다(표38). 두 전시

	모네전 전시 몰입도	고흐전 전시 몰입도	전시 미디어의 몰입적 특성	몰입감 단계	타 전시에 비해 높은 몰입도
모네전 전시 만족도	.661**		.661**	.387*	.727**
고흐전 전시 만족도		.709**	.709**	.343*	.577**

표38 전시 만족도와 전시 몰입도간의 상관관계, 전시 만족도와 전시 미디어의 몰입적 특성, 몰입감 단계, 타 전시에 비해 높은 몰입도(** $p < 0.01$, * $p < 0.05$)

의 전시 만족도와 전시 피로도간 상관관계, 전시 몰입도와 전시 피로도간 상관관계는 도출되지 않았으므로, 두 가설(1-2, 1-3)은 기각되었다. 이외에 원작에 대한 관람 경험은 두 전시의 전시 만족도,

학습 도구 및 감상 도구로서의 적합성 및 이용 태도		전시 피로도	원작에 대한 사전 관람 경험
학습 도구 및 감상 도구로서의 적합성	모네전 학습 도구로서의 적합성	–	–.066
	모네전 감상 도구로서의 적합성	–	.163
	고흐전 학습 도구로서의 적합성	–	–.301
	고흐전 감상 도구로서의 적합성	–	–.187
이용 태도	모네전 전시 만족도	–.177	–.024
	고흐전 전시 만족도	–.079	–.126
	모네전 전시 몰입도	–.031	–
	고흐전 전시 몰입도	.012	–

표39 전시 만족도와 전시 피로도, 전시 몰입도와 전시 피로도간의 상관관계, 원작에 대한 사전 관람 경험과 전시 만족도, 전시 몰입도, 학습 도구로서의 적합성, 감상 도구로서의 적합성간의 상관관계
(** $p < 0.01$, * $p < 0.05$)

학습 도구로서의 적합성 및 감상 도구로서의 적합성에 영향을 미치지 않았다(표39).

▷ 가설 2

모네전의 스토리텔링 요인은 전시 만족도에 영향을 미쳤지만(2-2), 전시 만족도와 모션 그래픽 효과TF 및 배경 음악EF간에는 상관관계는 도출되지 않았으므로 가설 2-1과 2-3은 기각되었다. 한편 고흐전에서는 상호작용성TF이 전시 만족도에 영향을 미치지 못했기 때문에 가설 2-1은 기각되었고, 주제 중심의 전시 동선SF이 다른 세부 요인에 비해 유의 수준($p < 0.05$)이 낮았으나, 나머지 두 요인에서 유의미한 상관관계가 도출되었으므로, 가설 2-2와 2-3은 채택되었다(표40).

▷ 가설 3

모네전의 경우, 모션 그래픽 효과TF와 배경 음악EF과 전시 만족도와 전시 몰입도간 상관관계가 도출되지 않았으므로 가설 3-1과 3-3은 기각되었다. 하지만 스토리텔링 요인에서는 작품에 대한 새로운 해석 및 접근과 전시 해석 매체의 가시성의 유의 수준($p < 0.01$)이 높게 나타났고, 모든 요인에서 상관관계가 도출되었으므로, 가설 3-2는 채택되었다. 고흐전의 경우, 상호작용성(TF)과 주제 중심의 전시 동선(SF)의 유의 수준($p < 0.05$)이 낮게 제시되었지만, 모든 세부 요인에서 유의미한 상관관계를 도출되었으므로, 세 가지의 가설은 채택되었다(표40).

요인	세부 요인	모네전		고흐전	
		전시 만족도	전시 몰입도	전시 만족도	전시 몰입도
기술 요인TF	상호작용성	.614**	.569**	.282	.326*
	모션 그래픽 효과	.303	.318	.489**	.475**
	고해상도 영상 및 이미지	.497**	.473**	.582**	.592**
	음향 효과	–	–	.533**	.457**
스토리텔링 요인SF	작품에 대한 새로운 해석 및 접근	.623**	.481**	.803**	.709**
	주제 중심의 전시 동선	.547**	.372*	.359*	.399*
	원작 부재 동적 요소의 추가	.387*	.407*	–	–
	전시 해석 매체의 가시성	.523**		.467**	.597**
전시 환경 요인EF	대형 스크린	.465**	.371*	.620**	.585**
	곡면 구조의 스크린	.390*	.393*	.476**	.603**
	쾌적한 전시 환경	.626**	.409*	.623**	.567**
	배경 음악	.271	.254	.488**	.486**

표40 전시 만족도와 전시 만족 세부 요인, 전시 몰입도와 전시 몰입 세부 요인간 상관관계
(** p〈0.01, * p〈0.05)

	이용 태도					
	모네전 전시 만족도	고흐전 전시 만족도	모네전 전시 몰입도	고흐전 전시 몰입도	모네전 전시 피로도	고흐전 전시 피로도
전시 미디어의 몰입적 특성	.661**	.709**	.679**	.627**	.377*	.571**

표41 전시 미디어의 몰입적 특성과 전시 만족도, 전시 몰입도, 전시 피로도간의 상관관계
(* p〈0.05, ** p〈0.01)

▷가설 4

전시 미디어의 몰입적 특성의 영향력을 분석한 결과(표41), 두 전시 모두 몰입적 특성이 전시 만족도 및 전시 몰입도에 영향을 미쳤고, 몰입적 특성이 심화될수록 전시 피로도가 상승했으므로, 세 가설(4-1, 4-2, 4-3)은 모두 채택되었다(표41). 또한 고흐전의 경우 몰입 요인과 전시 피로도와의 상관관계가 도출되지 않았으나, 모네전의 경우에는 대형 스크린(-.365*, p〈0.05)이 전시 피로도의 원인으로 작용했다.

▷ 가설 5

고흐전의 경우, 쾌적한 전시 환경을 제외한 모든 몰입 요인은 몰입 유형과 유의미한 상관관계를 가졌다. 하지만 모네전은 기술 요인에서는 모션 그래픽 효과(일시적 일탈감), 스토리텔링 요인에서는 원작에 부재하는 동적 요소(주의 집중, 일시적 일탈감), 해석 매체의 가시성(주의 집중), 전시 환경 요인에서는 곡면 구조의 스크린(주의 집중, 일시적 일탈감, 즐거움), 쾌적한 전시 환경(주의 집중, 일시적 일탈감, 호기심)과 몰입 유형과의 상관관계가 도출되지 않았으므로 가설은 기각되었다(표42).

몰입 유형과 몰입 요인간 상관관계의 분석 결과에서 나타난 가장 큰 특징은 다른 요인에 비해 전시 환경 요인의 몰입 유형에 대한 영향력이 상대적으로 약하게 제시되었다는 것이다. 또한 몰입 요인은 주의 집중 및 즐거움과 음(-)의 상관관계를 가진 반면, 일시적 일탈감 및 호기심과는 양(+)의 상관관계를 가졌다. 특히 모네전에만 적용되었던 원작에 부재하는 동적 요소는 주의 집중 및 일시적 일탈감과는 유의미한 상관관계를 갖지 않았지만, 반면 호기심에는 긍정적인 영향력으로, 즐거움에는 부정적인 영향력으로 작용했다. 고흐전의 경우, 공감각적 경험을 위해 사용되었던 음향 효과는 주의 집중 및 즐거움에는 부정적인 영향력으로, 일시적 일탈감 및 호기심에는 긍정적 요인으로 작용했다.

몰입 요인	몰입 유형							
	주의 집중		일시적 일탈감		즐거움		호기심	
	모네전	고흐전	모네전	고흐전	모네전	고흐전	모네전	고흐전
상호작용성	−.380*	−.537**	.493**	.455**	−.712**	−.702**	.535**	.466**
모션 그래픽 효과	−.373*	−.587**	.244	.498**	−.419*	−.773**	.472**	.535**
고해상도 영상 및 이미지	−.418*	−.674**	.425**	.598**	−.440**	−.732**	.545**	.749**
음향 효과	−.423*	−.547**	.481**	.476**	−.427**	−.674**	.478**	.587**
작품에 대한 새로운 해석 및 접근	−.392*	−.682**	.435**	.448**	−.584**	−.539**	.408*	.584**
주제 중심의 전시 동선	−.412*	−.579**	.435**	.469**	−.512**	−.418*	.485**	.660**
원작 부재 동적 요소의 추가	−.284	−.442**	.258	.423*	−.441**	−.489**	.472**	.504**
전시 해석 매체의 가시성	−.328	−.657**	.334*	.356*	−.417*	−.333*	.454**	.373*
대형 스크린	−.426**	−.497**	.493**	.386*	−.661**	−.710**	.688**	.539**
곡면 구조의 스크린	−.172	−.445**	.255	.594**	−.323	−.587**	.490**	.530**
쾌적한 전시 환경	−.060	−.251	.138	.501**	−.405*	−.484**	.296	.601**
배경 음악	−.370*	−.518**	.379*	.498**	−.434**	−.706**	.470**	.734**

표42 몰입 세부 요인과 몰입 유형간 상관관계(** p〈0.01, * p〈0.05)

분석 결과를 종합해보면, 엔터테인먼트적 속성이 강한 두 전시는 전시 몰입도가 높을수록, 전시 미디어의 몰입적 특성이 강할수록, 몰입감의 단계가 높아질수록, 타 전시에 대해 몰입도가 높다고 느낄수록 전시 만족도가 상승했으며, 전시 만족도는 전시 보유력과 행동적 이용 의사의 증진에 영향을 미쳤다. 빈도 분석 결과에 의하면, 모네전보다 고흐전의 전시 만족도와 전시 몰입도가 높았으며, 몰입적 특성으로 인한 피로와 박물관 피로도도 높았지만, 결과적으로 두 전시 모두 상관 분석을 통해 전시 피로도가 전시 만족도와 전시 몰입도에 영향을 미치지 않았다는 사실이 확인되었다.

고흐전의 경우에는 상호작용성을 제외한 세 가지의 몰입 요인이 전시 만족도 및 전시 몰입도에 영향력을 미친 것으로 나타났다. 하지만 모네전의 경우에는 스토리텔링 요인의 영향력만 나타났고, 고흐전과는 달리 모션 그래픽 효과와 배경 음악의 전시 만족도 및 전시 몰입도에 대한 영향력은 도출되지 않았다. 또한 고흐전에서는 주제 중심의 전시 동선이 다른 요인에 비해 영향력이 낮았으며, 모네전의 경우에는 주제 중심의 전시 동선, 원작 부재 동적 요소의 추가, 대형 스크린 곡면 구조 스크린의 영향력 낮게 제시되었다. 한편 몰입 요인은 주의 집중과 즐거움에 부정적인 영향력을 미친 반면, 일시적 일탈감과 호기심에 긍정적인 영향을 미쳤다. 특히 모네전에만 적용되었던 원작에 부재하는 동적 요소와 고흐전에서 공감각적 경험을 위해 사용된 음향 효과는 몰입에 부정적인 요인으로 작용했다. 본 연구를 통해 디지털 전시의 몰입적 특성과 몰입 요인의 전시 만족도와 전시 몰입도 등 이용 태도와 몰입 유형에 미친 영향력이 입증됨에 따라, 디지털 전시의 사용자 수용에 대한 평가 기준으로서 몰입 요인의 적합성이 제시되었다.

04

예술작품의 원작으로 구성된 전시와
원작을 재매개한 디지털 전시의
미적 경험에 대한
상이성 비교

미적 태도에 대한 본격적인 논의는 18세기 안소니 샤프츠베리A.A.C Shaftesbury, 프랜시스 허치슨F. Hutcheson, 조셉 애디슨J. Addison 등의 영국 취미론자들로부터 시작되었고, 이후 칸트를 거쳐 현대에 들어와서 는 블로우E. Bullough, 제롬 스톨니츠J. Stolnitz 등으로 이어졌다.[88] 이들 이 논한 미적 태도와 관련된 개념은 무관심성disinterestedness, 관조 comtemplation, 심적 거리psychical distance 등으로 요약될 수 있다. 이 가운데 블로우는 '미적 경험'이란 우리가 어떤 대상을 바라볼 때, 부족한 거리 설정under-distancing과 지나친 거리 설정over-distancing의 사이에 일정 한 미적 거리distance가 유지되기만 하면 발생한다는 점을 강조했다.[89]

아리스토텔레스Aristoteles는 인간의 이성적 능력이 사물을 변화 시키지 않고 대상의 본질이나 진리 그 자체를 인식하는 지각 활동 을 '관조theoria'라고 지칭했다.[90] 다시 말해, 관조는 자아가 거리를 두 고 대상을 수용하는 지각 작용이다. 미적 태도에 대해 좀 더 단순한 개념을 제시한 쇼펜하우어에 의하면, 미적 태도는 본질적으로 관조를 통해 몰입하고 있는 사물에 집중했을 때 실현되며, 이러한 순수한 관조의 대상은 미적 대상이 된다.

어떤 배후의 목적을 지니지 않는 관심을 의미하는 무관심성은 미적 태도에 대한 개념들 가운데 가장 핵심적인 위치를 차지한다. 이 용어를 처음으로 사용했던 안소니 샤프츠베리에 의하면 무관심성은 개인이 모든 자신의 이해 관계를 배제한 순수한 마음의 상태에서 있는 그대로 관조하고 감상하는 것을 의미한다. 이후 안소니 샤프츠베리의 무관심성은 칸트에 의해 심화되는데, 칸트는 '주관과 대상간의 독특한 거리 두기'와 '상호주관적 공감의 지평으로의 확대'로 그 의미를 정의했다.[91]

이후 제롬 스톨니츠는 미적 태도를 '그것이 어떤 대상이든 인지의 대상을 그 대상 자체를 위해서, 무관심적으로, 공감적으로 주목하고 관조하는 것'으로 정의했다. 다시 말해 미적 태도에 대해 스톨니츠가 강조한 것은 대상을 고립화시키고 집중함으로써 대상의 특성을 자세히 고려하여 즐거움과 감정을 발생시키는 태도이다. 여기서 '무관심적'이란 '관심'이 개입되지 않았음을 의미하며, 단지 경험을 갖는다는 목적 이외에 경험을 지배하는 다른 목적이 없다는 것을 의미한다. 여기서 미적 태도에 대해 스톨니츠가 강조하는 것은 '고립화'시키고 '집중함'으로써 대상의 특성을 고려하고 즐거움과 감정을 발생시킨다는 것이다.[92] 마지막으로 심적 거리의 경우, 블로우는 심리적으로 미적 대상과 너무 가깝거나 멀지 않은 적절한 거리를 유지해야 한다는 점을 강조했는데, 이는 무관심성의 또다른 해석이나 무관심의 개념에서 정서적 분리의 개념을 추가시킨 것이라고 할 수 있다.

〈기술복제시대의 예술작품(1936)〉에서, 발터 벤야민은 예술작품의 기계적 복제에 대한 가능성에 주목했다. 또한 기술 발전에 따른 전통 예술의 표현 방식과 수용 방식의 변화를 예견했는데, 예컨대 피카소와 같은 회화작품에 가졌던 가장 낙후된 태도가 채플린과 같은 영화에 대해 갖는 가장 진보적인 태도로 바뀐 것이다.[93] 또한 아우라를 대상이 가지고 있는 객관적 특성만으로 파악하지 않고 예술작품을 수용하는 과정에서 생긴 하나의 주관적 경험으로서의 지각 가능성을 제시했다.

특히 벤야민은 새로운 예술 시대의 특성을 '아우라의 몰락'으로 함축적으로 표현했는데, 디지털 시대의 도래와 함께 그 현상은 한층 더 가시화되었으며, 예술작품이 갖는 진품성, 일회성, 원본성이 더 이상 예술의 정의를 이루는 필수 요건이 되지 못하게 되었다.[94] 또한 기술의 도입으로 인해 '지금, 여기에'라는 원본적 유일성은 이미지의 동시편재성에 의해 대체되었으며[95], 사진과 영화의 등장으로 현존성이라는 개념은 복제될 수 없다. 대량 생산된 작품들로 인해 원작의 고유한 아우라는 상실되고, 이로써 예술 개념에 대한 새로운 관념이 형성되었다.[96] 예술과 수용자간 관계의 관점에서 '아우라의 몰락'은 기술의 도입으로 인한 인간 지각과 경험 방식의 변화, 즉 전통 예술에서 작품과의 물리적 거리를 유지하며 침잠과 사유하는 태도에 의한 맹목적 또는 일반적 수용이 아닌,[97] 분산적, 촉각적 지각으로의 환치를 의미한다.[98][99]

선행 연구를 근거로,[100] 감상자와 감상 대상과의 관계성 관점에서 전통적인 예술작품과 디지털 미디어의 미적 경험을 비교한 아래 표43을 통해, 감상자와 감상 대상과의 관계에서 물리적 거리, 심미적 태도, 지각 방식이 다름을 알 수 있다.[101] 상술한 바와 같이, 종

구분	예술작품	디지털 미디어
감상 대상	정지되어 있는 대상	움직이거나 변형된 대상
생산 방식	재현과 모방	이미지 복제와 변형
유희적 성향	없음	있음
물리적 거리	작품 접근에 대한 물리적 거리가 김	작품 접근에 대한 물리적 거리가 짧음
지각 방식	집중적 지각	분산적 지각
상호작용	일방적 수용	상호작용적 수용
감상 태도	수동적	능동적

표43 전통적인 예술작품과 디지털 미디어의 미적 경험 비교[102]

교나 의례적 가치가 강조되었고, 시각적 표현에 집중되었던 전통적인 예술작품에 대한 감상에서 중요한 키워드는 관조였다. 여기에는 이미지인 객체와 감상자로 나눈 이분화 개념이 내포되어 있다.

이러한 수용 과정에서 감상자는 전시물과의 물리적 거리를 유지하며, 예술작품에 대한 집중 및 침잠의 관조적 지각 방식으로 예술작품으로부터 발현되는 기운, 즉 아우라의 울림과 상호작용을 통해 몰입에 이르게 되는데 이때 관람객의 역할은 수동적이다.[103] 예컨대, 회화나 조각 등의 조형 예술의 경우, 작가의 완결된 작품으로서 예술작품은 관람객의 관조의 대상이 되며, 관람객은 이러한 예술작품을 응시하며 감상하는 소극적 태도를 취한다. 반면, 상호작용을 통한 전시물과 감상자의 일원화를 전제로 하는 디지털 미디어의 경우에는 참여와 체험에 의한 분산적 지각과 유희적 방식으로 능동적 상호작용을 통해 심미적 몰입으로 유도된다.

그림68 〈풍경으로 보는 인상주의展〉과 〈모네, 빛을 그리다展〉의 전시 포스터[105]

최근 디지털 미디어는 간송문화전처럼 원작과 병치되는 하이브리드 전시나 〈모네, 빛을 그리다展(2015~2016)〉, 〈반 고흐 인사이드: 빛과 음악의 축제(2016)〉, 〈미켈란젤로(2016)〉 등 명화 기반의 디지털 전시에서 활용되고 있다. 상호작용적 관점에서, 디지털 미디어는 상당한 변화를 가져왔지만, 전통적인 예술작품에 익숙한 관람객들은 수동적인 태도로 디지털 미디어에 접근하고 있다.[104] 이에 본 연구는 인상주의 작품으로 구성된 〈풍경으로 보는 인상주의展(2015~2016)〉과 인상주의 작품을 디지털 기술로 재매개한 〈모네, 빛을 그리다展〉의 사용자 경험에 실증적으로 접근해서, 전시 매체적 상이성에 따른 두 전시 수용 및 미적 경험을 비교·분석하는 데 목적을 두고 있다.

1) 연구 모형 및 연구 가설

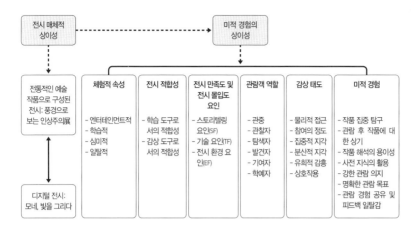

그림69 연구 모형

　본 연구의 핵심은 전시 매체적 상이성으로 인해 전통적인 예술작품 전시인 〈풍경으로 보는 인상주의展(2015~2016)〉과 인상주의 작품을 디지털 기술로 재매개한 〈모네, 빛을 그리다展〉의 전시 수용 및 미적 경험이 상이하다는 전제하에 위의 연구 모형을 설계했다(그림69).

　본 연구에서 가설은 6개의 영역으로 구성되었다(표44). 가설 1은 전시의 매체적 상이성에 따른 전시의 체험적 속성과 학습 도구의 적합성 및 감상 도구의 적합성에 초점이 맞춰졌다. 전시의 체험적 속성은 조지프 파인과 제임스 길모어[106]의 체험적 개념을 박물관의 맥락에 적용한 박조원,[107] 정석순&이준엽[108]의 연구에서 사용된 엔터테인먼트적 속성, 교육적 속성, 심미적 속성, 일탈적 속성을 차용해서 측정되었다.

　기술 수용 모델을 기반으로 반 고흐의 디지털 전시를 분석한 선행 연구의 경우, 엔터테인먼트 속성(47.5%)이 상대적으로 높았으며, 교육적 속성(27.5%)이 심미적 속성(15.0%)보다 높았다. 또한 전시의 학습도구로서의 적합성(75.0%)이 감상 도구로서의 적합성(62.5%)보다 높게 제시되었으며, 전시의 체험적 속성은 두 가지의 적합성

구분	가설내용
가설 1	1–1 모네전은 엔터테인먼트적 속성, 인상주의전은 심미적 속성이 강할 것이다 1–2 전시의 체험적 속성의 상이성으로 인해 모네전에 비해 인상주의전의 학습 도구로서의 적합성 및 감상 도구로서의 적합성이 높을 것이다 1–3 감상 도구로서의 적합성은 심미적 속성과 유의미한 상관관계를 가질 것이다
가설 2	2–1 전시 만족도와 전시 몰입도와의 상관관계에서, 디지털 미디어를 사용한 모네전은 참여의 정도, 유희적 감흥, 상호작용과 유의미한 상관관계를 가질 것이다 2–2 모네전의 경우에는 분산적 지각, 인상주의전에서는 집중적 지각이 전시 몰입도와 유의미한 상관관계를 가질 것이다 2–3 모네전의 경우에는 분산적 지각, 인상주의전에서는 집중적 지각이 전시의 감상적 유용성과 유의미한 상관관계를 가질 것이다
가설 3	3–1 모네전의 감상 태도 가운데 분산적 지각이 관람객 역할과 유의미한 상관관계를 가질 것이다 3–2 인상주의전의 경우에는 집중적 지각이 관람객 역할과 유의미한 상관관계를 가질 것이다 3–3 모네전의 관람객 역할은 능동적, 인상주의전의 관람객 역할은 수동적 특성을 가질 것이다 3–4 몰입 요인은 모네전의 분산적 지각, 인상주의전의 집중적 지각과 유의미한 상관관계를 가질 것이다
가설 4	4–1 모네전의 경우, 기술 몰입 요인은 전시 만족도 및 전시 몰입도와 유의미한 상관관계를 가질 것이다 4–2 인상주의전의 경우, 기술 몰입 요인은 전시 만족도 및 전시 몰입도와 유의미한 상관관계를 가질 것이다
가설 5	5–1 전시 만족도는 전시 몰입도와 유의미한 상관관계를 가질 것이다 5–2 전시 만족도는 관람객 역할과 유의미한 상관관계를 가질 것이다 5–3 전시 몰입도는 관람객 역할과 유의미한 상관관계를 가질 것이다
가설 6	6–1 미적 경험을 통한 몰입감 가운데 작품 탐구와 작품 경험 공유는 두 전시의 전시 만족도와 유의미한 상관관계를 가질 것이다 6–2 미적 경험을 통한 몰입감 가운데 일탈감은 두 전시의 전시 몰입도와 유의미한 상관관계를 가질 것이다 6–3 미적 경험을 통한 몰입감 가운데 작품 탐구와 작품 해석의 용이성은 전시의 학습 도구로서의 적합성 및 감상 도구로서의 적합성과 유의미한 상관관계를 가질 것이다 6–4 미적 경험을 통한 몰입감은 관람객 역할과 유의미한 상관관계를 가질 것이다

표44 가설

에 영향을 미치지 않았다.[109] 이에 본 연구에서는 상기 연구를 기반으로 예술작품을 원작으로 구성한 인상주의전의 학습 도구의 적합성 및 감상 도구의 적합성이 디지털 기술로 인상주의 작품을 재매개한 모네전보다 높을 것이라는 가설을 세웠다. 선행 연구와 동일한 방식으로 두 전시의 학습 도구 및 감상 도구로서의 적합성에 대한 비교와 함께 체험적 속성의 학습 도구 및 감상 도구에 대한 영향력을 각각 분석했다.

대부분 전시 평가에 대한 연구는 전시 만족도와 전시 몰입도를 주요 요인으로 병용했으며, 다수의 선행 연구는 두 요인간의 상관관계를 다루었다.[110] 이에 가설 2에서는 두 전시의 전시 만족도와 전시 몰입도를 비교하고, 두 요인간의 상관관계를 도출했다. 또한 관람객 역할이 능동적 참여자일수록 전시물과의 상호작용 및 전시 몰입도가 강화되고, 전시 만족도가 상승되었다는 선행 연구를 근거로,[111] 관람객 역할의 전시 만족도와 전시 몰입도에 대한 영향력이 각각 분석되었다.

전통적인 예술작품과 디지털 미디어에 대한 미적 경험은 다르다. 전자의 경우, 집중적 지각과 관조적 방식을 통해 몰입에 이르며 관람객의 역할은 수동적이다. 반면, 후자의 경우에는 분산적 지각과 유희적 방식으로 능동적 상호작용을 통해 몰입으로 유도된다. 하지만 전시의 매체적 특성에 따른 관람객 경험의 차이를 다룬 선행 연구는 디지털 전시에 대한 미적 경험이 전통적인 아날로그 전시에 대한 미적 경험과 유사하다는 점을 강조했다.[112] 가설 3에서는 미적 경험의 관점에서 두 전시에서의 유사성을 파악하기 위해, 미적 경험에 대한 선행 연구를 근거로(표43),[113] 매체적 상이성을 지닌 두 전시에 대한 지각 방식과 감상 태도를 비교하고, 이와 함께 지각

개념	모네: 빛을 그리다展	풍경으로 보는 인상주의
스토리텔링 요인SF	• 작품에 대한 새로운 해석 및 접근SF1 • 주제 중심의 전시 동선SF2 • 원작 부재 동적 요소의 추가SF3 • 전시 해석 매체의 가시성SF4	• 작품에 대한 새로운 해석 및 접근SF1 • 주제 중심의 전시 동선SF2 • 작품에 내재하는 재미 요소SF3 • 전시 해석 매체의 가시성SF4
기술 요인TF	• 상호작용성TF1 • 모션 그래픽 효과TF2 • 고해상도 영상 및 이미지TF3 • 음향 효과TF4	• 상호작용성TF1 • 인상주의 작품의 영상적 특성TF2 • 원작의 진정성과 아우라TF3 • 표현 기법적 특성TF4
전시 환경 요인EF	• 스크린의 크기EF1 • 곡면 구조 스크린EF2 • 쾌적한 전시 환경EF3 • 배경 음악EF4	• 작품의 크기EF1 • 전시 공간의 규모EF2 • 쾌적한 전시 환경EF3 • 관람객 밀도EF4

표45 재구성된 만족 요인 및 몰입 요인

방식의 전시 몰입도에 대한 영향력을 분석했다.

디지털 기술이 예술작품에 대한 집중적 지각을 분산적 지각으로 변화시켰을 뿐만 아니라, 관람객의 수동적 역할spectator, observer, explore을 능동적discoverer, contributor, curator으로 변화시키면서 유의미한 상관관계를 가진다는 선행 연구를 근거로,[114] 가설 4에서는 두 전시에서의 관람객 역할에 대한 비교가 이루어졌으며, 지각 방식과 관람객 역할에 대한 상관관계가 도출되었다.

가설 5의 경우, 스티븐 빗굿[115]과 매기 스토그너[116]의 몰입 요인을 조작적으로 정의하여 기술 요인Technical Factor, 이하 TF, 스토리텔링 요인Storytelling Factor, 이하 SF, 전시 환경 요인Environmental Factor, 이하 EF으로 대별되었으며, 각 요인은 세부 요인으로 구분되어 전시 만족도 및 전시 몰입도와의 상관관계가 분석되었다(표45).

미하이 칙센트미하이의 몰입에 대한 이론을 기반으로 이루어진 전시에서의 몰입 경험에 대한 대부분의 연구는 도전challenge과 능

구분	설문 항목
몰입-도전flow-challenge	작품 탐구에 대한 욕구
	관람 경험에 대한 상기
몰입-기술flow-skill	작품 해석의 용이성
	사전 지식의 활용
몰입-목표flow-goal	강한 관람 의지
	명확한 관람 목표
몰입-피드백flow-feedback	관람 경험에 대한 피드백
몰입-일탈감flow-transcendent feeling	일탈감

표46 몰입 이론 기반의 미적 경험 요소[120]

력skill을 주요 몰입 구성 요소로 다루었다. 전자는 행위나 과제의 난이도 또는 이를 수행하기 위해 필요한 조건인 반면 후자는 주어진 과제를 해결할 수 있는 정신적 또는 육체적 기술을 의미하며, 두 가지의 구성 요소가 일정 수준 이상의 균형과 조화를 이룰 때 몰입 경험flow experience이 발생한다.[117][118] 가설 6에서는 미하이 칙센트미하이와 에드워드 로빈슨의[119] 선행 연구에서 사용된 미적 경험에 대한 15개의 설문 문항 가운데, 도전, 능력, 목표, 피드백과 관련된 여덟 가지의 설문 항목을 차용하여 두 전시에서의 미적 경험 요소를 비교하고, 미적 경험 요소의 전시 만족도 및 전시 몰입도에 미친 영향력, 감상 태도에 대한 영향력, 관람객 역할과의 상관관계를 도출했다.

2) 연구방법론

본 연구는 전시 매체적 상이성으로 인한 두 전시의 감상 태도, 관람객의 역할, 미적 경험을 통한 몰입감 등의 미적 경험과 전시 만족도와 전시 몰입도 등의 이용 태도를 비교하고 요인간 상관관계를 검증하기 위해, 20대 관람객을 대상으로 설문조사를 실행했다. 본 연구를 위해, 설문 참여율이 높으며, 〈모네, 빛을 그리다展(이하 모네전)〉과 〈풍경으로 보는 인상주의展(이하 인상주의전)〉을 모두 관람한 20대 관람객을 모집단(n=66)으로 구성했다. 모네전은 원작에 대한 재해석을 통해 전시 내러티브를 구성했고, 작품 속 인물이나 오브제를 모션 그래픽으로 생동감 있게 연출했으며, 인상주의 작품에 내재된 영상적 특성과 몰입감을 극대화하기 위해 프로젝션 맵핑을 사용해서 대형 스크린에 투사했다. 한편 모네에서 마티스에 이르는 19세기 인상주의 회화 70여 점을 다룬 인상주의전은 풍경화를 통해 회화의 혁명인 동시에 색채의 혁명을 주도한 인상주의의 예술적 방향성과 시간의 흐름에 따른 빛의 변화를 제시했다.

설문조사는 전시의 체험적 속성, 전시의 학습적 유용성 및 감상적 유용성, 이용 태도(전시 만족도, 전시 몰입도, 전시 피로도) 및 행동적 이용 의사(재관람 의사 및 권유 의사), 관람객 역할, 감상 태도, 미적 경험을 통한 몰입감 등 15개의 문항으로 구성되었다. 데이터 분석은 SPSS. 11.0을 사용해서 빈도 분석과 상관 분석을 실행했으며, 상관계수가 도출되지 않은 일부 가설의 경우에는 추가적으로 분산 분석 Analysis of Variance, 이하 ANOVA이 이루어졌다.

▷가설 1

체험적 속성 측면에서, 인상주의전은 심미적 속성(37.9%)이 높았고, 모네전은 엔터테인먼트적인 속성(62.1%)이 상대적으로 강했으

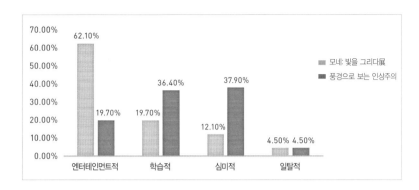

그림70 전시의 체험적 속성 비교

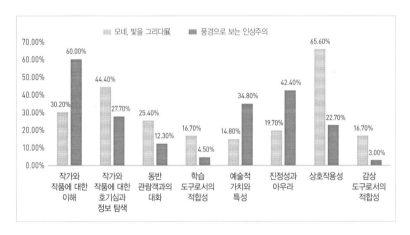

그림71 학습적 유용성 및 감상적 유용성 비교

므로, 가설 1-1은 채택되었다(그림70). 학습 도구로서의 적합성 및 감상 도구로서의 적합성은 모네전(16.7%, 16.7%)이 인상주의전(4.5%, 3.0%)에 비해 높게 평가되었으므로 가설 1-2는 기각되었다(그림71).

전시의 체험적 속성과 학습적, 감상적 도구의 유용성 및 적합성과의 상관관계를 분석한 후 ANOVA를 통해 재확인한 결과, 모네전의 체험적 속성과 감상 도구로서의 적합성에서만 유의미한 평균차이(F value=2.999, p=0.037 (p<0.05))가 존재했으므로, 가설 1-3은 기각

모네전 구분	예술적 가치와 특성 평균 (표준편차)	진정성과 아우라 평균 (표준편차)	상호작용성 평균 (표준편차)	감상 도구로서의 적합성 평균 (표준편차)
엔터테인먼트적	2.5500(.90441)	2.3902(.86250)	3.2439(.96903)	3.2195(.90863)
교육적	2.8462(1.34450)	2.7692(1.42325)	3.6923(.85485)	3.6154(.76795)
심미적	3.5000(.92582)	3.1250(1.12599)	3.50000(.53452)	4.1250(.35355)
일탈적	3.0000(1.00000)	3.3333(.57735)	2.3333(.57735)	3.3333(.57735)
F value(p)	2.081(0.112)	1.916(0.136)	2.166(0.101)	2.999(0.037)*

표47 모네전의 체험적 속성과 감상적 유용성과의 표준 편차(* p〈0.05)

되었다. 다중 비교를 통해 모네의 감상 도구로서의 적합성에 대한 네 가지의 체험적 속성의 영향력을 비교한 결과(표47), 엔터테인먼트 속성과 심미적 속성에서만 유의미한 평균 편차가 확인되었다. 전자는 감상 도구로서의 적합성과 음의 상관관계(평균차 -0.90549, 유의확률 0.31(p〈0.05)를, 후자는 양의 상관관계(평균차 0.90549, 유의확률 0.31(p〈0.05))를 가졌다.

▷가설 2

전시 만족도는 모네전(27.7%)이 인상주의전(12.9%)보다 두 배 이상, 전시 몰입도는 모네전(28.8%)이 인상주의전(9.1%)에 비해 세 배 이상 높게 평가되었다(그림73). 행동적 이용 의사 측면에서, 모네전의 재관람 의사가 상대적으로 높게 제시되었지만, 권유 의사에서는 근소한 편차(2.0%)로 인상주의전이 높게 평가되었다.

두 전시 모두 전시 만족도는 전시 몰입도와 유의미한 상관관

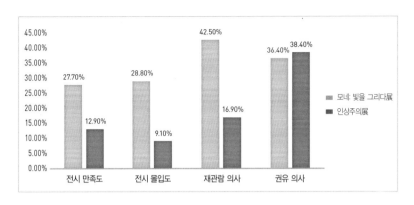

그림72 전시 만족도, 전시 몰입도, 재관람 의사, 권유 의사 비교

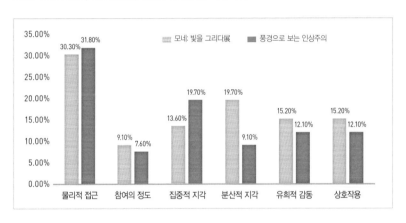

그림73 감상 태도 비교

계를 갖고 있었으므로(표48), 가설 2-1은 채택되었다. 전시 만족도는 전시 피로도에 영향을 미치지 않았지만, 권유 의사와는 유의미한 상관관계를 가졌다. 한편 관람객 역할의 전시 만족도 및 전시 몰입도에 대한 영향력을 측정한 결과, 두 전시의 전시 만족도뿐만 아니라, 모네전의 전시 몰입도(.004)와 인상주의전의 전시 몰입도(-.129)에도 영향을 미치지 않았기 때문에 가설 2-2와 2-3은 기각되었다.

구분		모네전 전시 만족도	인상주의전 전시 만족도
전시 몰입도		.617**	.303*
전시 피로도		−.050	−.036
행동적 이용 의사	권유 의지	.681**	.479*
	재관람 의지	.512**	−.051
관람객 역할		.070	.038

표48 전시 만족도, 전시 몰입도, 전시 피로도, 행동적 이용 의사, 관람객 역할과의 상관관계
($* p \langle 0.05$, $** p \langle 0.01$)

▷가설 3

빈도 분석 결과에 의하면, 모네전은 물리적 접근과 집중적 지각을 제외한 모든 항목에서 높게 평가되었다. 이 결과는 전통적인 예술작품과 디지털 미디어의 미적 경험 특성을 반증해주었으며(표43), 모네전과 인상주의전의 감상 태도에서는 명확한 상이성이 존재했으므로 가설 3-1은 기각되었다(그림73). 감상 태도 가운데 편차가 가장 컸던 항목은 지각 방식이었는데, 모네전은 분산적 지각(19.7%)이 집중적 지각(13.6%)보다 높았던 반면, 인상주의전은 집중적 지각(19.7%)이 분산적 지각(9.1%)보다 높았으므로, 가설 3-2는 채택되었다.

전시 몰입도와 지각 방식과의 상관관계를 분석한 결과, 모네전의 경우에는 집중적 지각은 전시 몰입도(.496**, $p \langle 0.01$)뿐만 아니라 전시 만족도와도 유의미한 상관관계를 가졌다. 한편 인상주의전에서는 집중적 지각과 분산적 지각 모두 전시 몰입도에 영향을 미치

감상 태도	모네전 전시 몰입도	인상주의전 전시 몰입도	모네전 전시 만족도	인상주의전 전시 만족도
물리적 접근	.094	.055	-.013	.031
참여의 정도	.397**	.329**	.379**	.368**
집중적 지각	.496**	.093	.494**	.040
분산적 지각	.188	.059	.022	.198
유희적 감흥	.494**	.246*	.575**	.314*
상호작용	.399**	.308*	.379**	.324*

표49 감상 태도와 모네전과 인상주의전의 전시 몰입도 및 전시 만족도와의 상관관계
(* p⟨0.05, ** p⟨0.01)

지 못했으므로 가설 3-3은 기각되었다(표49).

지각 방식 이외의 감상 태도의 구성 요소와 전시 몰입도의 상관관계를 살펴보면, 두 전시에서 공통적으로 참여의 정도, 유희적 감흥, 상호작용은 전시 몰입도와 유의미한 상관관계를 가졌다. 특히 유희적 감흥과 상호작용에서는 모네전(p⟨0.01)의 유의 수준이 인상주의전(p⟨0.05)에 비해 높게 나타났는데, 이는 인상주의전(12.1%, 12.1%)에 비해 모네전의 유희적 감흥(15.2%)과 상호작용(15.2%)이 높았던 빈도 분석 결과와 일치했다.

▷가설 4

두 전시에서 공통적으로 관람객 역할은 집중적 지각과 분산적 지각과 상관관계가 도출되지 않았으므로(표50), 가설 4-1과 4-2는 기각되었다. 비록 관람객 역할이 지각 방식에는 영향을 미치지

관람객 역할	물리적 접근	참여의 정도	집중적 지각	분산적 지각	유희적 감흥	상호작용
모네전	.008	−.017	−.080	.109	−.014	.039
인상주의전	.085	.289*	.046	.031	−.085	.266*

표50 감상 태도와 관람객 역할과의 상관관계(* p〈0.05, ** p〈0.01)

못했지만, 인상주의전의 경우에는 관람객 역할이 참여의 정도 및 상호작용과 p〈0.05 유의 수준에서 상관관계를 가졌다.

관람객 역할을 수동적 태도spectator, observer, explorer와 능동적 태도 discover, contributor, curator로 세분해서 측정한 결과, 두 전시 모두 수동적 역할에 편중된 경향(모네전: 93.2%, 인상주의전: 86.4%)을 보였으므로, 가설 4-3은 기각되었다(그림74).

▷가설 5

전시 만족도 및 전시 몰입도에 대한 요인별 빈도 분석 결과에

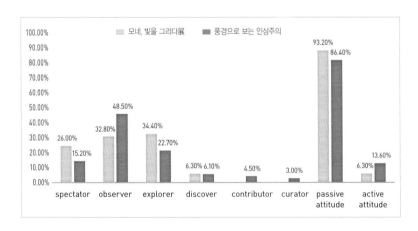

그림74 관람객 역할 비교

의하면, 두 전시 공통적으로 기술 요인에 대한 평가가 가장 높게 제시되었다(그림75). 세부 요인별로 살펴보면, 모네전에서는 원작 부재 재미 요소의 추가(SF3: 10.4%, 13.0%), 모션 그래픽 효과(TF2: 15.9%, 13.6%), 스크린의 크기(EF1: 8.8%, 11.2%) 등이 각각 전시 만족도 및 전시 몰입도에서 가장 높게 평가되었다. 인상주의전의 경우, 전시 만족도 측면에서는 전시 해석 매체의 가시성(SF4: 12.1%), 원작의 진정성과 아우라(TF3: 15.5%), 쾌적한 전시 환경(EF3: 6.3%), 전시 몰입도 측면에서는 작품에 내재하는 재미 요소(SF3: 13.5%), 원작의 진정성과 아우라(TF3: 16.3%), 작품의 크기(EF1: 4.5%), 전시 공간의 규모(EF2: 4.5%)에 대한 평가가 높게 제시되었다.

전시 만족도 및 전시 몰입도에 대한 요인별 상관 분석 결과에 의하면, 전반적으로 모네전이 인상주의전에 비해 요인별 영향력이 크게 작용했다. 또한 두 전시 공통적으로 다른 요인에 비해 전시 만족도 및 전시 몰입도에 대한 스토리텔링 요인의 영향력이 높게 나타났다(표51). 모네전의 경우, 스토리텔링 요인과 기술 요인이 전시

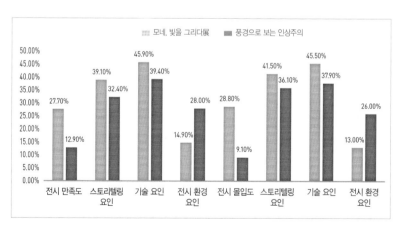

그림75 전시 만족 요인 및 전시 몰입 요인의 영향력 비교

몰입 요인	모네전 전시 만족도와의 상관관계	인상주의전 전시 만족도와의 상관관계	모네전 전시 몰입도와의 상관관계	인상주의전 전시 몰입도와의 상관관계
SF1	.446**	.165	.523**	.459**
SF2	.556**	.161	.493**	.259*
SF3	.478**	.341**	.575**	.338**
SF4	.405**	.262**	.614**	.340**
TF1	.254*	.236	.441**	.165
TF2	.374**	.214	.399**	.268*
TF3	.338**	.166	.396**	.173
TF4	.250*	.220	.314*	.323**
EF1	.404**	.203	.433**	.453**
EF2	.480**	.084	.489**	.408**
EF3	.406**	.032	.205	.232
EF4	.209	.017	.226	.257*

표51 몰입 세부 요인과 전시 만족도 및 전시 몰입도와의 상관관계(* $p < 0.05$, ** $p < 0.01$)

만족도 및 전시 몰입도와 상관관계를 가졌지만, 전시 환경 요인의 일부 세부 요인만 전시 만족도 및 전시 몰입도와 상관관계를 가졌으므로, 가설 5-1은 기각되었다.

인상주의전의 경우, 스토리텔링 요인 가운데 작품에 내재하는 재미 요소(SF3)와 전시 해석 매체의 가시성(SF4)만 전시 만족도에 영향을 미쳤다. 또한 스토리텔링 요인은 전시 몰입도와 유의미한 상관관계를 가졌지만, 기술 요인 가운데 인상주의 작품의 영상적 특

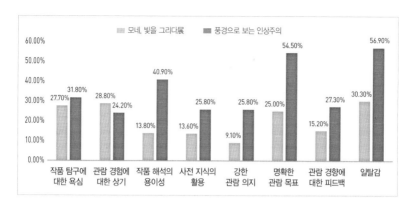

그림76 미적 경험 요소에 대한 비교

성(TF2, 268*)과 표현 기법적 특성(TF4, 323**), 전시 환경 요인 가운데 관람객 밀도(EF4, 257*)만 전시 몰입도와 상관관계를 가졌으므로, 가설 5-2는 기각되었다.

▷가설 6

빈도 분석 결과에 의하면, 관람 경험에 대한 상기와 작품 해석의 용이성을 제외한 모든 항목에서 인상주의전의 미적 경험 요소에 대한 평가가 높았다(그림76). 미적 경험 요소의 전시 만족도에 대한 영향력의 경우, 모네전에서는 작품 탐구에 대한 욕구, 관람 경험에 대한 상기, 강한 관람 의지, 관람 경험에 대한 피드백, 일탈감이 전시 만족도에 영향을 미친 반면, 인상주의전에서는 작품 탐구에 대한 욕구, 작품 해석의 용이성, 사전 지식의 활용, 관람 경험에 대한 피드백에만 영향을 미쳤으므로 가설 6-1은 기각되었다(표52). 미적 경험 요소의 전시 몰입도에 대한 영향력의 경우, 모네전에서는 사전 지식의 활용을 제외한 모든 요소가 전시 몰입도에 영향을 미친

미적 경험을 통한 몰입감 요소	모네전 전시 만족도	인상주의전 전시 만족도	모네전 전시 몰입도	인상주의전 전시 몰입도
작품 탐구에 대한 욕구	.621**	.407**	.601**	.386**
관람 경험에 대한 상기	.445**	.191	.434**	.088
작품 해석의 용이성	.157	.255*	.254*	.230
사전 지식의 활용	.095	.310*	.108	−.039
강한 관람 의지	.314*	.247	.280*	.314*
명확한 관람 목표	.197	.170	.384**	.078
관람 경험에 대한 피드백	.342**	.254*	.434**	.319**
일탈감	.489**	.202	.660**	.274*

표52 미적 경험 요소와 전시 만족도 및 전시 몰입도와의 상관관계(* p〈0.05, ** p〈0.01)

반면, 인상주의전에서는 작품 탐구에 대한 욕구, 강한 관람 의지, 관람 경험에 대한 피드백, 일탈감이 전시 몰입도에 영향을 미쳤으므로, 가설 6-2도 기각되었다.

전반적으로 미적 경험 요소의 도전의 영역에 속하는 작품 탐구에 대한 욕구와 관람 경험에 대한 상기는 능력의 영역에 속하는 작품 해석의 용이성과 사전 지식의 활용에 비해 감상 태도에 대한 영향력이 높게 제시되었으므로 가설 6-3은 기각되었다(표53). 거의 모든 미적 경험 요소는 물리적 접근에 영향을 미치지 못했지만, 인상주의전의 강한 관람 의지와 음의 상관관계를 가졌다. 인상주의전의 경우, 작품 탐구에 대한 욕구는 분산적 지각, 관람 경험에 대한 상기는 집중적 지각과 분산적 지각에 영향을 미치지 못했다. 반면

미적 경험 요소		물리적 접근	참여의 정도	집중적 지각	분산적 지각	유희적 감흥	상호 작용
작품 탐구에 대한 욕구	모네전	.092	.514**	.530**	.305*	.539**	.363**
	인상주의전	-.169	.357**	.277*	.117	.333**	.452**
관람 경험에 대한 상기	모네전	.046	.410**	.536**	.277*	.622**	.428**
	인상주의전	-.115	.203	.216	.197	.287*	.331**
작품 해석의 용이성	모네전	.091	.283*	.185	.152	.293*	.084
	인상주의전	-.010	.445**	.314*	.078	.304*	.388**
사전 지식의 활용	모네전	-.217	.113	.212	-.002	.124	.104
	인상주의전	-.103	.284*	.149	-.105	.144	.364*
강한 관람 의지	모네전	-.118	.539**	.258*	.089	.259*	.336**
	인상주의전	-.270*	.317**	.177	.106	.185	.296*
명확한 관람 목표	모네전	.133	.236	.167	.091	.238	.190
	인상주의전	.054	.206	.101	.247*	.247*	.361
관람 경험에 대한 피드백	모네전	.025	.447**	.392**	.212	.432**	.411**
	인상주의전	-.065	.174	.213	.085	.187	.452**
일탈감	모네전	.044	.416**	.576**	.202	.517**	.397**
	인상주의전	-.038	.239	.135	.234	.272*	.367**

표53 미적 경험 요소와 감상 태도와의 상관관계(* p $\langle$ 0.05, ** p $\langle$ 0.01)

모네전의 경우, 작품 탐구에 대한 욕구와 관람 경험에 대한 상기는 집중적 지각과 분산적 지각 모두와 유의미한 상관관계를 가졌으며, 집중적 지각(p $\langle$ 0.01)에 대한 유의 수준이 분산적 지각(p $\langle$ 0.05)에 비해 높게 나타났다.

목표 영역의 경우, 강한 의지가 명확한 관람 목표보다 감상 태도에 대한 영향력이 높았다. 명확한 관람 목표는 모네전의 감상 태도에 전혀 영향을 미치지 못한 반면, 인상주의전의 분산적 지각 및 유희적 감흥과 p $\langle$ 0.05 유의 수준에서 상관관계를 가졌다. 관람 경험에 대한 피드백과 일탈감은 모네전에서는 참여의 정도, 집중적 지각, 유희적 감흥, 상호작용과 유의미한 상관관계를 가졌다. 인상

미적 경험 요소	모네전 관람객 역할	인상주의전 관람객 역할
작품 탐구에 대한 욕구	.145	.124
관람 경험에 대한 상기	.013	.155
작품 해석의 용이성	−.096	.105
사전 지식의 활용	.011	.306*
강한 관람 의지	.109	−.036
명확한 관람 목표	.026	.057
관람 경험에 대한 피드백	.229	.027
일탈감	.123	−.041

표54 미적 경험 요소와 관람객 역할과의 상관관계(* p〈0.05, ** p〈0.01)

주의전의 경우, 관람 경험에 대한 피드백은 상호작용에만 영향을 미친 반면, 일탈감은 유희적 감흥, 상호작용에만 영향을 미쳤다. 또한 미적 경험 요소와 관람객 역할과의 상관관계에서는 인상주의전에서 사전 지식의 활용만 관람객 역할(.306*, p〈0.05)과 유의미한 상관관계를 갖고 있었으므로(표54), 가설 6-4는 기각되었다.

전시의 체험적 속성 측면에서, 예술작품 원작으로 구성된 인상주의전은 심미적 속성, 인상주의 작품을 디지털 기술로 재매개한 모네전은 엔터테인먼트적 속성이 강했다. 모네전의 엔터테인먼트적 속성은 학습 도구 및 감상 도구의 적합성에 대한 평가에 긍정적인 영향력을 미쳤으며, 이로 인해 전시 만족도 및 전시 몰입도뿐만 아니라 재관람 의사에서도 모네전이 인상주의전보다 높게 평가되었다. 선행 연구에서는 전통적인 예술작품에 대한 지각 방식은 집중적 지각, 디지털 미디어의 경우에는 분산적 지각으로 이분화되었다. 본 연구에서는 두 전시에서 공통적으로 두 가지의 지각 방식이 공존하는 현상이 나타났고, 모네전은 분산적 지각이, 인상주의전에서는 집중적 지각이 우세했으며, 기타 감상 태도의 요소에서도 편차가 드러났다. 이 결과는 전시 매체적 상이성이 감상 태도의 상이성으로 확장되었다는 것을 의미하며, 디지털 전시에 대한 미적 경험이 전통적인 아날로그 전시에 대한 미적 경험과 유사하다는 선행 연구 결과와 상치했다. 또한 감상 태도 가운데, 참여의 정도, 유희적 감흥, 상호작용은 두 전시의 전시 만족도 및 전시 몰입도와 유의미한 상관관계를 가졌지만, 집중적 지각의 전시 만족도 및 전시 몰입도에 대한 영향력은 모네전에서만 입증되었다.

두 전시에서 관람객 역할은 지각 방식뿐만 아니라 전시 만족도 및 전시 몰입도에도 영향을 미치지 못했다. 본 연구에서 주지할 만한 한 가지 사실은 모네전에서의 관람객 역할은 능동적일 것이라는 가설과는 달리, 두 전시에서 공통적으로 수동적 역할에 대한 비중이 높게 입증되었다는 것이다. 모네전의 경우, 재매개화를 통해 원작에 대한 강한 복제성이 내재했으나, 인터랙티브 미디어가 아니라 디지털 이미지에 프로젝션 맵핑과 모션 그래픽이 적용된 디지털 영상 미디어가 사용되었고, 디지털 기술로 인해 원작의 진정성이나 아우라 등의 예술적 가치가 저하됨에 따라 관람객들이 전시에 대해 수동적으로 반응한 것으로 해석할 수 있다.

두 전시 모두 전시 만족도는 전시 몰입도와 유의미한 상관관계를 가졌다. 요인별 빈도 분석에서는 두 전시 공통적으로 기술 요인에 대한 평가가 높았던 반면, 전시 만족도 및 전시 몰입도에 대한 요인별 상관분석에서는 스토리텔링 요인의 영향력이 높게 작용했다. 마지막으로, 미적 경험 요소 관점에서는 인상주의전이 높게 평가되었으며, 사전 지식 활용은 인상주의전에서 관람객의 역할에 긍정적 영향력으로 작용했다. 또한 두 전시에서 공통적으로 작품 탐구에 대한 욕구와 관람 경험에 대한 피드백은 전시 만족도 및 전시 몰입도와 유의미한 상관관계를 가졌다.

본 연구를 통해 전통적인 예술작품에 익숙한 관람객들은 디지털 전시에 대해서도 수동적 역할과 집중적 지각을 동시에 유지한다는 사실이 확인되었다. 결론적으로 디지털 기술을 통한 재매개는 전시매체적 상이성에 따른 감상태도 및 관람객 역할에 대한 이분법적 논리의 경계를 모호하게 만들었으며, 이로 인해 명화 기반의 디지털 전시는 전통적인 예술작품 및 디지털 미디어의 특성을 동시에 갖는다는 것이 주요 시사점이라 할 수 있다.

1부 1장 관람 경험과 의미 생성

1   Available at: http://icom.museum/the-vision/museum-definition/

2   J. Verhaar&H. Meeter(1989). *Project model exhibitions*, Reinwardt Academie.

3   B. Serrell(1997). Paying attention: The duration and allocation of visitors' time in museum exhibitions. Curator: The museum journal, 40(2), pp. 108-125. S. Bitgood(2002). Environmental psychology in museums, zoos, and other exhibition centers. In R. Bechtel&A. Churchman(Eds.), *Handbook of environmental psychology*, NJ: John Wiley&Sons, p. 461-480.

4   L. Kelly(2007). Visitors and learners: Adult museum visitors' learning identities, ICOM-CECA Conference 2007 (unpublished paper). Available at: https://www.researchgate.net/profile/Lynda_Kelly/publication/228614737_Visitors_and_Learners_Adult_Museum_Visitors%27_Learning_Identities/links/553960db0cf226723aba1923/Visitors-and-Learners-Adult-Museum-Visitors-Learning-Identities.pdf

5   P. Samis(2007). New Technologies as part of a comprehensive interpretive plan, In H. Din&P. Hecht(Eds). *The Digital Museum Think Guide*, Washington, D.C.: American Association of Museums, p. 19-34.

6   P. F. Marty(2008). Information Representation, In P.F. Marty&K. B. Jones.(Eds.), Museum informatics: *People, information, and technology in museums*. NY: Routledge, p. 29-34.

7   T. Kuflik, C. Callaway, D. Goren-Bar, C. Rocchi, O. Stock&M. Zancanaro(2005). Non-intrusive user modeling for a multimedia museum visitors guide system, In L. Ardissono, P. Brna, A. Mitrovic(Eds.) *User Modeling 2005: 10th International*

Conference UM 2005, Edinburgh: Springer, p. 236-240.

8　B. Gammon&A. Burch(2008). Designing mobile digital experiences, In L. Tallon& K. Walker(Eds.), *Digital technologies and the museum experience*: Handheld guides and other media. MD: Altamira Press p. 35-60.

9　S. S. Yalowitz(2002). Personality and Motivation in Visitor Satisfaction, *Visitors Study Today*, 5(1), pp.14-17.

10　S. S. Yalowitz(2002). Personality and Motivation in Visitor Satisfaction, *Visitors Study Today*, 5(1), pp.14-17.

11　J. H. Falk&L. D. Dierking(1992). *The Museum Experience*, Washington, DC: Whalesback Books.

12　S. Hsi(2002). The Electronic Guidebook: A study of user experiences using mobile web content in a museum setting, In *Wireless and Mobile Technologies in Education, 2002, Proceedings, IEEE International Workshop*, pp. 48-54.

13　대영박물관의 경우, 1982년부터 1983년 동안 4차에 걸쳐 관람객 연구를 실시한 결과, 전시실의 위치와 지도를 수록한 가이드북과 리플릿을 사용하지 않은 비율이 1차 86%, 2차 82%, 3차 69% 4차 59%로 나타났다. 거의 모든 관람객들이 레이블이 전시물을 이해하는 데 도움이 되었다고 답변했지만, 일부 응답자는 레이블의 정보량, 위치, 글자의 크기, 외국어 사용에 대한 필요성 등을 개선 사항으로 제안했다.

14　J. H. Falk, J. J. Koran, L. D. Dierking&L. Dreblow(1985), Predicting visitor behavior, *Curator: The Museum Journal*, 28(4), pp. 249-258.

15　G. Davey(2005). What is museum fatigue, *Visitor Studies Today*, 8(3), pp. 17-21.

16　S. Bitgood(2010). An attention-value model of museum visitors, Center for Advancement of Informal Science Education: Washington, D.C., p.16. Available at: https://www.researchgate.net/profile/Stephen_Bitgood/publication/268269939_ Visitor_Attention_AN_ATTENTION-VALUE_MODEL_OF_MUSEUM_ VISITORS/links/54bd21f00cf218da93918f4b.pdf

17　G. Davey(2005). What is museum fatigue, *Visitor Studies Today*, 8(3), pp. 17-21.

18　Available at: http://www.urbandictionary.com/define.php?term=museum%20feet

19　T. Ambrose&C. Paine(1995). Museum Basics, London: Routledge.

20　J. H. Falk(1983). Time and behavior as predictors of learning. *Science Education*, 67(2), pp. 267-276.

21　B. Serrell(1997). Paying attention: The duration and allocation of visitors' time in museum exhibitions, Curator: *The Museum Journal*, 40(2), pp. 108-125.

22 G. Hein(1998). *Learning in the museum.* London. Routledge.

23 S. Bitgood(2002). Environmental psychology in museums, zoos, and other exhibition centers. In R. Bechtel&A. Churchman(Eds.), *Handbook of environmental psychology.* NJ: John Wiley&Sons., p. 461-480.

24 J. H. Falk&L. D. Dierking(2002). Lessons without limit. CA: Alta Mira.

25 J. H. Falk&M. Storksdieck(2005). Using the contextual model of learning to understand visitor learning from a science center exhibition, *Science Education,* 89(5), pp. 744-778.

26 L. E. Maxwell&G. W. Evans(2002). Museums as learning settings: The importance of the physical environment. *Journal of Museum Education,* 27(1), pp. 3-7.

27 행동유도성은 1979년 미국의 생태심리학자인 제임스 깁슨(J. J. Gibson)의 저서인 《시지각에 대한 생태학 접근(The Ecological Approach to Visual Perception)》에서 처음으로 사용되었다. 깁슨은 행동유도성을 '인간을 둘러싸고 있는 환경이 제공해주고 자극하는 모든 것'이라고 정의했다.

28 D. A. Norman(1999). Affordance, conventions, and design., *interactions,* 6(3), pp. 38-43.

29 S. Allen(2007). Exhibit design in science museums: Dealing with a constructivist dilemma, In principle, in practice: *museums as learning institutions,* MD: Altamira Press, p. 43-56.

30 R. Hartson(2003). Cognitive, physical, sensory, and functional affordances in interaction design, *Behaviour&Information Technology,* 22(5), pp. 315-338.

31 바이스와 보우토우를리네(R.S Weiss&S. Boutourline, Jr., 1963), 애블러(T.S. Abler, 1965) 등 일부 연구자들은 전시물에 대한 관람객의 관심과 전시의 학습 효과에 대한 측정도구로써의 시간에 대한 부적합성에 대해 지적했지만, 현재까지도 파크(J.H. Falk), 비어(V. Beer, 1987), 빗굿과 패터슨(S. Bitgood& D. Patterson, 1987), 코란, 포스터, 코란(J.J, Koran, Jr., J.S. Foster&M.L. Koran, 1989), 해슬러(J.K. Haeseler, 1989), 피어스(M. Pierce, 1989), 모리세이(K. Morrissey, 1991) 등 대다수 연구자도 멜톤과 같이 시간을 전시의 효과성과 질적 수준과 관람 행태를 분석할 수 있는 주요 종속 변수로 인정했으며, 대부분의 연구에서 공통적으로 전시물에 대한 관심이 높아질수록 관람 소요 시간이 증가하는 결과가 도출되었다.

32 E. S. Robinson(1928). *The behavior of the museum visitor*(Monograph No. 5; New Series), Washington, D.C. : American Association of Museums.

33 A. W. Melton(1936). Distribution of attention in galleries in a museum of science

and industry, *Museum News*, 14(3), pp. 6-8.

34 로빈슨(Edward Steven Robinson)은 관람객 행동에 최초로 관심을 가진 연구자이다. 현재까지 창의성, 비판적 사고방식, 과학적 접근방식의 관점에서 로빈슨의 연구는 관람 행태에 대한 연구의 전형으로 평가받고 있다. 또한 로빈슨은 멜톤과 공동으로 진행한 관람 행태 관찰에 대한 연구를 통해 관람객의 관심과 학습효과성의 평가도구로써 관람 시간(viewing time)의 중요성을 입증했다. 한편 멜톤은 '유인력(attracting power)'과 '보유력(holding power)'에 대한 개념을 체계화하면서, 종속변수인 시간을 '전시실 체류시간(room time)'과 '전시물 관람 소요 시간(object time)'으로 구분해서 중요성을 측정했는데, 전시물에 대한 관심이 높아질수록 관람 소요 시간이 증가했다.

35 J. H. Falk&L. D. Dierking(2008). Enhancing visitor interaction and learning with mobile technologies, In L. Tallon&K. Walker(Eds.), *Digital technologies and the museum experience: Handheld guides and other media*. MD: Altamira Press p. 19-33.

36 B. Serrell(1997). Paying attention: The duration and allocation of visitors' time in museum exhibitions, *Curator: The museum journal*, 40(2), pp. 108-125.

37 A. Krebs, C. Petr, C. Surbled(2007). La gestion de l'hyper fréquetation du patrimoine: d'une problématique grandissante à ses réponses indifférenciées et segmentées. In *Managing the hypercongestion of cultural heritage sites: from a growing problematic to its unspecialized and segmented responses], in Communications of the 9th International Conference on Arts and Culture Management University of Valencia, http://www. adeit. uv. es/aimac2007/index. php.*

38 '대영박물관 관람객 조사(A Survey of Visitors to the British Museum(1982~1983)'의 결과에 의하면, 예상 관람 소요 시간의 경우, 2시간 이상이라고 응답한 관람객들이 가장 많았으나(32-45%), 실제 관람 소요 시간과 비교해본 결과, 1시간~2시간을 소요한 관람객이(33-42%) 가장 많았고, 겨울에 박물관을 방문한 관람객(28%)이 여름에 박물관을 방문한 관람객(15-19%)에 비해 1시간 이상을 소요하지 않는 비율이 높게 제시되었다. 또한 모집단의 83~85%는 레이블이 전시에 대한 이해에 유용하다고 응답했지만, 일부 관람객은 레이블 위치의 부적절함과 정보량의 부족함을 지적했다.

39 L. D. Dierking&J. H. Falk(1992). Redefining the museum experience: the interactive experience model, *Visitor Studies*, 4(1), pp. 173-176.

40 M. G. Hood(1983). Staying away-Why people choose not to visit museums,

Museum news, 61(4), pp. 50-57.

41 C. G. Screven(1986). Educational exhibitions: Some areas for controlled research. *The Journal of Museum Education*, pp. 7-11.

42 M. Csikszentmihalyi&K. Hermason(1995). Intrinsic Motivation in Museums: What Makes Visitors Want to Learn, *Museum news*, 74(3), pp. 67-75.

43 C. G. Screven(1986). Educational exhibitions: Some areas for controlled research, *The Journal of Museum Education*, pp. 7-11

44 S. S. Yalowitz(2001). *Effect of visitor and visit variables on overall satisfaction i n three visitor institutions*(Doctoral dissertation), Colorado: Colorado State University.

45 J. H. Falk&L. D. Dierking(1992). *The Museum Experience*, Washington, D.C.: Whalesback Books.

46 오리엔테이션은 길찾기(way-finding)와 개념적 오리엔테이션(conceptual orientation)으로 구분된다.

47 S. Bitgood&C. Tisdal(1996). Does lobby orientation influence visitor satisfaction, *Visitor Behavior*, 11(3), pp. 13-16.

48 J. H. Falk&L. D. Dierking(1992). *The Museum Experience*, Washington, DC: Whalesback Books, p.49.

49 Available at: http://mw2016.museumsandtheweb.com/glami/digital-orientation-stations/

50 베벌리 세럴은 초기에는 관람객의 전시 관람 방식을 다섯 가지(streaker, browser, grazers, discoverers, studier)로 유형화했다. 하지만 이 유형화 방식이 관람객에 대한 총괄평가에 유용하지 않다는 사실과 관람 소요 시간의 중요성을 반영, 최종적으로 전시 관람 방식의 유형을 세 가지(the transient, the sampler, the methodological viewer)로 축소했다.

51 B. Serrell(1993). The question of visitor styles, *Visitor Studies*, 6(1), pp. 48-53.

52 D. Dean(1994). Museum Exhibition: Theory and Practice, London: Routledge.

53 L. Najbrt(2002). Expert system for categorization of museum visitors, E-learning& Lifelong Learning, pp. 511-523.

54 E. Véron&M. Levasseur(1991). Etnographie de l'exposition: l'espace, le corps et le sens, Paris: BPI Centre George Pompidou.

55 루브르박물관의 연구평가전망팀은 프랑스인의 문화생활을 이해하기 위해 전략 연구(enquetes ad hoc stratégiques), 변수 연구(enquetes barométriques), 문화 콘텐츠 연구(enquetes évaluative de l'offre culturelle du Louvre), 사회학적 연구

(enquetes sociologiques)를 정량적 그리고 정성적 방식을 병행하면서 루브르박물관의 문화 서비스 공급을 평가하고, 관람객 수와 문화생활에 대한 전망과 전략을 수립하는 부서이다. 이 부서가 실행한 모나리자 관람객 만족도 및 유동성 연구는 모나리자 전시실 관람 방식의 관찰, 혼잡, 순환, 관람 환경, 유동성, 관람객 관심 등의 주제에 관한 이해, 전시 환경에 대한 개선 방안 도출 등의 세 가지 목적으로 실행되었다.

56   E. Véron&M. Levasseur(1991). *Ethnographie de l'exposition: l'espace, le corps et le sens*, Paris: BPI Centre George Pompidou.

57   T. Kuflik, Z. Boger&M. Zancanaro(2012). Analysis and prediction of museum visitors' behavioral pattern types, *Ubiquitous Display Environments*, pp.161-176.

58   E. Véron&M. Levasseur(1991). *Etnographie de l'exposition: l'espace, le corps et le sens*, Paris: BPI Centre George Pompidou.

59   L. Chittaro&L. Ieronutti(2004). A visual tool for tracing users' behavior in Virtual Environments, In *Proceedings of the working conference on advanced visual interfaces*, pp. 40-47.

60   T. Kuflik, Z. Boger&M. Zancanaro(2012). Analysis and prediction of museum visitors' behavioral pattern types, In *Ubiquitous Display Environments*, Berlin: Springer. pp. 161-176.

61   L. Chittaro&L. Ieronutti(2004). A visual tool for tracing users' behavior in Virtual Environments, In *Proceedings of the working conference on advanced visual interfaces*, pp. 40-47.

62   E. Véron&M. Levasseur(1991). *Etnographie de l'exposition: l'espace, le corps et le sens*, Paris: BPI Centre George Pompidou.

63   K. Sookhanaphibarn&R. Thawonmas(2009). A movement data analysis and synthesis tool for museum visitors' behaviors, Advances in Multimedia Information Processing-PCM 2009, pp. 144-154.

64   루브르박물관의 경우, 물고기 유형의 관람객 집단이 가장 높은 비율을 차지했다. 예컨대, 모나리자 한 작품만 감상한 후 전시실을 나선 '모나리자 집단'이 물고기 유형의 관람객 집단에 해당했으며, 전체 관람객에서 물고기 유형의 관람객 집단이 차지하는 비율은 25.0%를 차지했다.

65   E. Véron&M. Levasseur(1991). *Etnographie de l'exposition: l'espace, le corps et le sens*, Paris: BPI Centre George Pompidou

66   K. Sookhanaphibarn&R. Thawonmas(2009). A movement data analysis and synthesis tool for museum visitors' behaviors, *Advances in Multimedia Information*

Processing-PCM 2009, pp. 144-154.

1부 2장 디지털 기술과 해석 매체: 오디오 가이드

1 J. H. Falk&L. D. Dierking(1992). *The Museum Experience*. Washington, DC: Whalesback Books.

2 Available at: https://www.flickr.com/photos/27591534@N02/sets/72157617021503629/

3 김정화(2011). 소셜미디어가 뮤지엄 경영에 끼친 영향과 활용 방안 연구, 문화정책논총, 25(2), pp. 35-62.

4 L. Tallon(2008). Introduction: Mobile, Digital, and Personal. In L. Tallon&K. Walker(Eds.). *Digital technologies and the museum experience: Handheld guides and other media*, MD: Altamira Press, p. xiii-xxv.

5 C. Jones(2014). The Future of History is Mobile: Experiencing Heritage on Personal Devices, In H. Din&S. Wu(Eds.). *Digital Heritage and Culture: Strategy and Implementation*, NJ: World Scientific, p.177-193.

6 L. Tallon(2008). Introduction: Mobile, Digital, and Personal, In L. Tallon&K. Walker(Eds.), *Digital technologies and the museum experience: Handheld guides and other media*, MD: Altamira Press, p. xiii-xxv.

7 Available at: https://blog.sciencemuseum.org.uk/researching-the-humble-audio-guide/

8 Available at: ttps://blog.sciencemuseum.org.uk/researching-the-humble-audio-guide/

9 Available at: http://blog.britishmuseum.org/29-things-you-probably-didnt-know-about-the-british-museum/

10 M. Shelley(2015). An audio state of mind: Understanding behavior around audio guides and visitor media, Museum and the Web 2015. Available at: http://mw2015.museumsandtheweb.com/paper/an-audio-state-of-mind-understanding-behviour-around-audio-guides-and-visitor-media/

11 M. K. Othman, H. Petrie&C. Power(2011). Engaging visitors in museums with technology: scales for the measurement of visitor and multimedia guide experience, In IFIP *Conference on Human-Computer Interaction*, pp.92-99.

12 A. Mintz(1998). Media and museums: A museum perspective, In S. Thomas&A.

Mintz(Eds.). *The virtual and the real: Media in the museum*. Washington, D.C.: American Association of Museums, p. 19-34.

13 Available at: https://www.theworldwar.org/visit/plan-your-visit/audio-guide

14 Available at: http://www.metmuseum.org/visit/audio-guide

15 (좌) Available at: https://www.museum-joanneum.at/naturkundemuseum/ihr-besuch/audioguide

   (우) Available at: https://www.naturkundemuseum.berlin/en/museum/plan-your-visit/audioguide

16 P. Samis(2008). The exploded museum. In L. Tallon&K. Walker(Eds.), *Digital technologies and the museum experience: Handheld guides and other media*, MD: Altamira Press. p. 3-17.

17 P. Samis(2007). New Technologies as part of a comprehensive interpretive plan, In H. Din&P. Hecht(Eds), *The Digital Museum Think Guide*. Washington, D.C.: American Association of Museums, p.19-34.

18 R. Dowden&S. Sayre(2007). The whole world in their hands: the promise and peril of visitor-provided mobile devices. In H. Din&P. Hecht(Eds), *The Digital Museum Think Guide*. Washington, D.C.: American Association of Museums, p.35-44.

19 T. Kuflik, A. Albertini, P. Busetta, C. Rocchi, O. Stock&M. Zancanaro(2006). An agent-based architecture for museum visitors' guide systems, *UBIDEUM 2007*, pp. 35-45.

20 M. L. Patil, M. H. Ingale, K. P. Rane&M. S. Chaudhari(2014). RFID Based Touch Screen Museum Guide System, *The International Journal of Engineering and Science* (IJES), 3(6), pp.27-31.

21 M. Berkovich, J. Date, R. Keeler, M. Louw&M. O'Toole(2003). Discovery point: enhancing the museum experience with technology, In *CHI'03 extended abstracts on Human factors in computing systems*, pp. 994-995.

22 카네기미술관은 오디오 가이드 개발을 위한 목적으로 110명의 관람객을 대상으로 10개의 전시실에서 진행되었던 관찰과 인터뷰를 통해 관람 소요 시간, 전시물과의 인터랙션, 동반 관람객과의 인터랙션, 길찾기, 전시 동선 등에 대한 관람 행태를 연구했다. 90%의 관람객들은 전시실에서 5분 미만, 각각의 전시물에 대해서는 1분 미만의 관람 시간을 소요했다. 대부분 관람객들은 특별한 목표 없이 전시실을 이동했으며, 동반 관람객과의 인터랙션에 적극적으로 참여했다.

23 M. Berkovich, J. Date, R. Keeler, M. Louw&M. O'Toole(2003). Discovery point:

enhancing the museum experience with technology, In *CHI'03 extended abstracts on Human factors in computing systems*, pp. 994-995.

24 Available at: https://walkerart.org/press-releases/2005/dial-into-art-with-walker-art-centers-art-on

25 Available at: https://walkerart.org/press-releases/2005/dial-into-art-with-walker-art-centers-art-on

26 Available at: http://www.shapingoutcomes.org/course/cases/walkerart.pdf.

27 Available at: https://walkerart.org/press-releases/2005/dial-into-art-with-walker-art-centers-art-on

28 R. Dowden&S. Sayre(2007). The whole world in their hands: the promise and peril of visitor-provided mobile devices, In H. Din&P. Hecht(Eds), *The Digital Museum Think Guide*, Washington, D.C.: American Association of Museums, p.35-44.

29 Available at: https://walkerart.org/magazine/art-on-call-whats-new

30 RSS 2.0 XML이나 RDF/XML을 이용하여 파일을 제공하여 개인이 자신만의 미디어 프로그램을 만들고 제공하도록 하고, 청취자들은 아이튠즈(itunes)와 같이 팟캐스팅이 가능한 소프트웨어를 이용하여 정기적으로 새로운 프로그램을 자동적으로 체크하고 다운로드받아 청취할 수 있다.

31 Available at: https://www.museum-joanneum.at/naturkundemuseum/ihr-besuch/audioguide

32 Available at: https://www.sfmoma.org

33 Available at: https://www.sfmoma.org/listen/

34 Available at: https://www.sfmoma.org/press/release/sfmoma-launches-pilot-podcast-series-museum-colla/

35 Available at: http://www.metmuseum.org/events/programs/met-live-arts/memory-palace

36 Available at: https://www.si.edu/podcasts

37 J. Pallas&A. A. Economides(2008). Evaluation of art museums' web sites worldwide, Information Services&Use, 28(1), pp. 45-57; M. Kang&U. Gretzel(2012). Perceptions of museum podcast tours: Effects of consumer innovativeness, Internet familiarity and podcasting affinity on performance expectancies, Tourism Management Perspectives, 4, pp. 155-163.

38 박물관뿐만 아니라 박물관 전문 인력의 네크워크인 'MuseumNext'는 박물관에 대한 혁신적 사고와 통찰력의 공유를 위해 2016년부터 다양한 박물관 관련

전문가의 의견과 논의를 팟캐스트를 통해 제공하고 있다(Available at: https://www.museumnext.com/2016/09/podcast-for-museum-professionals/).

39   2016년 Tripsavvy(https://www.tripsavvy.com/best-museum-podcasts-4108370)
가 선정한 베스트 팟캐스트에는 Sidedoor(Smithsonian Museum), the Memory
Palace(Metropolitan Museum of Art), Spycast(the International Spy Museum),
Mindfulness Meditation Podcast(the Rubin), the Museum of Lost Objects
podcast(BBC), First Person(United States Holocaust Memorial Museum), Museum
People(New England Museum Association), BONUS Prank Audio Tour(Museum
of Fine Arts, Boston) 등이 포함되었다. 한편 2017년 Player.FM(https://player.
fm/podcasts/Museum)이 선정한 베스트 팟캐스트에는 the British Museum
Podcast, Pritzker Military Museum&Library Podcasts, Freud Museum of London,
National Museum of Australia, American Museum of Natural History, London
Design Museum Podcasts, Harvard Art Museum, Natural History Museum of
Los Angeles, Philadelphia Museum of Art, the Australian Museum, National
Museum of the USAT: Korean War Tour, Det Nationalhistoriske Museum 등이
포함되었다.

40   Available at: https://www.secrettelaviv.com/magazine/two-nice-jewish-boys/two
-nice-jewish-boys-podcast-episode-35-holocaust-memorial-day-special-with-
yad-vashem-chief-historian-prof-dina-porat

41   Available at: https://www.ushmm.org/watch/first-person/?mkt_tok=eyJpIjoiWlR
nMlpXRTBNREpqTVRFNSIsInQiOiJSQ2hJMEhpNlRLQXVSQ1Jsa0xkd3h2
dWczM3NsVEhuMnZTV1ljSlFRd0dUdDE4aVVPV1wvUm5ppWUdZOW5RTj
dKVjF5S3lCWjQrS051cDR4clNRaVVnem54QTkwZlFzUmw4VDQzSWJzZnJ
oeHVKRFdtV081U0VBM2l1dnlqek5WVmUifQ%253D%253D

42   R. Dowden&S. Sayre(2007). The whole world in their hands: the promise and
peril of visitor-provided mobile devices, In H. Din&P. Hecht(Eds), *The Digital
Museum Think Guide*, Washington, D.C.: American Association of Museums,
p.35-44.

43   Available at: http://www.louvre.fr/en/museum-audio-guide

44   Available at: http://www.cubed3.com/news/16647/1/nintendo-and-the-louvre-
join-forces-for-audio-guide-louvre-nintendo-3ds.html

45   T. Whitehead(2013). Hands On: Nintendo 3DS Guide: Louvre Guide. Available
at: http://www.nintendolife.comnews/2013/12/hands_on_nintendo_3ds_guide_
louvre.

46 P. Tieryas(2015). How Navigating the Louvre with a Nintendo 3DS Made Me Rethink the Future of Gaming, Art, and Virtual Reality(http://www.tor. com/2015/03/27/how-navigating-the-louvre-with-a-nintendo-3ds-made-me-rethink-the-future-of-gaming-art-and-virtual-reality/).

47 Available at: http://www.neogaf.com/forum/showthread.php?t=811222&page=3

48 Available at: http://louvreguide.nintendo.com/enjoy-artwork-at-your-leisure/

49 Available at: http://www.theregister.co.uk/2012/04/12/nintendo_puts_3ds_in_la_louvre/

50 Available at: http://www.capsulecomputers.com.au/2013/11/nintendo-3ds-guide-louvre-now-available-on-the-eshop/

51 C. Cox(2012). Nintendo puts 3DS in the Louvre. Available at: http://www. theregister.co.uk/2012/04/12/nintendo_puts_3ds_in_la_louvre/

52 Available at: http://louvreguide.nintendo.com/enjoy-artwork-at-your-leisure/

53 P. Tieryas(2015). How Navigating the Louvre with a Nintendo 3DS Made Me Rethink the Future of Gaming, Art, and Virtual Reality. Available at: http://www. tor.com/2015/03/27/how-navigating-the-louvre-with-a-nintendo-3ds-made-me-rethink-the-future-of-gaming-art-and-virtual-reality/.

54 http://www.nintendolife.com/news/2013/12/hands_on_nintendo_3ds_guide_louvre

55 N. Sander(2014). Nintendo 3DS Guide: Louvre Review. Available at: http://www. nintendoworldreport.com/review/36655/nintendo-3ds-guide-louvre-review

56 R. Katrina(2011). Simpler museum tours with the Louvre And Nintendo. Available at: https://www.brandingmag.com/2011/12/21/the-louvre-upgrades-museum-tours-with-nintendo/

1부 3장　디지털 기술과 해석 매체: 멀티미디어 가이드

1 아날로그 방식에서 디지털로 전환된 대표적인 오디오 투어의 사례는 1993년 루브르박물관에서 개발한 상설전시에 대한 내용이 수록된 디지털 오디오 가이드이다.

2 K. Jones-Garmil(1997). *The wired museum: Emerging technology and changing paradigms*, Washington D.C.: American Association of Museums.

3 L. Tallon(2008). Introduction: Mobile, *Digital, and Personal. Digital Technologies*

and the Museum Experience, MD: Altamira Press, p.xiiii-2.

4   M. Kang&U. Gretzel(2012). Perceptions of museum podcast tours: Effects of consumer innovativeness, Internet familiarity and podcasting affinity on performance expectancies. *Tourism Management Perspectives*, 4, pp. 155-163.

5   C. G. Screven(1990). Computers in Exhibit setting, *Visitor Studies: Theory, research and practice*, pp. 130-138.

6   Available at: http://www.bluecadet.com/work/treasures-from-korea-arts-and-culture-of-the-joseon-dynasty/

7   Available at: http://www.inventinginteractive.com/2010/11/22/los-angeles-museum-of-the-holocaust/

8   Available at: https://nhm.org/site/about-our-museums/nhm-next/dinosaur-hall

9   B. Gammon&A. Burch(2008). Designing Mobile Digital Experience, In L. Tallon& K. Walker(Eds.), Digital technologies and the museum experience: Handheld guides and other media. Washington, D.C.: American Association of Museums, MD: Altamira Press, p.35-60.

10 T. Suzuki, F. Adachi&Y. Manabe(2014). Experimentation and Evaluation of a Multimedia Exhibition Information Service Using Visitor-owned Portable Wi-Fi Terminals Suitable for Small-scale Museums. *ITE Transactions on Media Technology and Applications*, 2(3), pp. 256-265.

11 M. Kubo(2002). Information Systems at the National Museum of Ethnology. Available at: http://pnclink.org/annual/annual2001/interim%20pdf/KUBO.pdf

12 안테나 오디오는 박물관이나 유적지 등의 문화기관의 오디오 가이드, 멀티미디어 가이드, 스마트 폰 애플리케이션 등의 해석 매체와 디바이스를 개발하는 글로벌 기업이다.

13 R. Dowden&S. Sayre(2007). The whole world in their hands: The promise and peril of visitor-provided mobile devices, In H. Din&P. Hecht(Eds). The Digital Museum Think Guide. Washington, D.C.: American Association of Museums, p. 35-44.

14 J. H. Falk,&L. D. Dierking(2008). Enhancing Visitor Interaction, In L. Tallon&K. Walker(Eds.), *Digital technologies and the museum experience: Handheld guides and other media*, MD: Altamira Press, p.19-33.

15 C. G. Screven(1990). Computers in Exhibit setting, *Visitor Studies: Theory, research and practice*, pp. 130-138.

16 S. Filippini-Fantoni&J. P. Bowen(2008). Mobile multimedia: Reflections from

ten years of practice, In L. Tallon&K. Walker(Eds.), *Digital technologies and the museum experience: Handheld guides and other media*, MD: Altamira Press, p.79-96.

17 컴퓨터 시스템 환경에서 링크 변경을 위한 유비쿼터스 컴퓨팅 또는 퍼베이시브 컴퓨팅으로 불리우는 용어에서 시작된 '상황 인지(context awareness)'란 사용자가 처한 상황을 인지하고, 사용자가 원하는 정보를 제공하는 시스템을 의미하며, 위치 인지(location awareness)와 보완적으로 정의되는 모바일 기기의 속성이다(출처: 위키피디아).

18 R. Oppermann&M. Specht(2000). A context-sensitive normadic information system as an exhibition guide, *Handheld&Ubiq. In Computing 2nd International Symposium*, LNCS 1927, pp.127-142.

19 S. His&H. Fait(2005). RFID enhances visitors' museum experience at the Exploratorium, *Communications of the ACM*, 48(9), pp. 60-65.

20 W. Witschey, H. J. Parry Jr., E. Maurakis, D. Hagan, M. Werner-Avidon, C. Howarth&D. Pohlman(2006). Museums in transition: emerging technologies as tools for free-choice learning, Informal Learning Review, Virginia: Science Museum of Virginia.

21 M. Blöckner, S. Danti, J. Forrai, G. Broll&A. De Luca(2009). Please touch the Exhibits! Using NFC-based interaction for exploring a museum, In *Proceedings of the 11th International Conference on Human-Computer Interaction with Mobile Devices and Services*(MobileHCI109), pp.71-72.

22 T. S. Cinotti, M. Malavasi, E. Romagnoli, F. Sforza&S. Summa(2001). MUSE: An integrated system for mobile fruition and site management, *ICHIM*, pp.609-621.

23 Available at: http://designjerk.com/portfolio.html

24 이연희(2002). 모바일 PDA를 활용한 박물관 전시 지원 시스템에 관한 연구, 연세대학교 대학원 석사학위 논문.

25 Available at: http://www.museumsandtheweb.com/mw2004/papers/johnson/johnson.html

26 T. Laine, C. I. Sedano, M. Vinni&M. Joy(2009). Characteristics of Pervasive Learning Environment in Museum Contexts, the 8th World Conference on Mobile and Contextual Learning(mlearn 2009), pp. 26-30. Available at: http://wrap.warwick.ac.uk/47534/1/WRAP_Joy_laine_et_al_mlearn2009.pdf

27 P. Samis(2007). New Technologies as part of a comprehensive interpretive plan, In

H. Din&P. Hecht (Eds). *The Digital Museum Think Guide*. Washington, D.C.: American Association of Museums, p.19-34.

28 앞부분에서 다룬 미국박물관협회의 '2011 모바일 기술 설문조사의 결과에 의 하면, 미국 내 1/3 정도의 박물관이 근미래에 모바일 플랫폼의 개발 및 도입에 대해 강한 의지를 갖고 있었지만, 이를 위해 재원, 인력, 시간 등 내부 자원의 확충이 가장 시급한 문제라는 사실을 지적했다.

29 PEACH의 경우에는 시스템 안정성, 사용자 모델, 사용자 인터페이스가 디자인 과 적용 기술이 4번에 걸쳐 수정되었다. Hippie의 경우에도 높은 관람객 밀도나 장애물로 인해 관람객이 걸음을 멈출 수 있는 가능성이 배제된 상태에서 관람 객의 근접한 위치가 전시물에 대한 유일한 관심의 척도로 사용되었다는 것이 문제점으로 지적되었다.

30 Available at: https://www.sfmoma.org/artwork/98.296/research-materials/document /ATP_98.296_029/

31 Available at: https://www.sfmoma.org/press/release/new-technologies-help-connect -visitors-and-contem/

32 〈Point of Departure〉를 위해 제작된 인터랙티브 해석 매체의 프로토 타입은 MIT Media Lab의 알렉산더 펜틀랜드(Alexander Pentland) 교수, 글로리아나 대븐포트(Glorianna Davenport) 교수, 플라비아 스파라치노(Flavia Sparacino)에 의해 개발되었다.

33 Available at: https://www.sfmoma.org/press/release/new-technologies-help-connect -visitors-and-contem/

34 G. Wilson(2004). Multimedia tour programme at Tate Modern, In Museums and the Web 2004: *Selected Papers from an International Conference*, 3, pp. 91-125.

35 테이트 모던에서 2002년에 실시한 MMT에 대한 예비 연구는 관람 경험의 증 진에 기여했다는 긍정적인 평가를 받았으며, 영국 필름 및 텔레비전 예술 학 술원(The British Academy of Film and Television Arts)으로부터 기술혁신상(The Bafta award for technical innovation)을 수상했다.

36 Available at: http://www.tate.org.uk/about/projects/tate-modern-multimedia-tour

37 설문조사에 참여한 852명의 성비는 남자 58%, 여자 42%였으며, 10~60세에 이 르는 다양한 연령대로 구성되었다.

38 N. Proctor&C. Tellis(2003). The State of the Art in Museum Handhelds in 2003, In *Museums and the Web 2003: Selected Papers from an International Conference*. Available at: http://files.eric.ed.gov/fulltext/ED482157.pdf

39 N. Proctor&J. Burton(2004). Tate modern multimedia tour pilots 2002-2003,

Learning with Mobile Devices: Research and Development, London: Learning and Skills Development Agency, p. 127-130. Available at: https://s3.amazonaws. com/academia.edu.documents/5512685/10.1.1.97.4405.pdf?AWSAccessKeyId= AKIAIWOWYYGZ2Y53UL3A&Expires=1503483110&Signature=v60Ry93w cgzQFpd3b57dZeuU4ic%3D&response-content-disposition=inline%3B%20 filename%3DSMILE_the_creation_of_space_for_interact.pdf#page=136

40   Available at: http://www.thetalkingwalls.co.uk/PDF/tateModern.pdf

41   Available at: https://www.museumsandtheweb.com/mw2007/papers/filippini-fantoni /filippini-fantoni.html

42   S. Fisher(2002). Tate Modern multimedia tour evaluation(unpublished report).

43   N. Proctor&J. Burton(2004). Tate modern multimedia tour pilots 2002-2003, *Learning with Mobile Devices: Research and Development*, London: Learning and Skills Development Agency, pp. 127-130. Available at: https://s3.amazonaws. com/academia.edu.documents/5512685/10.1.1.97.4405.pdf?AWSAccessKeyId= AKIAIWOWYYGZ2Y53UL3A&Expires=1503483110&Signature=v60Ry93w cgzQFpd3b57dZeuU4ic%3D&response-content-disposition=inline%3B%20 filename%3DSMILE_the_creation_of_space_for_interact.pdf#page=136

44   2003년 프로젝트의 경우, 테이트 모던은 블룸버그의 재정적 지원과 안테나 오 디오와의 협업을 통해 개발되었으며, 도시바(Toshiba)로부터 PDA 단말기(e75 PDA)를 지원받았다.

45   Available at: https://sridc.wordpress.com/2007/11/27/pda-multimedia-tour/

46   G. Wilson(2004). Multimedia tour programme at Tate Modern, *In Museums and the Web 2004: Selected Papers from an International Conference*, 3, pp. 91-125.

47   Available at: http://www.yitakapa.com/tate-modern-multimedia-tours.html

48   Available at: http://www.museumsandtheweb.com/mw2004/papers/wilson/wilson. html

49   Available at: http://www.museumsandtheweb.com/mw2005/papers/proctor/proctor. html

50   Available at: http://www.yitakapa.com/tate-modern-multimedia-tours.html

51   Available at: http://www.tate.org.uk/research/publications/tate-papers/11/tools-to- understand-an-evaluation-of-the-interpretation-material-used-in-tate-moderns- rothko-exhibition

52   N. Proctor&J. Burton(2004). Tate Modern Multimedia Tour, Learning with Mobile Devices: Research and Development, London: The Learning and Skill Development

Agency. pp. 127-130. Available at: https://s3.amazonaws.com/academia.edu.documen
ts/5512685/10.1.1.97.4405.pdf?AWSAccessKeyId=AKIAIWOWYYGZ2Y53UL3A
&Expires=1503483110&Signature=v60Ry93wcgzQFpd3b57dZeuU4ic%3D&res
ponse-content-disposition=inline%3B%20filename%3DSMILE_the_creation_of_
space_for_interact.pdf#page=136

53   Available at: http://www.tate.org.uk

54   Available at: http://www.museumsandtheweb.com/mw2004/papers/wilson/wilson.
html

55   http://www.newstatesman.com/culture/2015/07/what-frida-kahlo-can-teach-
us-about-art-selfie

56   B. Gammon&A. Burch(2008). Designing mobile digital experiences. In L. Tallon
&K. Walker(Eds.). *Digital technologies and the museum experience: Handheld
guides and other media.* MD: Altamira Press. p. 35-60.

57   S. Filippini-Fantoni&J. P. Bowen(2008). Mobile multimedia: Reflections from
ten years of practice. In L. Tallon&K. Walker(Eds.). *Digital technologies and the
museum experience: Handheld guides and other media.* MD: Altamira Press, pp.
79-96.

58   S. Filippini-Fantoni(2007). Multimedia tour: New Interpretative Tools for the
Cultural Heritage Sector, Unpublished seminar material. Available at: http://web.
iri.centrepompidou.fr/fonds/upload/seance/13/Seminaire_Museologie6_S.Fantoni.
pdf.

59   S. Hsi(2002). The Electronic Guidebook: A study of user experiences using
mobile web content in a museum setting, In *Wireless and Mobile Technologies in
Education, 2002. Proceedings. IEEE International Workshop,* pp. 48-54.

60   T. Kuflik, A. Albertini, P. Busetta, C. Rocchi, O. Stock&M. Zancanaro, M(2006).
An agent-based architecture for museum visitors' guide systems, *UBIDEUM
2007,* pp. 35-45.

61   P. Marti, A. Rizzo, L. Petroni, G. Tozzi&M. Diligenti(1999). Adapting the
museum: a non-intrusive user modeling approach, *In UM99 User Modeling,* pp.
311-313.

62   D. Petrelli&E. Not(2005). User-centred design of flexible hypermedia for a
mobile guide: Reflections on the HyperAudio experience, *User Modeling and
User-Adapted Interaction,* 15(3), pp. 303-338.

63   G. Benelli, A. Bianchi, P. Marti, E. Not&D. Sennati(1999). HIPS: Hyper-

interaction within physical space, In *Multimedia Computing and Systems, 1999. IEEE International Conference*, 2, pp. 1075-1078.

64 O. Stock, M. Zancanaro, P. Busetta, C. Callaway, A. Krüger, M. Kruppa&C. Rocchi(2007). Adaptive, intelligent presentation of information for the museum visitor in PEACH, *User Modeling and User-Adapted Interaction*, 17(3), pp. 257-304.

65 J. Baus, K. Cheverst&C. Kray(2005). A survey of map-based mobile guides, In *Map-based mobile services*, pp. 193-209.

66 M. Eisenhauer, R. Oppermann&B. Schmidt-Belz(2003). Mobile information systems for all, In Proceedings of the Tenth International Conference on Human-Computer Interaction, 4, pp. 354-358.

67 W. R. Van Hage, N. Stash, Y. Wang&L. Aroyo(2010). Finding your way through the Rijksmuseum with an adaptive mobile museum guide, In *Extended Semantic Web Conference*, pp. 46-59.

68 R. Oppermann&M. Specht(2000). A context-sensitive nomadic information system as an exhibition guide, handheld&ubiq, In *Computing 2nd Int. Symp.*, pp.127-142.

69 J. Baus, K. Cheverst&C. Kray(2005). A survey of map-based mobile guides, In *Map-based mobile services*, pp. 193-209.

70 M. Eisenhauer, R. Oppermann&B. Schmidt-Belz(2003). Mobile information systems for all, In *Proceedings of the Tenth International Conference on Human-Computer Interaction*, 4, pp. 354-358.

71 D. Raptis, N. Tselios&N. Avouris(2005). Context-based design of mobile applications for museums: a survey of existing practices, In *Proceedings of the 7th international conference on Human computer interaction with mobile devices& services*, pp. 153-160.

72 M. Kenteris, D. Gavalas&D. Economou(2011). Electronic mobile guides: a survey. *Personal and ubiquitous computing*, 15(1), pp. 97-111.

73 A. Galani&M. Chalmers(2010). Empowering the remote visitor: supporting social museum experiences among local and remote visitors, *Museums in the digital age*, London: Routledge, p.159-169.

74 M. Eisenhauer, R. Oppermann&B. Schmidt-Belz(2003). Mobile information systems for all, In *Proceedings of the Tenth International Conference on Human-Computer Interaction*, 4, pp. 354-358.

75 M. Eisenhauer, R. Oppermann&B. Schmidt-Belz(2003). Mobile information systems for all, In *Proceedings of the Tenth International Conference on Human-Computer Interaction*, 4, pp. 354-358.

76 M. Eisenhauer, R. Oppermann&B. Schmidt-Belz(2003). Mobile information systems for all, In *Proceedings of the Tenth International Conference on Human-Computer Interaction*, 4, pp. 354-358.

77 15세기 고딕 시대의 프레스코 벽화인 'The Cycle of the Months'는 11개의 패널로 구성되었으며, 1년 동안의 귀족과 소작농의 활동이 표현되어 있다. 아쉽게도 3월에 해당하는 벽화는 파괴되어 현존하지 않는다.

78 C. Rocchi, O. Stock&M. Zancanaro(2006). Adaptivity in museum mobile guides: The Peach experience. Proceedings of the Mobile Guide, 6 Available at: http://nexus.hs-bremerhaven.de/Library.nsf/379c5720a6c5f567c12572c00053ee13/e1dd204fd7b21b22c125738a003753e5/$FILE/Rocchi_etal_PEACH.pdf

79 O. Stock, M. Zancanaro, P. Busetta, C. Callaway, A. Krüger, M. Kruppa&C. Rocchi(2007). Adaptive, intelligent presentation of information for the museum visitor in PEACH, User Modeling and User-Adapted Interaction, 17(3), pp.257-304

80 T. Kuflik, C. Callaway, D. Goren-Bar, C. Rocchi, O. Stock&M. Zancanaro(2005). Non-intrusive user modeling for a multimedia museum visitors guide system, *User Modeling 2005*, pp. 236-240

81 T. Kuflik, C. Callaway, D. Goren-Bar, C. Rocchi, O. Stock&M. Zancanaro(2005). Non-intrusive user modeling for a multimedia museum visitors guide system, *User Modeling 2005*, pp.236-240.

82 T. Kuflik, A. Albertini, P. Busetta, C. Rocchi, O. Stock&M. Zancanaro, M(2006). An agent-based architecture for museum visitors' guide systems, *UBIDEUM 2007*, pp. 35-45.

83 시네마토그래피는 영상 제작에서 피사체를 촬영해 영화 이미지를 만드는 것을 지칭하는 용어로서, 카메라, 렌즈, 필름, 조명 등과 아울러 카메라 앵글, 거리, 이동과 같은 기술적인 면과 관련이 있으며, 각각의 이미지와 이미지들의 관계에서는 구성과 형식, 색감, 음영, 움직임 등이 중요하게 작용한다.

84 C. Rocchi, I. Graziola, D. Goren-Bar, O. Stock&M. Zancanaro(2010). Adaptive multimedia guide, In *PEACH: Intelligent Interfaces for Museum Visits*, p. 3-22.

85 D. Goren-Bar, I. Graziola, T. Kuflik, F. Pianesi, C. Rocchi, O. Stock and M. Zancanaro(2005). I like it: An Affective Interface for a Multimodal Museum

Guide, *In Proceedings of Intelligent User Interfaces IUI'05*, San Diego, CA. Available at: http://peach.itc.it/papers/gorenbar2005.pdf

86 D. Goren-Bar, I. Graziola, C. Rocchi, F. Pianesi, O. Stock&M. Zancanaro(2005). Designing and redesigning an affective interface for an adaptive museum guide, Affective Computing and Intelligent Interaction, pp. 939-946.

87 C. Rocchi, I. Graziola, D. Goren-Bar, O. Stock&M. Zancanaro(2010). Adaptive multimedia guide, In PEACH: *Intelligent Interfaces for Museum Visits*, p. 3-22.

88 D. Goren-Bar, I. Graziola, C. Rocchi, F. Pianesi, O. Stock&M. Zancanaro(2005). Designing and redesigning an affective interface for an adaptive museum guide, *Affective Computing and Intelligent Interaction*, pp. 939-946.

89 D. Goren-Bar, I. Graziola, F. Pianesi, C. Rocchi, O. Stock&M. Zancanaro(2005). I like it: Affective Control of Information Flow in a Personalized Mobile Museum Guide, In *Workshop of Innovative Approaches to Evaluating Affective Interfaces (CHI 2005 Workshop)* (no page number).

90 D. Goren-Bar, I. Graziola, T. Kuflik, F. Pianesi, C. Rocchi, O. Stock and M. Zancanaro(2005). I like it: An Affective Interface for a Multimodal Museum Guide, *Affective Computing and Intelligent Interaction*, pp. 939-946.

91 D. Goren-Bar, I. Graziola, C. Rocchi, F. Pianesi, O. Stock&M. Zancanaro(2005). Designing and redesigning an affective interface for an adaptive museum guide, *Affective Computing and Intelligent Interaction*, pp. 944.

92 C. Rocchi, I. Graziola, D. Goren-Bar, O. Stock&M. Zancanaro(2007). Adaptive multimedia guide, *PEACH-Intelligent Interfaces for Museum Visits*, pp. 3-22.

93 C. Rocchi, I. Graziola, D. Goren-Bar, O. Stock&M. Zancanaro(2007). Adaptive multimedia guide, *PEACH-Intelligent Interfaces for Museum Visits*, pp. 3-22.

94 O. Stock, M. Zancanaro, P. Busetta, C. Callaway, A. Krüger, M. Kruppa&C. Rocchi (2007). Adaptive, intelligent presentation of information for the museum visitor in PEACH, User Modeling and *User-Adapted Interaction*, 17(3), pp. 257-304.

95 D. Goren-Bar, I. Graziola, F. Pianesi, C. Rocchi, O. Stock&M. Zancanaro(2005). I like it-Affective Control of Information Flow in a Personalized Mobile Museum Guide, In *Workshop of Innovative Approaches to Evaluating Affective Interfaces (CHI 2005 Workshop) (No page number).*

96 D. Goren-Bar, I. Graziola, F. Pianesi, C. Rocchi, O. Stock&M. Zancanaro(2005). I like it-Affective Control of Information Flow in a Personalized Mobile Museum Guide, In *Workshop of Innovative Approaches to Evaluating Affective Interfaces*

(CHI 2005 Workshop) (No page number).

1부 4장 박물관과 모바일 기술

1   L. Times&L. Tallon(2009). The use, challenges&future of handheld guides in museums: An overview of the findings from the 2009 International Handheld Guide Survey. Available at: http://www.slideshare.net/LoicT/use-challenges-future-of-handheld-guides-in-museums-2009-2670381.

2   Available at: 2010 Handheld Guide Survey

3   L. Tallon(2009). The use, challenges&future of handheld guides in museums: An overview of the findings from the 2009 International Handheld Guide Survey, Learning Times&Pocket-Proof. Available at: http://www.learningtimes.net/museumhandheldsurvey/

4   Available at: http://www.museumsandtheweb.com/mw2010/papers/petrie/petrie.html

5   Available at: http://www.museumsandtheweb.com/mw2010/papers/petrie/petrie.html

6   Available at: http://www.museumsandtheweb.com/mw2010/papers/petrie/petrie.html

7   현재 핸드헬드 가이드를 운영하는 박물관의 경우, 정기적으로 핸드헬드 가이드의 내용을 최신의 정보로 업데이트를 하는 박물관은 36.0%, 프로젝트 기반으로 업데이트를 실행하는 박물관은 20.0%, 가끔 업데이트 하는 박물관은 29%, 업데이트를 하지 않는 박물관은 15.0%에 해당했다.

8   L. Tallon(2009). Use, Challenges&Future of Mobile in Museums 2009. Available at: https://www.slideshare.net/LoicT/use-challenges-future-of-handheld-guides-in-museums-2009-2670381

9   Available at: 2011 Mobile Technology Survey

10 Available at: 2011 Mobile Technology Survey

11 AAM(2011), 2011 Mobile Technology Survey. Available at: http://www.aam-us.org/docs/center-for-the-future-of-museums/aam_mobile_technology_survey.pdf?sfvrsn=0)

12 Available at: 2011 Mobile Technology Survey

13 로익 탈론과 리서치 기관인 포켓-프루프(Pocket-Proof)가 실행한 'Museums&

Mobile Survey 2011'에 의하면, 총 738 응답자 가운데 현재 모바일 기술을 활용하고 있는 박물관은 30.0%를 차지했으며, 23.0%는 모바일 기술을 적용할 예정이었고, 나머지 36.0%는 적용할 계획이 없었다.

14 Available at: http://www.aam-us.org/docs/center-for-the-future-of-museums/aam_mobile_technology_ survey.pdf?sfvrsn=0

15 Available at: 2011 Mobile Technology Survey

16 Available at: Mobile in Museum Study 2012

17 Available at: Mobile in Museum Study 2012

18 Available at: Mobile in Museum Study 2012

19 Mobile in Museum Study 2012

20 Mobile in Museum Study 2012

21 스테파니 포(Stephanie Pau, 2012)에 의하면, 74.0%의 관람객들은 스마트 폰을 보유했으며 59.0%는 아이폰, 25.0%는 안드로이드 기반의 기기를 사용했다 (AAM, 2012: 31).

22 Available at: Mobile in Museum Study 2012

23 Available at : Mobile in Museum Study 2012

24 L. Tallon(2013). Mobile Strategy in 2013: an analysis of the annual Museums&Mobile survey. Loïc Tallon&Pocket-Proof. Available at: http://www.museumsmobile.com/wp-content/uploads/2013/07/MMSurvey-2013-report-V2.pdf

1부 5장 인터랙티브 전시 환경과 모바일 가이드

1 2011년 기준, 56만 명의 관람객이 방문했으며, 1993년에 박물관으로서 최초로 개설한 웹 사이트에는 연간 1200만 명 이상의 방문객이 이어지고 있다. 2011년 익스플로라토리움은 미국 국립과학위원회(the National Science Board)로부터 과학과 공학에 대한 대중의 이해 증진에 대해 기여한 점을 인정받아 공공서비스 과학상을 수상했다.

2 Available at: http://www.mrtreasurehunt.com/content/exploratorium-museum-adventure

3 Available at: https://www.exploratorium.edu/press-office/press-releases/august-events-exploratorium-last-chance-see-pulse-spiral-plus-after-dark

4 Available at: http://www.traveloninspiration.com/2014/02/24/three-attractions-

not-to-miss-in-san-francisco

5   S. Hsi(2002). The Electronic Guidebook: A study of user experiences using mobile web content in a museum setting, In *Wireless and Mobile Technologies in Education, 2002. Proceedings. IEEE International Workshop*. pp. 48-54.

6   A. Barry(2006). Creating a virtuous circle between a Museum's on-line and physical spaces, *Museum and the Web 2006: The International Conference for Culture and Heritage On-line*. Available at: https://www.museumsandtheweb.com/mw2006/papers/barry/barry.html.

7   B. Gammon&A. Burch(2008). Designing mobile digital experiences, In L. Tallon& K. Walker(Eds.). *Digital technologies and the museum experience: Handheld guides and other media*. MD: Altamira Press p. 35-60.

8   S. Hsi(2003). The Electronic Guidebook: A study of user experiences mediated by nomadic web content in a museum, Journal of Computer Assisted Learning, 19(3), pp. 308-319.

9   Available at : S. Hsi(2003). The Electronic Guidebook: A study of user experiences mediated by nomadic web content in a museum, *Journal of Computer Assisted Learning*, 19(3), pp.308-319.

10 이 디바이스는 타 기종에 비해 가볍고, 스크린이 크다. 또 무선 기능, 터치 기능, 네비게이션 기능 등이 탑재되어 있으며, 스타일러스 펜을 이용해서 자신의 의견을 메모로 남길 수 있고, 다른 모델에 비해 건전지의 수명이 길다는 다양한 장점을 지녔다.

11 비콘은 전자기파를 이용하여 위치, 방향 따위를 확인하는 장치이다.

12 M. Fleck, M. Frid, T. Kindberg, E. O'Brien-Strain, R. Rajani&M. Spasojevic(2002). From informing to remembering: Ubiquitous systems in interactive museums, *IEEE Pervasive Computing*, 1(2), pp.13-21.

13 S. Hsi(2003). The Electronic Guidebook: A study of user experiences mediated by nomadic web content in a museum, *Journal of Computer Assisted Learning*, 19(3), pp.308-319.

14 R. Semper&M. Spasojevic(2002). The Electronic Guidebook: Using Portable Devices and a Wireless Web-Based Network to Extend the Museum Experience, In *Museums and the Web 2004: Selected Papers from an International Conference*, Available at: https://www.museumsandtheweb.com/mw2002/papers/semper/semper.html

15 A. Woodruff, P. M. Aoki, A. Hurst&M. H. Szymanski(2001). Electronic Guidebooks and Visitor Attention, In *ICHIM*, (1), pp. 437-454.

16 익스플로라토리움이 최초로 북마킹 기능을 사용한 이후, 테이트 모던과 보스
    턴 과학박물관이 이 기능을 사용했는데, 테이트 모던은 멀티미디어 가이드에
    이 기능을 추가했고, 보스턴 과학박물관은 "Star Wars: Where Science Meets
    Imagination"전시의 투어에서 관람객이 북마킹을 사용해서 정보를 저장하는 기
    능을 선보였다.

17 성인들은 웹 콘텐츠가 아동들의 흥미를 이끌어내지 못했다고 생각했지만, 실
    제로 아동들은 전시물 앞에서 웹 콘텐츠를 읽으면서 제안된 활동을 시도했다.
    하지만 아동의 경우 관람 소요 시간이 증가한 것은 시스템의 기능성보다는 새
    로운 하드웨어에 대한 흥미가 부분적인 원인으로 작용했다.

18 관람 동선과 네비게이션 측면에서, 참여자들은 관심 있는 전시물로 이동할 때
    마다 이동무선시스템을 찾아야 했는데, 온라인 지도를 사용하지 않은 일부 참
    여자들은 표식이 있었음에도 불구하고 그 위치를 찾는 데 어려움을 겪었다.

19 M. Fleck, M. Frid, T. Kindberg, E. O'Brien-Strain, R. Rajani&M. Spasojevic(2002).
    From informing to remembering: Ubiquitous systems in interactive museums,
    IEEE Pervasive Computing, 1(2), pp.13-21.

20 M. Fleck, M. Frid, T. Kindberg, E. O'Brien-Strain, R. Rajani&M. Spasojevic(2002).
    Rememberer: A tool for capturing museum visits. In *International Conference on
    Ubiquitous Computing*, pp. 48-55.

21 리멤버러 디바이스 가운데 하나로 조르나다 567이 사용되었는데, 이전의 연구
    와는 달리 스크린을 보호하고 직접적 사용을 금지하기 위해 덮개를 부착했다.

22 M. Fleck, M. Frid, T. Kindberg, E. O'Brien-Strain, R. Rajani&M. Spasojevic(2002).
    From informing to remembering: Ubiquitous systems in interactive museums,
    IEEE Pervasive Computing, 1(2), pp.13-21.

23 M. Fleck, M. Frid, T. Kindberg, E. O'Brien-Strain, R. Rajani&M. Spasojevic(2002).
    Rememberer: A tool for capturing museum visits. In *International Conference on
    Ubiquitous Computing*, pp. 48-55.

24 통제 집단에 해당하는 6개 집단(13명)은 핸드헬드 디바이스를 사용하지 않고
    관람했으며, 나머지 9개 집단은 리멤버러를 사용한 실험 집단에 속했다.

25 M. Fleck, M. Frid, T. Kindberg, E. O'Brien-Strain, R. Rajani&M. Spasojevic(2002).
    Rememberer: A tool for capturing museum visits, In *International Conference on
    Ubiquitous Computing*, pp. 48-55.

26 M. Fleck, M. Frid, T. Kindberg, E. O'Brien-Strain, R. Rajani&M. Spasojevic(2002).
    Rememberer: A tool for capturing museum visits, In *International Conference on
    Ubiquitous Computing*, pp. 48-55.

27   S. Hsi(2004). I-guides in progress: two prototype applications for museum educators and visitors using wireless technologies to support science learning, In *Wireless and Mobile Technologies in Education, 2004. Proceedings. The 2nd IEEE International Workshop*, pp. 187-192.

28   S. Hsi(2004). I-guides in progress: two prototype applications for museum educators and visitors using wireless technologies to support science learning, In *Wireless and Mobile Technologies in Education, 2004. Proceedings. The 2nd IEEE International Workshop*, pp. 187-192. Available at: http://ieeexplore.ieee.org/xpls/abs_all.jsp?arnu mber=1281381.

29   W. Brunette, J. Lester, A. Rea&G. Borriello(2005). Some sensor network elements for ubiquitous computing, In *Information Processing in Sensor Networks(IPSN 2005), Fourth International Symposium*, pp. 388-392.

30   W. Brunette, J. Lester, A. Rea&G. Borriello(2005). Some sensor network elements for ubiquitous computing, In *Information Processing in Sensor Networks (IPSN 2005), Fourth International Symposium*, pp. 388-392.

31   S. His&H. Fait(2005). RFID enhances visitors' museum experience at the Exploratorium, *Communications of the ACM*, 48(9), pp. 60-65.

32   S. Hsi, R. Semper, W. Brunette, A. Rea&G. Borriello(2004). eXspot: A wireless RFID transceiver for recording and extending museum visits, In *Proceedings of Ubi-Comp*. Available at: http://www.ubicomp.org/ubicomp2004/adjunct/demos/hsi.pdf

33   S. His&H. Fait(2005). RFID enhances visitors' museum experience at the Exploratorium, Communications of the ACM, 48(9), pp. 60-65; S. Hsi, R. Semper, W. Brunette, A. Rea&G. Borriello(2004). eXspot: A wireless RFID transceiver for recording and extending museum visits, In *Proceedings of Ubi-Comp*, Available at: http://www.ubicomp.org/ubicomp2004/adjunct/demos/hsi.pdf

34   S. Hsi(2007). Designing for mobile visitor engagement, In L. Tallon&K. Walker(Eds.). *Digital technologies and the museum experience: Handheld guides and other media*. MD: Altamira Press p. 125-145.

35   W. Brunette, J. Lester, A. Rea&G. Borriello(2005). Some sensor network elements for ubiquitous computing, In *Information Processing in Sensor Networks*(IPSN 2005), Fourth International Symposium. pp. 388-392.

36   이보아(2013). 인터랙티브 전시 환경에서 모바일 디바이스의 비간섭적 특성의 중요성에 대한 사례 연구, *한국컴퓨터정보학회논문지*, 18(1), 31-42.

37   이보아(2013). 인터랙티브 전시 환경에서 모바일 디바이스의 비간섭적 특성의
중요성에 대한 사례 연구, *한국컴퓨터정보학회논문지*, 18(1), 31-42.

38   L. Tallon(2012). The Museum&Mobile in 2012. Pocket-Proof&Learning Times.
Available at: http://www.slideshare.net/LoicT/museums-mob ile-in-2012-survey
-results..

39   A. Woodruff, R.E. Grinter, P.M. Aoki, A. Hurst, M.H. Szymanski, J.D.
Thornton(2002). Revisiting the visit: Understanding how technology can shape
the museum visit, *ACM Conference on Computer Supported Cooperative Work*,
pp. 146-155; B. Gammon&A. Burch(2008). Designing mobile digital experience:
Mobile, Digital, and Personal. In L. Tallon&K. Walker(Eds.). *Digital technologies
and the museum experience: Handheld guides and other media*, MD: Altamira
Press p.35-60; E. Rodley(2012). Looking around vs. looking down: Incorporating
mobility into your experience design, *Mobile Apps for Museums*, Washington,
DC: AAM, p.34-41; G. Roussos, A. J. Marsh, S. Maglaversa(2005). Enabling
pervasive computing with smart phones. *IEEE*, 4(2), pp.20-27.

40   S. Hsi(2002). The Electronic Guidebook: A study of user experiences using
mobile web content in a museum setting, In *Wireless and Mobile Technologies in
Education, 2002. Proceedings*. IEEE International Workshop. pp. 48-54.

41   Science Museum of Virginia(2006). *Museum in Transition: Emerging Technologies
as Tools for Free-Choice Learning*, Virginia: Science Museum of Virginia.

1   M. Economou&E. Meintani(2010). Promising beginnings? Evaluating museum mobile phone apps, *Rethinking Technology in Museums 2011: Emerging experiences*. Ireland: University of Limerick. Available at: http://eprints.gla.ac.uk/104173/1/104173. pdf

2   T. H. Laine, C. I. Sedano, M. Vinni&M. S. Joy(2009). Characteristics of Pervasive Learning Environments in Museum Contexts, *In the 8th World Conference on Mobile and Contextual Learning (mlearn 2009)*, pp.1-9, Available at: http://eprints.dcs.warwick.ac.uk/107/

3   B. S. Kim, Y. Lee, G. B. Kim&H. Y. Bae(2012). The Development of Users' Interesting Points Analyses Method and POI Recommendation System for Indoor Location Based Services, *Journal of the Korea Society of Computer and Information*, 17(5), pp. 81-91.

4   AAM&Fusion Research+Analytics(2011). *2011 Mobile Technology Survey*. Available at: http://www.aam-us.org/docs/center-for-the-future-of-museums/ aam_mobile_technology_survey.pdf

5   L. Tallon(2012). *Museum&Mobile in 2012*. Pocket-Proof&Learning Times. Available at: http://www.slideshare.net/LoicT/museums-mobile-in-2012-survey-results

6   L. Tallon and Pocket-Proof&Learning Times(2011). Museum&Mobile 2011. Available at: http:// www.slideshare.net/LoicT/museum-mobile-2011-survey-results

7   H. Tsai&K. Sung(2012). "Mobile applications and museum visitation", *IEEE*, 45(4), pp.95-98.

8   AAM(2011). 2011 Mobile Technology Survey. Available at: http://www.aam-us. org/docs/center-for-the-future-of-museums/aam_mobile_technology_survey. pdf?sfvrsn=0

9   Fusion Research + Analytics, AAM, MA(2012). Mobile in Museum Study 2012. Availableat:https://aam-us.org/docs/research/mobilemuseums2012-%28aam%29. pdf

10   Museum Association(2013). Mobile Survey. Availaable at: http://www.museums association.org/download?id=1025016

11   A. Damala(2006). Evaluation strategies for mobile museum guides: a theoretical framework, *Third International Conference of Museology&Annual Conference of AVICOM*, pp.1-9. Available at: http://areti.freewebspace.com/pdf_files/

avicom2006.pdf

12   S. Boiano, J. Bowen&G. Gala(2012). Usability, design, content issues of mobile apps for cultural heritage promotion: The Malta Culture Guide experience, *EVA London 2012: Electronic Visualisation and the Arts*, pp.1-8. Available at: http://arxiv.org/abs/1207.3422

13   P. Bihler, P. Imhoff&A.B. Cremers(2011). SmartGuideA smartphone museum guide with ultrasound control," *Procedia Computer Science 5*, pp.586-592. Available at: http://www.sciencedirect.com /science/article/pii/S1877050911004017

14   K.H. Goldman(2007). Cell phones and exhibitions 2.0: Moving beyond the pilot stage", *Archives&Museum Informatics: Museum and the Web 2007*. Availableat:http://www.museumsandtheweb.com/mw2007/papers/haleyGoldman /haleyGoldman.html

15   https://www.apple.com/kr/newsroom/2011/01/22Apples-App-Store-Downloads-Top-10-Billion/

16   M. H. Rung, D, Laursen, D.&E. Kristiansen(2012). Adding to the experience: Use of smartphone applications by museum visitors, In *Proceedings of the Transformative Museum Conference*, Roskilde, Denmark, pp. 314-324.

17   http://www.smk.dk/en/visit-the-museum/exhibitions/past-exhibitions/2012/ toulouse-lautrec/about-the-exhibition/smartphone-application/: https://www. behance.net/gallery/2583743/Toulouse-Lautrec-App)

18   B. Rhee&Y. Choi(2014). Using mobile technology for enhancing visitor experience in museum contexts, *Asia Workshop on Convergence Information Technology of KSCI 2014*, pp.151-154.

19   L. Tallon(2011). Museum&Mobile 2011, Pocket-Proof&Learning Times. Available at: http://www.slideshare.net/LoicT/museum-mobile-2011-survey-results

20   이보아(2013). IT 기반의 융합형 콘텐츠를 활용한 스마트 전시 시스템과 모바일 해석매체의 효과성에 대한 연구, 인문콘텐츠, 29, pp. 143-163.

21   A. Damala(2006). Evaluation strategies for mobile museum guides: a theoretical framework, *Third International Conference of Museology&Annual Conference of AVICOM*, pp.1-9. Available at: http://areti.freewebspace.com/pdf_files/avicom 2006.pdf

22   M. Economou&E. Meintani(2010). Promising beginnings? Evaluating museum mobile phone apps, *Rethinking Technology in Museums 2011: Emerging experiences*. Ireland: University of Limerick. Available at: http://eprints.gla.ac.uk/104173/1/104173.pdf

23 https://itunes.apple.com/us/app/acm-terracotta-warriors/id438871689?mt=8

24 S. Filippni-Fantoni(2007). Bookmarking in museums: Extending the museum experience beyond the visit? *Museum and the Web.* Available at: http://www.museumsandtheweb.com/mw2007/papers/filippini-fantoni/filippini-fantoni.html

25 https://news.samsung.com/kr/462

26 http://leeum.samsungfoundation.org/html/introduction/news_view.asp?seq=1263, https://news.samsung.com/kr)

27 http://leeum.samsungfoundation.org/html/introduction/news_view.asp?seq=1263, https://news.samsung.com/kr)

2부 2장 테크놀로지와 예술작품의 재매개

1 양지연(2006). 박물관 전시물의 개념 변화와 전시물 기반 학습의 적용, 미술교육논총, 20(2), pp. 285-309.

2 본 다빈치&미디어 앤 아트

3 Digital Exhibition Working Group. Available at: http://museumsdokumentation.de/joomla/resources/definition

4 빌렘 플루서(2004). 피상성 예찬, 커뮤니케이션북.

5 송대섭&하임성(2009). 현대 디지털 예술작품의 복제성에 대한 고찰, 만화애니메이션연구, pp. 205-218.

6 J. D. Bolter&R. A. Grusin(1996). Remediation, Configurations, 4(3), pp. 311-358.

7 제이 데이비드 볼터&리차드 그루신(2011). *재매개: 뉴미디어의 계보학,* 커뮤니케이션북스.

8 김민정&이승진(2010). 가상 현실 공간의 재매개에 관한 연구, 애니메이션 연구, 6(2), pp. 24-37.

9 박은아(2012). 3D 홀로그램 공연에서의 관객 몰입요인 분석: 너버벌퍼포먼스 'SYNO SHOW'를 중심으로, KAIST 문화기술대학원 석사학위논문.

10 나정조, 양지현&김규정(2013). 디지털회화에서 상호작용적 표현에 관한 연구, 예술과 미디어, 12(1), pp. 37-53.

11 정현희(2012). 디지털 아트의 미학적 특성에 관한 연구, 디지털디자인학연구, 12(1), pp. 203-212.

12 송대섭&하임성(2009). 현대 디지털 예술작품의 복제성에 대한 고찰, 만화애니메이션연구, pp. 205-218.

13   양예은&이보아(2015). 예술적 경험의 확장으로서의 인터랙티브 전시콘텐츠 연구-존 듀이의 경험이론을 중심으로, *CONTENTS PLUS*, 13(4), pp. 5-21.

14   M. B. Stogner(2009). The Media-enhanced Museum Experience: Debating the use of Media Technology in Cultural Exhibitions. Curator: The Museum Journal, 52(4), pp. 385-397.

15   M. B. Stogner(2011). The Immersive Cultural Museum Experience-Creating Context and Story with New Media Technology, International Journal of the Inclusive Museum, 3(3), pp. 117-130.

16   A. Griffiths(2003). Media technology and museum display: A century of accommodation and conflict, *Rethinking Media Changes*, pp. 375-389.

17   나정조, 양지현&김규정(2013). 디지털회화에서 상호작용적 표현에 관한 연구, 예술과 미디어, 12(1), pp. 37-53.

18   신성열(2011). 현대미술의 대중매체성과 예술철학적 의미, *인문과학연구*, 30, pp. 277-300.

19   박상숙(2012). 디지털 뉴미디어아트의 상호작용성에 관한 연구, *인문과학연구*, 34, pp. 315-343.

20   김상호(2010). 아우라와 *재매개*, 언론과학연구, 10 (2), pp. 105-138, 2010.

21   발터 벤야민(2013). *기술복제시대의 예술작품*, 도서출판 길.

22   조재준, 이혜영&이원형(2013). 프로젝션 맵핑을 이용한 공간의 환영성과 확장성 표현방법, *디자인지식저널*, 26, pp. 125-133.

23   노선, 이재중&박진완(2013). 라이브 프로젝션 맵핑 공연을 위한 실시간 VJing 시스템 구현, *한국콘텐츠학회논문지*, 13(6), pp. 55-66.

24   최석현, 박현숙, 김명훈&전태일(2013). 아카이브의 디지털 전시 활용효과 분석, *한국기록관리학회지*, 13(1), pp. 7-33.

25   박영욱(2008). 디지털 예술에서 몰입의 의미, 인문콘텐츠, 11, pp. 51-69.

26   장동광(2004). 현대미술에 있어서 복제의 개념과 전시규범의 문제, *미술이론과 현장*, 2, pp. 169-190.

27   이보아, 안소영&박선민(2016). 명화 기반 디지털 전시에서의 모션 그래픽 효과에 대한 연구-모네, 빛을 그리다展에 대한 사례 연구, *CONTENTS PLUS*, 14(5), pp. 115-132.

28   박조원(2011). 문화 소비에 따른 체험 유형별 만족에 관한 연구: 국립중앙박물관 관람객을 중심으로, *문화정책논총*, 25(2), pp. 217-241.

29   김지희&한진수(2011). 박물관 방문 관광객의 동기, 몰입, 만족도간의 관계 연구, *관광연구*, 26(1), pp. 73-94.

30   S. Bitgood(2000). The role of attention in designing effective interpretive labels, *Journal of interpretation Research*, 5(2), pp. 31-45.

31   S. Bitgood(2002). Environmental psychology in museums, zoos, and other exhibition centers, In R. Bechtel and A. Churchman(eds.), *Handbook of Environmental, Psychology*, John Wiley&Sons, pp. 461-480.

32   M. B. Stogner(2011). The Immersive Cultural Museum Experience-Creating Context and Story with New Media Technology, *International Journal of the Inclusive Museum*, 3(3), pp. 117-130.

33   C. Henry(2000). How visitors relate to museum experiences: An analysis of positive and negative reactions, *Journal of aesthetic education*, 34(2), pp. 99-106.

34   박정희(2010). 모션 그래픽의 커뮤니케이션 활용 연구, *한국과학예술포럼*, 6, pp. 33-43.

35   박희현(2013). 효과적인 모션 그래픽 연출을 위한 시지각적 연구, *디자인융복합연구*, 41, pp. 115-128.

36   이상화(2006). 멀티미디어로서의 모션 그래픽이 가상 현실의 시각화에 미치는 영향에 관한 연구, *디자인지식저널*, 3, pp. 215-226.

37   윤황록, 경병표&이동열(2009). 감성전달을 위한 매체별 모션 그래픽의 시각적 표현기법 분석, *한국콘텐츠학회 종합학술대회 논문집*, 7(1), pp. 921-926.

38   박희현(2013). 효과적인 모션 그래픽 연출을 위한 시지각적 연구, *디자인융복합연구*, 41, pp. 115-128.

39   김혜경(2014). 모션 그래픽에서의 움직임 표현에 관한 교육효과 분석연구, *디지털디자인학연구*, 14(1), pp. 427-436.

40   김종무(2009). 모션 그래픽 영상에서 피사 계심도 깊이 차이에 따른 감성 정보 연구, *디자인융복합연구*, pp. 15-28.

41   김종무&박성현(2012). 이미지 제작에 있어 DOF의 차이에 따른 감성어휘 선호도 평가, *디지털디자인학연구*, (12)3, pp. 65-73.

42   정현원&나건(2007). 디자인 평가를 위한 감성 어휘 연구, *디자인지식저널*, 4, pp. 165-174.

43   B. Latour&A. Lowe(2010). *The migration of the aura, or how to explore the original through its facsimiles, Switching Codes*, Chicago: University of Chicago Press, pp.1-18. Available online at: http://www.bruno-latour.fr/sites/default/files/108-ADAM-FACSIMILES-GB.pdf

44   J. Huggett(2004). Archaeology and the new technological fetishism, Archeologia e Calcolatori, 15, pp. 81-92.

45 이보아, 김신효&신수민(2016). 기술수용모델을 기반으로 한 디지털 전시에 대한 평가연구, 한국컴퓨터정보학회논문지, 21(10), pp. 21-28.

46 최석현, 박현숙, 김명훈&전태일(2013). 아카이브의 디지털 전시 활용 효과 분석, 한국기록관리학회지, 13(1), pp. 7-33.

47 손승혜, 최윤정&황하성(2011). 기술수용모델을 이용한 초기 이용자들의 스마트폰 채택 행동 연구, 한국언론학회, 55(2), pp. 227-251.

48 유재현&박철(2010). 기술수용모델 (Technology Acceptance Model) 연구에 대한 종합적 고찰, *Entrue Journal of Information Technology*, 9(2), pp. 31-50.

49 윤중현(2010). 사용자 인터페이스 유형별 특성이 정보매체 이용 의도에 미치는 영향에 관한 연구, 정보관리학회지, 27(3), pp. 53-66.

50 F. D. Davis(1989). Perceived usefulness, perceived ease of use, and user acceptance of information technology, *MIS quarterly*, pp. 319-340.

51 이보아(2003). 문화 소비 관점에서 접근한 박물관 관람객의 소비행태, 예술경영 연구, pp. 98-130.

52 김지희&한진수(2011). 박물관 방문 관광객의 동기, 몰입, 만족도간의 관계 연구, 관광연구, 26(1), pp. 73-94.g,

53 비록 관람 동기가 개개인의 관람객의 요구에 따라 달라질 수는 있지만, 일반적으로 대부분 관람객들은 전시가 제공해주는 콘텐츠적 특성으로 인해 학습적 동기를 갖고 전시를 관람한다. 파크와 디어킹(J. H. Falk&L.D. Dierking, 1992), 후드(M. G. Hood, 1983), 웰즈와 루미스(Wells&Loomis, 1999), 캘러트(S.R. Kellert, 1980) 등의 관람 동기에 대한 대다수의 연구에서 관람 동기로서 학습에 대한 중요성이 입증되었다.

54 김상호(2010). 아우라와 재매개. 언론과학연구, 10(2), pp. 105-138.

55 박조원(2011). 문화 소비에 따른 체험 유형별 만족에 관한 연구: 국립중앙박물관 관람객을 중심으로, 문화정책논총, 25(2), pp. 217-241.

56 김지희&한진수(2011). 박물관 방문 관광객의 동기, 몰입, 만족도간의 관계 연구, 관광연구, 26(1), pp. 73-94.

57 S. Bitgood(2000). The role of attention in designing effective interpretive labels. *Journal of interpretation Research*, 5(2), pp. 31-45.

58 S. Bitgood(2002). Environmental psychology in museums, zoos, and other exhibition centers, In R. Bechtel and A. Churchman(eds.), *Handbook of Environmental, Psychology*, John Wiley&Sons, pp. 461-480.

59 M. B. Stogner(2011). The Immersive Cultural Museum Experience-Creating Context and Story with New Media Technology, *International Journal of the*

Inclusive Museum, 3(3), pp. 117-130.

60   C. Henry(2000). How visitors relate to museum experiences: An analysis of positive and negative reactions. *Journal of aesthetic education*, 34(2), pp. 99-106.

61   박지혜&김병선(2013). 박물관 전시 매체의 특성에 따른 관람객 경험의 차이, 언론과학연구, 13(1), pp. 219-261.

62   정익준(2008). 박물관 관람객의 몰입 경험이 만족도에 미치는 영향 연구, 실천민속학연구, 12, pp. 331-352.

63   김영은(2013). 상호작용과 몰입 모델 연구, 차세대컨버전스정보서비스기술논문지, 2(2), pp. 67-72.

64   G. Davey(2005). What is museum fatigue, *Visitor Studies Today*, 8(3), pp. 17-21.

65   A. Tsoroni(2009). Technology fatigue in digital interactive exhibitions, *Engage*, 24, pp. 27-32.

66   이보아, 하승완&서재인(2017). 〈 모네, 빛을 그리다展〉과 〈 반 고흐 인사이드: 빛과 음악의 축제〉의 실증적인 접근을 통한 몰입적 특성에 대한 비교 연구. 멀티미디어학회논문지, 20(4), pp. 686-695.

67   임승희, 배경수, 곽수정, 박인석&박지수(2009). 체험전시 콘텐츠의 몰입도 분석을 위한 주관적 경험 측정, *Archives of Design Research*, 22(4), pp. 19-30.

68   권효정&이화세(2012). 그래픽 정보에서의 시각 단서 적용에 따른 몰입과 재인 성향, *Journal of Korea Multimedia Society*, 15(9), pp. 1174-1183.

69   김지희&한진수(2011). 박물관 방문 관광객의 동기, 몰입, 만족도간의 관계 연구. 관광연구, 26(1), pp. 73-94.

70   박지혜&김병선(2013). 박물관 전시 매체의 특성에 따른 관람객 경험의 차이, 언론과학연구, 13(1), pp. 219-261.

71   정면주&손주영(2011). 인터랙티브 미디어 아트와 관객과의 감성 커뮤니케이션에 관한 연구-전시 해석매체가 미치는 영향을 중심으로, 감성과학, 14(3), pp. 415-424.

72   오선애&공지연(2011). 박물관의 몰입 이론을 적용한 전시연출 환경 요건에 관한 연구, 디지털디자인학연구, 11(3), pp. 143-152.

73   M. L. Harvey, R. J. Loomis, P. A. Bell, and M. Marino(1998). "The Influence of Museum Exhibit Design on Immersion and Psychological Flow", *Environment and Behavior*, 30(5), pp. 601-627.

74   정익준(2008). 박물관 관람객의 몰입 경험이 만족도에 미치는 영향 연구, 실천민속학연구, 12, pp. 331-352.

75   박영욱(2008). 디지털 예술에서 몰입의 의미, 인문콘텐츠, 11, pp. 51-69.

76 나정조, 양지현&김규정(2013). 디지털 회화에서 상호작용적 표현에 관한 연구, 예술과 미디어, 12(1), pp. 37-53.

77 M. B. Stogner(2011). The Immersive Cultural Museum Experience-Creating Context and Story with New Media Technology, *International Journal of the Inclusive Museum*, 3(3), pp. 117-130.

78 A. Griffiths(2003). *Media Technology and Museum Display: A Century of Accommodation and Conflict*, Rethinking Media Changes: The Aesthetics of Transition, MA: MIT Press.

79 G. Coulter-Smith(2006). *Deconstructing Installation Art: Art and Media Art*, Southampton: Casiad Publishing.

80 김영은, "상호작용과 몰입모델연구", 차세대컨버전스정보서비스기술논문지, 제2권, 제2호, pp. 67-72, 2013.

81 P.W. Ballantine, R. Jack and A.G. Parsons(2010). Atmospheric cues and their effect on the hedonic retail experience, *International Journal of Retail&Distribution Management*, 38(8), pp. 641-653.

82 S. Bitgood(2000). "The role of attention in designing effective interpretive labels," *Journal of interpretation Research*, 5(2), pp. 31-45.

83 S. Bitgood(2002). *Environmental psychology in museums, zoos, and other exhibition centers*, In R. Bechtel and A. Churchman(eds.), *Handbook of Environmental, Psychology*, John Wiley&Sons, pp. 461-480.

84 M.B. Stogner(2011). "The Immersive Cultural Museum Experience-Creating Context and Story with New Media Technology", *International Journal of the Inclusive Museum*, 3(3), pp. 117-130.

85 R. Agarwal&E. Karahanna(2000). Time flies when you're having fun: Cognitive absorption and beliefs about information technology usage, *MIS quarterly*, pp. 665-694.

86 A. Tsoroni(2009). Technology fatigue in digital interactive exhibitions, *Engage*, 24, pp. 27-32.

87 이보아, 최수민&홍용석(2017). 예술작품의 원작으로 구성된 전시와 원작을 재매개한 디지털 전시의 미적 경험에 대한 상이성 연구, 한국콘텐츠학회논문지, 17(5), pp. 153-164.

88 김진엽(2001). 미적 체험에 대한 미학적 이해, 미술교육논총, 11, pp. 1-12.

89 노영덕(2015). 처음 만나는 미학, 알에이치코리아.

90 오병남(2004). 미학 강의, 서울대학교 출판부.

91 홍기태(2008). 미학의 관점에서 본 (심)미적 태도, *미술교육논총*, 22, pp. 49-81.

92 신정원(2011). 뉴미디어아트 미학의 가능성, 인문콘텐츠, 20, pp. 35-59.

93 발터 벤야민(2013). *기술복제시대의 예술작품*, 도서출판 길.

94 최수영(2008). 시각문화 속 미적 체험에 관한 매체적 고찰. *미술교육연구논총*, 23, pp. 273-296.

95 박상숙(2012). 디지털 뉴미디어아트의 상호작용성에 관한 연구, *인문과학연구*, 34, pp. 315-343.

96 송대섭&하임성(2009). 현대 디지털 예술작품의 복제성에 대한 고찰, 만화애니메이션연구, pp. 205-218.

97 양숙희&조소영(2011). 현대 디지털 패션에 나타난 예술 매체적 특성과 미적 가치. 복식문화연구, 19(1), pp. 230-243.

98 G. C. Cupchik(2002). The evolution of psychical distance as an aesthetic concept, *Culture&Psychology*, 8(2), pp. 155-187.

99 심혜련(2001). 발터 벤야민의 아우라 개념에 관하여, *시대와 철학*, 12(1), pp. 145-176.

100 심혜련(2001). 발터 벤야민의 아우라 개념에 관하여, *시대와 철학*, 12(1), pp. 145-176.

101 고창선(2011). 뉴 미디어 아트에서 물리적 심미적 거리를 통한 관조의 재해석, *한국콘텐츠학회논문지*, 11(12), pp. 723-733.

102 고창선(2011). 뉴 미디어 아트에서 물리적 심미적 거리를 통한 관조의 재해석, *한국콘텐츠학회논문지*, 11(12), pp. 723-733.

103 고창선(2011). 뉴 미디어 아트에서 물리적 심미적 거리를 통한 관조의 재해석, *한국콘텐츠학회논문지*, 11(12), pp. 723-733.

104 정현희(2012). 디지털 아트의 미학적 특성에 관한 연구, *디지털디자인학연구*, 12(1), pp. 203-212.

105 한가람디자인미술관&본 다빈치

106 B. J. Pine and J. H. Gilmore(1998). "Welcome to the experience economy, *Harvard Business Review*, 76, pp.97-105.

107 박조원(2011). 문화 소비에 따른 체험 유형별 만족에 관한 연구, *문화정책논총*, 25(2), pp. 217-241.

108 정석순&이준엽(2011). 전시의 체험요소(4Es), 방문 가치, 행동 의도에 관한 연구, 관광연구저널, 25(2), pp. 175-193.

109 이보아, 김신효&신수민(2016). 기술수용모델을 기반으로 한 디지털 전시에 대한 평가연구, 한국컴퓨터정보학회논문지, 21(10), pp. 21-28.

110 정익준(2008). 박물관 관람객의 몰입 경험이 만족도에 미치는 영향 연구, *실천 민속학연구*, 12, pp. 331-352.

111 윤여진&윤은주(2015). 전시회 체험에 따른 참가자 몰입이 전시회 만족도와 재방문 의도에 미치는 영향, *무역전시연구*, 10(1), pp. 83-106.

112 박지혜&김병선(2013). 박물관 전시 매체의 특성에 따른 관람객 경험의 차이, *언론과학연구*, (13(1), pp. 219-261.

113 고창선(2011). 뉴 미디어 아트에서 물리적 심미적 거리를 통한 관조의 재해석, *한국콘텐츠학회논문지*, 11(2), pp. 723-733.

114 M. B. Stogner(2011). The Immersive Cultural Museum Experience-Creating Context and Story with New Media Technology, *International Journal of the Inclusive Museum*, 3(3), pp. 117-130.

115 S. Bitgood(2002). Environmental psychology in museums, zoos, and other exhibition centers, In R. Bechtel and A. Churchman(eds.), *Handbook of Environmental, Psychology*, John Wiley&Sons, pp. 461-480.

116 M. B. Stogner(2011). The Immersive Cultural Museum Experience-Creating Context and Story with New Media Technology, *International Journal of the Inclusive Museum*, 3(3), pp. 117-130.

117 김효연(2013), *몰입경험요소를 적용한 기업홍보관 실내공간계획에 관한 연구*, 홍익대학교 건축도시대학원, 석사학위논문.

118 석임복&강이철(2007). Csikszentmihalyi 의 몰입 요소에 근거한 학습 몰입 척도 개발 및 타당화 연구, *교육공학연구*, 23(1), pp. 121-154.

119 M. Csikszentmihalyi&R. E. Robinson(1990). *The art of seeing: An interpretation of the aesthetic encounter*, Getty Publications.

120 M. Csikszentmihalyi&R. E. Robinson(1990). *The art of seeing: An interpretation of the aesthetic encounter*, Getty Publications.

찾아보기

박물관 테크놀로지

MUSEUM TECHNOLOGY